# "一带一路"视域下的
# 教师教育研究

《天水师范学院60周年校庆文库》编委会 | 编

光明日报出版社

图书在版编目（CIP）数据

"一带一路"视域下的教师教育研究 /《天水师范学院 60 周年校庆文库》编委会编 . -- 北京：光明日报出版社，2019.9

ISBN 978 - 7 - 5194 - 5508 - 8

Ⅰ.①一… Ⅱ.①天… Ⅲ.①教师教育—研究 Ⅳ.①G65

中国版本图书馆 CIP 数据核字（2019）第 189110 号

## "一带一路"视域下的教师教育研究

**"YIDAIYILU" SHIYU XIA DE JIAOSHI JIAOYU YANJIU**

| | |
|---|---|
| 编　　者：《天水师范学院 60 周年校庆文库》编委会 | |
| 责任编辑：郭玫君 | 责任校对：赵鸣鸣 |
| 封面设计：中联学林 | 责任印制：曹　净 |

出版发行：光明日报出版社

地　　址：北京市西城区永安路 106 号，100050

电　　话：010 - 63131930（邮购）

传　　真：010 - 67078227，67078255

网　　址：http：//book. gmw. cn

E - mail：guomeijun@ gmw. cn

法律顾问：北京德恒律师事务所龚柳方律师

印　　刷：三河市华东印刷有限公司

装　　订：三河市华东印刷有限公司

本书如有破损、缺页、装订错误，请与本社联系调换，电话：010 - 67019571

| | | | |
|---|---|---|---|
| 开　　本：170mm ×240mm | | | |
| 字　　数：355 千字 | | 印　　张：18.5 | |
| 版　　次：2019 年 9 月第 1 版 | | 印　　次：2019 年 9 月第 1 次印刷 | |
| 书　　号：ISBN 978 - 7 - 5194 - 5508 - 8 | | | |
| 定　　价：89.00 元 | | | |

# 总　序

春秋代序，岁月倥偬，弦歌不断，薪火相传。不知不觉，天水师范学院就走过了它 60 年风雨发展的道路，迎来了它的甲子华诞。为了庆贺这一重要历史时刻的到来，学校以"守正·奋进"为主题，筹办了缤纷多样的庆祝活动，其中"学术华章"主题活动，就是希冀通过系列科研活动和学术成就的介绍，建构学校作为一个地方高校的公共学术形象，从一个特殊的渠道，对学校进行深层次也更具力度的宣传。

《天水师范学院 60 周年校庆文库》（以下简称《文库》）是"学术华章"主题活动的一个重要构成。《文库》共分 9 卷，分别为《现代性视域下的中国语言文学研究》《"一带一路"视域下的西北史地研究》《"一带一路"视域下的政治经济研究》《"一带一路"视域下的教师教育研究》《"一带一路"视域下的体育艺术研究》《生态文明视域下的生物学研究》《分子科学视域下的化学前沿问题研究》《现代科学思维视域下的数理问题研究》《新工科视域下的工程基础与应用研究》。每卷收录各自学科领域代表性科研骨干的代表性论文若干，集中体现了师院学术的传承和创新。编撰之目的，不仅在于生动展示每一学科 60 年来学术发展的历史和教学改革的面向，而且也在于具体梳理每一学科与时俱进的学脉传统和特色优势，从而体现传承学术传统，发扬学术精神，展示学科建设和科学研究的成就，砥砺后学奋进的良苦用心。

《文库》所选文章，自然不足以代表学校科研成绩的全部，近千名教职员工，60 年孜孜以求，几代师院学人的学术心血，区区九卷书稿 300 多篇文章，个中内容，岂能一一尽显？但仅就目前所成文稿观视，师院数十年科研的旧貌新颜、变化特色,也大体有了一个较为清晰的眉目。

首先,《文库》真实凸显了几十年天水师范学院学术发展的历史痕迹,为人们全面了解学校的发展提供了一种直观的印象。师院的发展,根基于一些基础老学科的实力,如中文、历史、数学、物理、生物等,所以翻阅《文库》文稿,可以看到这些学科及其专业辉煌的历史成绩。张鸿勋、雒江生、杨儒成、张德华……,一个一个闪光的名字,他们的努力,成就了天水师范学院科研的初始高峰。但是随着时代的发展和社会需求的变化,新的学科和专业不断增生,新的学术成果也便不断涌现,教育、政法、资环等新学院的创建自是不用特别说明,单是工程学科方面出现的信息工程、光电子工程、机械工程、土木工程等新学科日新月异的发展,就足以说明学校从一个单一的传统师范教育为特色的学校向一个兼及师范教育但逐日向高水平应用型大学过渡的生动历史。

其次,《文库》具体显示了不同历史阶段不同师院学人不同的学术追求。张鸿勋、雒江生一代人对于敦煌俗文学、对于《诗经》《尚书》等大学术对象的文献考订和文化阐释,显见了他们扎实的文献、文字和学术史基本功以及贯通古今、熔冶正反的大视野、大胸襟,而雍际春、郭昭第、呼丽萍、刘雁翔、王弋博等中青年学者,则紧扣地方经济社会发展做文章,彰显地域性学术的应用价值,于他人用力薄弱或不及处,或成就了一家之言,或把论文写在陇原大地,结出了累累果实,发挥了地方高校科学研究服务区域经济社会发展的功能。

再次,《文库》直观说明了不同学科特别是不同学人治学的不同特点。张鸿勋、雒江生等前辈学者,其所做的更多是个人学术,其长处是几十年如一日,埋首苦干,皓首穷经,将治学和修身融贯于一体,在学术的拓展之中同时也提升了自己的做人境界。但其不足之处则在于厕身僻地小校之内,单兵作战,若非有超人之志,持之以恒,广为求索,自是难以取得理想之成果。即以张、雒诸师为例,以其用心用力,原本当有远愈于今日之成绩和声名,但其诸多未竟之研究,因一人之逝或衰,往往成为绝学,思之令人不能不扼腕以叹。所幸他们之遗憾,后为国家科研大势和学校科研政策所改变，经雍际春、呼丽萍等人之中介，至如今各学科纷纷之新锐，变单兵作战为团队攻坚，借助于梯队建设之良好机制运行，使一人之学成一众之学，前有所行，后有所随，断不因以人之故废以方向之学。

还有，《文库》形象展示了学校几十年科研变化和发展的趋势。从汉语到外语，变单兵作战为团队攻坚，在不断于学校内部挖掘潜力、建立梯队的同时，学校的一些科研骨干如邢永忠、王弋博、令维军、李艳红、陈于柱等，也融入了更大和更高一级的学科团队，从而不仅使个人的研究因之而不断升级，而且也带动学校的科研和国内甚至国际尖端研究初步接轨，让学校的声誉因之得以不断走向更远也更高更强的区域。

当然，前后贯通，整体比较，缺点和不足也是非常明显的，譬如科研实力的不均衡，个别学科长期的缺乏领军人物和突出的成绩；譬如和老一代学人相比，新一代学人人文情怀的式微等。本《文库》的编撰因此还有另外的一重意旨，那就是立此存照，在纵向和横向的多面比较之中，知古鉴今，知不足而后进，让更多的老师因之获得清晰的方向和内在的力量，通过自己积极而坚实的努力，为学校科研奉献更多的成果，在区域经济和周边社会的发展中提供更多的智慧，赢得更多的话语权和尊重。

六十年风云今复始，千万里长征又一步。谨祈《文库》的编撰和发行，能引起更多人对天水师范学院的关注和推助，让天水师范学院的发展能够不断取得新的辉煌。

是为序。

李正元　安涛

2019 年 8 月 26 日

# 目 录
## CONTENTS

# 教育的学术传统:内涵与追求

## 吴 原*

教育是与生活同构的探究活动,这一性质使教育在寻找突破,关注人生的过程中形成了自身独特的学术传统。教育的学术传统不是约定俗成的做法或习俗,也不是既定的规范与知识,而是由教育寻找人的发展与成长的内在诉求所驱使而形成的实践意图,它决定了教育要以行动的方式创造而不是以规范的方式制造生活。从本质上看,教育的学术传统指向于真实的人而不是抽象的人,面对着完整的生活而不是碎片的生活。挖掘与重申教育的学术传统,是实现教育行动的开创性、决定教育方法的多样性和保证教育形式的复杂性的前提,是挖掘教育原点精神,促进教育理论进步的基础性工作。

在教育发展的过程中,曾经产生过两种传统。一种是教育的历史传统,这种传统经由人们长期积累的教育经验与实践行动形成,并以"经过严格的理性检验和细致的阐述"的形态存在。教育的历史传统能够为人们从事教育工作提供既有的、经验证具有合理性的做法,在一定程度是有效保障教育实现人们现实愿望的外部条件。除此以外,教育中还存在着一种"无法阐明"、但"还是照样被延传和继承"[1]的传统,这种传统并不为人们提供现实活动的指导策略,其更多地表现为为

* 作者简介:吴原,出生于1980年,男,甘肃天水人,天水师范学院教师教育副教授、教育学博士、硕士研究生导师,研究方向为教育基本理论。
基金项目:2013年度甘肃省社科规划项目"'实践崇拜'现象与教育改革的价值取向研究"(13YD034);天水师范学院中青年教师科研资助项目(TSA1327);天水师范学院"青蓝人才"工程基金。

人的发展开辟无尽空间,以满足其生长发展全部需要的创造性行动,我们可称之为教育的学术传统。教育的历史传统因其内蕴朴素、经典,之于当代教育改革的发展具有重要的借鉴意义,因此,学界对此传统的挖掘一直不遗余力,并在此基础上生产出大量成果,有效地发展并丰富了教育理论与实践。然而,仅仅停留在外围,以解读传统教育的方式无法完全回应创新教育理论的时代呼唤,若要进一步阐明教育的原点精神,并借此创新教育理论、推进教育改革的发展,就需要重申表征教育自身内在冲动与诉求的学术传统。解读教育的学术传统将为教育研究与改革的发展提供新的切入点。

### 一、教育学术传统的基础

教育是具有冒险性质的探究活动,诚如怀特海所言,"教育是训练对于生活的探险;研究则是智力的探险"[2],这就意味着,任何一种前期准备充分、计划详细周密的教育研究活动都无法应对千变万化的情境,其产生的结果便是,每一次的教育行动都成为一次尝试与选择的过程,每一次的教育实践都将生成一种新的可能,这种冒险特性使教育的意义只能存在于具体的情景中,这决定了教育是具体的而非抽象的实践活动。因此,试图做到一劳永逸式的教育研究和为教育设定绝对目的的做法均会封杀可能的结果,将教育带入死胡同中去。只有立足于生活探究的本性,教育才能够实现全人生的指导。如果承认教育的冒险特性,就意味着我们需要要承认,在一定程度上人为的因素并不能改变教育的结果,这并不是说人的主观努力在教育的过程中无法发挥作用,而是因为教育与生活探究同构、天然地拒斥一切阻碍探究发生的因素。所以,教育总会在其探究本性的驱使下进行一些出乎意料的选择,进而生成意想不到的结果,这种现象尤其在教育遭受外在力量压制的时代(如中世纪)更为明显。这表明,生活探究作为教育的内在诉求,并不会随着任何价值倾向的介入而发生改变,教育具有独立于社会文化的特点。在探究本能的驱使下,教育一直保持着对整个人生的关照,并总会产生一些不符合流行的价值观念但却能够保证人的生长发展的教育行动,具有"既顺世而生又异世而立"[3]与以人为本的学术特性。

"古之学术道者,将以得身也。"[4]"学术"强调"道"和"身"两个方面的内容。"道"为求知,"身"为修身,学术研究既是从事知识与思想的创造性探索的活动,还要担当着社会的道德规范、意义模式、生活方式等的建构与阐释的使命,更解释着人的意义与价值、社会理想以及人际交往的规则,它是一种人类寻求自我独立,寻求自我突破的方式和手段。从此目的出发,重视生命成长、追求人生发展的教育活动应被视为一种学术研究活动。正如美国学者厄内斯特·博耶所说,"不错,学术意味着从事基础研究,但一个学者的工作还意味着走出单纯的问题研究,寻求问题间的相互联系,在理论与实践之间建立桥梁,并把自己的知识有效地传授给学生"[5],教育不仅仅要寻找关于人生学问及其治学之道,在更高的层面上,教育者通过身体力行实现教育理想,践行教育信仰的实践活动本身就是学术研究。在这个意义上,教育研究秉持生活探究的本色,以创新、探索为目的,直面问题解决与实践推进,并不遵循固定的套路与程序,更不会脱离促进人的生长发展的终极目的,是把教育同全部人生和社会问题放在一起加以考虑,并随着教育活动中所遇到的问题创造性地寻求策略与方法的学术研究,实践智慧是其不可或缺的要素。这种研究对于教育问题的把握超出了知识层面而深入到社会、心理等更深层次,提升了人们对人生、命运等问题的认识,彰显了人的主体意识。这一条轨迹是教育实践活动的内在生命力所在,有别于其他学科。从价值目标上看,其他学科都有鲜明的向外拓展和理性化的特征,而教育实践活动则是围绕着人自身的成长和人的精神世界的塑造展开的,路径的差异决定了其方式与手段的不同。现实中涌现的诸多优秀的教育案例,并不是由专门从事教育理论研究者预设于书斋之中,而是具有强烈的"草根"性,其所体现的就是教育的本质内涵,而教育的学术传统也蕴藏于其中。

**二、教育学术传统的创生**

在生活强大的吸纳力下,教育不可能脱离实践独自沉思,更不可能站在生活之外袖手旁观,教育必须要化为具体的探究行动来参与生活、建设生活。所以,与生活同构的特质并没有单独留给教育以"思"或"看"的空间,所有有关教育的思考和观察都必须在践行的过程之中进行,尽管在行动之外仍然存在思辨性质的教育研究,但从本质上说,教育的行动先于思考,教育首先是一个充斥着大量非理性元素的冒险过程。与此同时,这种冒险的历程仍旧从属于生活探究,因而无论如何教育不能以破坏生活延续为代价,所以在冒险的过程中教育仍然需要进行相应的选择。但实践的紧迫性不可能任由教育进行事先的规划,教育研究就只能在现实的可能性中寻找行动的路径,为此,教育不仅需要面对变化发展的个别事物并洞察良机,机智灵活地寻找符合此情此景的问题解决策略,更需要促使生成多种可能的生活而不是一种生活,以防范出现无可选择的结果,从而陷入绝境。因而,教育并不像生产或者制作那样有既定的规约可供遵守,它只能以实践智慧的方式进行持续的探究。

在持续的探究中,教育逐渐形成一种以践行而不是命题,能够在具体的实践中得心应手但却口不能言的行为方式,这种行为方式不是约定俗成的习俗、做法,因为它并不是生活经验的总结,更不是由于共同行动而产生的潜在规范;这种行为方式也不是明确的知识,因为生活的情境变更使得既定的知识毫无用武之地,它就是一种来源于教育与生活的融合与适应而产生的探究倾向,并以指导教育"这样做"的形式传承。我们可以将这种倾向看成是一种探究的传统,但这种传统"不说明人们相传什么,相传之物的特定组合如何,或者它是一种物质实体还是一种文化建构;它也不说明它已被相传多久,以何种方式相传,是口头的还是书面的。人们在创造、描述和接受它时进行理性思考,但是,他们在何种程度上进行理性思考与它是否传统毫不相干"[6]。这种传统泛化在生活之中,当教育的目的符合生活需的时候,它内化于行动的规范并不发生效力妨碍探究的进行,而一旦教育背离了生活探究的初衷,成为阻碍人的生长与降低生活可能性的行动时,这种传统将以实践智慧的方式出现,并通过促进人的感悟和反思改变具体的行动。也就是说,在教育过程中,人们通过理性的审视能够发现这种传统的存在,但它对于教育实践的影响却并不会因为理性的介入而有所削弱,它看似"给定"了教育实践的方向,但在引导教育"这样做"的过程中却以不断否定、不断超越的形式使教育处在不断的自我建构之中。正因如此,这种传统并没有固定的、规范的表达方式,且在不同的时空场合中更以不同的面孔出现,但其生活探究的本性与"关注人生的'学术性'"[7]并不会因形态的更迭产生动摇。基于此,更为了与现代学术规范相区别,我们称上述教育实践的行为倾向为"教育的学术传统"。

教育的学术传统是教育的一种原生态属性,富含情感和智慧的元素,它并不是一种物质实体或者文化建构,也并不以书面的或口头的方式相传,它存身于教育实践之中,人们在进行教育活动的过程中也许没有意识到这种传统的存在,因而在描述和接受它时会进行理性的思考,但教育的学术传统却并不会因为理性的思考而更改自身的性质,且总会在理性之外发挥自身的影响力。所以,教育的学术传统也可被看作是由教育的本体诉求所驱使而形成的实践意图，它的存在和发展必然在一定程度上受到不同习俗和时空变迁的影响，但基于对美好生活和塑造完人的追求，教育的学术传统始终能够在复杂的环境中为人们更好地生活提供一种清明的态度和审慎的立场，并给予他们以大无畏的勇气超越现有规范进行探究，因而教育实践也总是能够在山穷水尽之际发生一些意想不到的惊喜，并在趋于危险的时候脱离庸俗。教育的学术传统是教育能够在纷杂的现实中保持自身独立性的关键所在。作为教育的原生态属性，教育的学术传统反映出人们希望能够以自身的成长与过一种美好生活的愿望来引导和进行教育活动的决心，这种决心虽然源自人的主观愿望，但却根深蒂固地存在于任何形式的教育活动之中，也就是说，历史上对教育活动所进行的一切改造活动都是从此目的出发的，都未能摆脱教育学术传统的影响。但目的并不能决定结果，改造活动是否能够达到预期效果并不由目的决定，教育活动在它的历史发展过程中往往由于其他价值的介入而最终产生与目的相反的结果，从而掩盖了初衷，甚至篡改了教育学术传统的基本诉求。

**三、教育学术传统的核心诉求**

教育指向真实的人而不是抽象的人。教育并不会凭空发生，从过程来看，教育需要人作为行动的主体，从结果上看，教育需要通过人的生长变化来证明自身的价值，所以，人既是教育的彰显者，又是教育的受益者，没有人的教育不可能存在。得出这一认识轻松平常，但需要指出的是，育人为本是教育的基本出发点，却并不构成教育的学术传统。作为一种行动的倾向，教育的学术传统在于使一个真实的人参与到探究之中，从而保证教育实实在在地发生，并为生活的进行留下可能的空间，而不是让想象的、抽象的人控制实践的行进，最终把教育沦为一种纸上谈兵式的空谈，从而终结生活的发展。

出于对美好的向往，东西方先贤曾以"圣人""哲学王"等理想人格描述一个完美无缺的人，在文化的传递过程中，这些理想人格则被内化为教育的文化目的，并产生了丰富多样、弥久愈香的教育思想。我们必须承认，完人的追求使教育仰望苍穹、意境深远，但在具体的实践过程中，如果以教育的文化目的取代教育的生活目的，以抽象的人取代真实的人，就会容易造成以想象的行动取代现实的探究，以理论的实践取代实践的行动，最终使人沦为生活的客体而不是生活的主体，非但不能实现人的进步,还可能会阻碍人的发展。

所以,在具体的操作中,教育并不是只有"圣人"才能进行神圣活动,平常人的日常行动中就蕴含着教育的意味,"三人行必有我师"讲的就是这个道理。为了使教育发生而专门进行的研究活动虽能够生产出具有教育性质的行为,但此种教育活动毕竟带有人为制作的痕迹而容易与个人偏好混同,从而使人们无法在"需要思考的教育"与"需要坚持的教育"之间做出选择,并以理想的教育替代了现实的教育,造成教育理论与实践的对立与断裂。从目的上讲,教育也不是要培养超凡脱俗的人,它要培养的就是一个能够"格物、致知、诚意、正心、修身、齐家",脚踏实地、亲身躬行的普通人,他"是理性和无理性的、既能节制又会过激的存在;受制于强烈的和不稳定的情感,他微笑、欢笑、哭泣,但也知道进行客观的认识;这是一个认真和精于算计的存在,但也是忧虑的、恐慌得到、享乐的、陶醉的、痴迷的存在。这是一个暴烈的和温存的、爱情的和仇恨的存在。这是一个被想象的事物所充满的但是又能认清现实的存在。他知道死亡,但又不能相信它;他产生神话和巫术,但也产生科学和哲学。他被神祇和观念所占有,但是又怀疑神祇和批评观念。他既用被验证的知识,又用幻觉和奇想滋养自己"[8],这种人就是一个处在具体情况之中的人,是实实在在"活着"的人,他一方面在接受现实,但同时也在不断探索,并通过对世界采取的行动和反思将自身和世界联系起来从而投身到解放自身的事业中去。所以,教育中的人"不是一种'本质先定'的'现成性存在',而是一种'动态发展'的'生成性存在'"[9],不是一个在想象中被赋予了所有优点而天生完美的人,而是一个生活在当下,并能够觉察到自身所处的境况而采取应对措施的人,教育只有指向真实的人而不是抽象的人才能摆脱神圣化的危险,成为一种旨在促进人自我建构生成的实践活动。同时,真实的人并非全知全觉,甚至还会有许多缺点,但正因为这样,他才能活在当下,教育才能够在帮助他完善自我的同时创造出无限的可能,使他最终达到"治国、平天下"的理想境界。

教育指向真实的人而不是抽象的人的学术传统反映出教育的现实性的一面,在此传统下,教育能够脱掉一切理论外衣,以胡塞尔所谓"面向实事本身"的态度造就活生生的、而不是理论化的人。这种诉求使教育能够站在实践和生活立场上,拒绝一切"看起来很美"但却并不真实的诱惑,时刻参与到人的生长过程之中并远离好高骛远、不切实际的想法,从而让人真正地栖居在大地上。

教育面对整体生活而不是部分生活。探究需要从深度和广度两个方面齐头并进，才能满足生活的超越本性，仅仅关注深度的探究活动会将一种生活推进到极致，也能在纵深的过程中发现极其丰富的内涵，但由于缺少对四周的关注降低了生成其他生活的可能性，难以满足人的生长延续的需要。对人而言，他不仅需要透彻的认识，更需要丰富的生活来组成绚烂多彩的人生。如果以失去获得各种情感体验、内心领悟以及人生阅历的机会为代价来换取透彻但却单一的认识，将会大大降低人的存在意义和价值。

但在现实的教育中，出于功利目的，人们往往容易把某一种生活作为探究的对象，并将自己限定在一定的范围之内。这样做一方面是迫于"吾生也有涯，而知也无涯"的客观条件下的一种无奈选择，另一方面也是为了现实生存的需要（因为并不是所有的生活知识都能服务于当下的实际情况），所以这种教育有其必要性的一面。但我们需要认识到，现实的教育不可能超越时空满足人的全部生长需要，这并不妨碍教育以整体生活视为自己发生的背景，以预留探究的空间，从而为人提供尽可能多的选择。正是在这个意义上，庄子在《养生主》中虽然以"以有涯随无涯，殆已"的感慨开篇，但在文末却以充满希望的语气指出："指穷于为薪，火传也，不知其尽也"，意思是，"点完一烛薪又接着一烛薪，故一烛薪被点尽了，而火还可以传下去，没有尽期"[10]，这给我们的启示是，教育并不因为现实的局限而放弃生活探究实现美好生活的理想，教育永远从整体生活出发，从而保留着希望的火种。这就是教育追求生活意义、寻求人的持续发展的学术传统，反映出教育的理想性，所以施特劳斯在论及自由教育时说："对成人的自由教育并不只是一种正义行为……成人的自由教育也必须是对另一种教育的缺陷的补偿……"[11]现实教育并不能引导人经历全部生活，但却希望能够以整体的生活作为自身发生的背景，从而尽可能多地给人以弥补，尽可能多地保留并扩大人的选择权利。

关注整体生活的学术传统反映出教育作为生活探究不满足于现实条件的束缚，在人的自由意志和超越本性的引导下寻求开拓更多生活疆域的超越本性。因此，它提倡教育以复杂的视角而不是单一的视角，以超越的视角而不是适应的视角面对生活，这就要求教育要注重整体的理解和体验，而不是对生活进行技术化的拆解和分析。需要指出的是，强调理解和体验并不是要取消技术在教育中的运用，客观地讲，教育中技术的合理运用能大幅度地提高教育生产的效率，规范教育活动的流程,并使得教育在一定程度上适应生活的变化,但如果将教育全盘技术(工具)化,必将消解教育的人文意蕴和精神内涵,使教育沦落为可被拆分的规范和流程,失却它的价值性。现代社会中,受功利主义的影响,教育的工具化趋势日益明显,在推动现实社会发展的同时限制了教育的视域,消解了教育的人文理想和价值情怀,面对这种情况,有学者指出,"缺少理想的教育可能是高效的,但必然是平庸的"[12]。高效率的教育或许可以推动物质的进步,但平庸的教育绝不能承载人类对美好生活的向往,教育要使人过上完整的生活,就必须通过理解的方式促进对话,而不是以技术化的程序进行知识的灌输。

强调教育的学术传统与规范技术的区别,并不是要把一切技术的、规范的因素排斥在教育活动之外,更不是要取消一切运用于教育活动之中的技术手段,而是要指出二者在目的、诉求上的不同。技术是达成目的的手段,凡一切能够为促进人的成长与发展的技术方法都应被运用于教育活动中,这正是教育学术传统关注生活的诉求之一。①

### 四、教育学术传统的现实意义

同专业化的教育研究所生产的研究规范相比,教育的学术传统更多地表现为一种行动的诉求而非既定的做法,它并不寻求模式化的问题解决方法,因为"完善之外还有完善,一切完善的实现都是有限的,没有哪个完善是一切完善的极致"[13],再完美的方案也不能完全满足生活的无常变化。这并不代表教育的学术传统将把探究带入毫无头绪的试误中去,经过实践检验而被证明为有效的经验方法仍会被推行开来,以帮助现实的教育以有效的方式进行,这也并不改变教育探究寻求更为合理的方法去解决具体问题的价值诉求,一旦实践的需要发生改变,再好的方法也将被重新审视。即是说,教育学术传统将引导教育从生活问题出发来选择方法,而非用现成的方法去改造生活。这就保证了生活作为教育发生的背景,从而使教育既不至于成为脱离生活的乌托邦式的幻想,又不至于沦为仅着眼于现实功利目的的工具,保持了教育作为真诚而又严肃地促进人持续生长的实践

---

① 如北京师范大学何克抗教授在宁夏永宁县所进行的跨越式教改实验就充分证明这一点。在他主持的教改试验中,充分利用了现代信息技术,极大地激发了学生的学习兴趣,提升了教育质量,激发起了师生的内在动力,赋予课堂教学丰富的内涵和强大的活力。

活动性质。

实现教育行动的开创性。基于教育的冒险属性,教育行动中没有完全重复的案例可以进行借鉴,更不可能按照事先规划好的轨道进行构建,所有为教育实践活动预设的结果都有可能不会成为真正的结果,所有的一切都发生在勇往直前的探索之中。这即是说,教育必须要以即时的应激与调整作为整个实践活动的常态,并随时根据情境的变化选择恰当的方式创造性地采取行动,以实现持续性的发展状态。正因如此,教育活动首先是持续不断的探究活动,因为生活的绵延不可能留给教育以止步思考或查阅资料来获取行动方案的时间。教育中尽管会出现一些"摸着石头过河"的做法,但这种无畏的尝试却恰恰反映出在其学术传统的驱使下,教育突破一切、大开大阖寻求生活延续和人的生长的开创性。当然,强调教育行动的开创性并不能以否定前期的知识准备为基础,我们不能因为教育具有此种探险精神就义无反顾随心所欲地进行各种"瞎猫抓住死老鼠"的实验,知识的准备与理论的论证在实践活动中仍然具备相当的重要性与合理性,但需要指出的是,教育的学术传统强调绝不能因为囿于理论的逻辑而漠视实践的逻辑,更不能因为理论的实践之成功而忽视实践的实践之进行。

决定教育方法的多样性。生活本身的变动不居决定了教育问题以多样化的形态存在,所以教育并不能拘泥于某种单一的方式方法去研究问题,更不去寻求对问题一劳永逸式的解决方式,以开放的姿态寻求美好生活的教育容纳所有可能解决现实问题的教育方法。基于此,教育研究的方法是情景化的而不是普遍化的,教学的方法是个性化的而不是整体化的。在不同的情境下,对同一问题的解决也可能会使用到不同的方法,"我们不可能用探测物理事物的本性的方法来发现人的本性"[14],同样,我们也不可能用哲学思辨的方法来解决所有的实践问题。教育研究中,方法永远为问题服务,能够恰当解决问题的方法才是好的方法,但不一定就是最大的方法,使用方法的目的是为了更好地促进交流,而拥有问题意识则是灵活使用方法的基础。正因如此,出现了多少种新的方法能够在一定程度上反映出教育研究活动的成熟与否,却不能将新方法的出现看作教育研究的终结;使用了多少种新的方法是反映教育研究深入与否的指标之一,但并不能够成为衡量实践成功与否的绝对标准。同时,教育者只有根据对象的需要和特点选择合适的方法,在"愤启悱发"或苏格拉底式的引导下催生其达到"心求通而未得之意,口欲言而未能之貌"的状态时加以指点,才能促使教育对象生成真切的探究愿望,从而不至于对人的生长发展造成障碍。相对于今天教育实践领域中对各种新方法的盲目推崇和使用,重申教育的学术传统,强调教育教学方法的多样性,打破单一的教育方式,坚持方法选择时的多样性和情境性,才能真正帮助现实教育理论的发展和进步。

　　保证教育形式的复杂性。以开创的姿态寻求多样的问题解决方法使教育呈现出开放的而不是封闭的结构,这就决定了现实中的教育形式必然是复杂的而不是单调的,只有复杂化的教育形式才能符合教育学术传统的内在诉求。出于生活探究的核心目的,在复杂多样的教育形式中,并不存在绝对主要的教育,也不存在一种教育对另一种教育的吞噬,各种形式的教育以"平等的首席"的方式共存于生活中以谋求生活的延续。因此,对人而言,进行与接受教育的方式多种多样并能够相互穿插,教育因而能以立体的而不是平面的方式展现出来。这就是说,教育对人的关注是全方位的,它不仅是一种纵向的延展,更是一种横向的渗透,它不仅延伸在从摇篮到坟墓的过程中帮助人改造生活,更致力于从身心全面发展的角度培养完整的人。教育也并不是非要以正规的、直接的方式出现,草根式的、间接的教育形式同样在生活更新的过程中担当重要的职责。当然,我们需要承认"没有正规的教育,不可能传递一个复杂社会的一切资源",但同时,我们也要清醒地认识到,以树立正规教育的权威的方式取消其他形式的教育,全然地"从间接的教育转到正规的教育,有着明显的危险"[15],因为这势必将消解教育的探究本性,从而降低了生活的可能,造成对人的发展的压抑与阻碍。

**参考文献**

[1]爱德华·希尔斯. 论传统[M]. 傅铿,吕乐,译. 上海:上海人民出版社,2009:23.

[2]怀特海. 教育的目的[M]. 北京:生活·读书·新知三联书店,2002:146.

[3]刘梦溪. 中国现代学术要略[M]. 北京:生活·读书·新知三联书店,2008:8-10.

[4]张立文. 中国学术通史·总序[C]. 北京:人民出版社,2004:5.

[5]王玉衡. 美国大学教学学术运动[J]. 清华大学教育研究,2006(2):84-90.

[6]爱德华·希尔斯. 论传统[M]. 傅铿,吕乐,译. 上海:上海人民出版社,2009:12.

[7]刘旭东,吴原. 教育研究的传统与科学化[J]. 教育研究,2011(4):10-14.

[8]莫兰. 复杂性理论与教育[M]. 陈一壮,译. 北京:北京大学出版社,2004:45.

[9]王坤庆,岳伟. 生成性存在:当代教育的一种人学探寻[J]. 华东师范大学学报(教育科学版),2010(4):29 – 36.

[10]曹础基. 庄子浅注[M]. 北京:中华书局,2007:38.

[11]列奥·施特劳斯. 自由教育与责任[M]//刘小枫,陈少明. 古典传统与自由教育. 北京:华夏出版社,2005:24.

[12]刘铁芳. 教育的走向与现代教育的反思(下)[J]. 教育理论与实践,1998(6):15 – 21.

[13]怀特海. 观念的冒险[M]. 周邦宪,译. 贵阳:贵州人民出版社,2000:325.

[14]恩斯特·卡西尔. 人论[M]. 甘阳,译. 上海:上海译文出版社,1985:8.

[15]约翰·杜威. 民主主义与教育[M]. 王承绪,译. 北京:人民教育出版社,2001:13.

注:本文曾发表在《当代教育与文化》2014 年 5 月 25 日。

# 论教学方法的层级结构与变革

李刊文 *

一

教学方法是教学过程重要的组成部分。任何教学活动都离不开方法。它直接关系到教学质量的高低、学生智力的发展、思想教育的效果,甚至学生身体素质的优劣都与教学方法密切相关。因此研究和改进教学方法是教学改革的关键。

方法,从哲学的角度说是人们认识和改造世界所应用的方式和手段。人们认识和改造世界必然要进行一系列的思维和实践活动。这些活动所采用的各种方式统称为方法。从心理学的角度说,方法是人自主控制的行为程序。科普宁认为:"方法不能直接规定为客观世界中存在的某种东西,方法就是认识和实际行动过程中应该怎么办。"方法实质上就是一种运动规律的规定性和活动模式。它规定人们按一定的行为模式去活动。为此,我们可以把教学方法定义为:教学方法就是在教学过程中教师和学生为完成教学目的任务而采取的活动方式的总称。它按照学生的学习认识活动(学)和教师辅导学生学的活动(教)的逻辑程序和心理顺序来协调教学活动。

教学方法具有多层次的内涵。第一是广义的教学方法,即实现教育目的所采用的一切手段、技术、途径。包括教学内容的组织方式、教学组织形式、教学设施、教学技术等;甚至教学原则也包括在内。第二是狭义的教学方法,即师生共同活动的方式,也就是独立的具体的教学方法。我们在这里将要讨论的就是两层含义的教学方法。

---

* 作者简介:李刊文,1953 年生,男,甘肃秦安人,天水师范学院教师教育学院教授。

教学方法不同于教学法。它们是既有区别又有联系的两个不同概念。教学方法是在教学过程中为达到教学目的而采用的具体方式和手段;教学法是工具性的技术科学,其内容为各种教学方法和措施结合各种教学过程和教材的具体应用。它们各自研究的范畴不同教学方法研究在教学中教师和学生如何活动,以取得较高的效益。教学法研究的范畴是整个教学过(包括教学方法的应用)。由于它研究教学的一般原理、原则、教学内容、方法等,因而就有不学科的教学法。如语文教学法、数学教学法等。教学法和教学方法是整体与部分的关系。教学方法是教学法系统内部的一个子系统。教学方法的研究和运用受教学法指导和制约,也就是受教学内容、规律、原则制约。因为任何教学活动都"不是把教学原则、教学组织形式、教学方法分得清清楚楚",甚至也不存在没有教学内容的教学方法"。明确二者的区别和联系,有助于澄清一些模糊思想,便于教学方法的改革。

教学方法的基本特征为:(一)学生认识活动的程序。其中包括学生掌握知识、技能、技巧的一定的逻辑途径;学生认识活动的一定类型和水平(复现、启发、探索、研究等);(二)学生与教师之间交往和交流信息的一定方式(口述、直观、实际操作等);(三)组织、控制学生认识活动的一定方式(直接或间接的组织控制或自我控制);(四)刺激和形成学生学习认识活动动机的一定方式;(五)检查或自我检查效率的方式。

## 二

在长期的教学实践中,人们总结、创造出许多各具特点的教学方法很多研究者对教学方法从不同的角度进行分类有人认为有四种教学方法体系,即讲授的、训练的、自学的、开放的方法体系。巴班斯华则分为(一)组织认识活动的方法(知觉、逻辑认识、实习);(二)刺激和形成学习动机的方法(兴趣、责任);(三)检查方法(口头的、直观的、实际操作的)三类。达尼洛夫、叶希波夫又分为(一)保证学生积极地感知和理解新教材的教学方法:(二)巩固和提高知识、技能和技巧的教学方法;(三)学生知识、技能、技巧的检查等三类。这些分类都从不同的角度变或维度反映出教学方法的不同特性但,都未能揭示教学方法本身的结构及其发展规律,而且"每一种教学方法,都是一个综合体,不能强行归属于某一类……但每一种教学方法既经创造出来,就有相对的独立性和不急定性"。

　　用系统论的观点看,教学方法是由不同要素辩证联结而成的具有一定质的规定性的相对独立的整体。第一,教学方法是具有一定质的规定性的整体这种质显然是由内在原因规定的,因而每个方法是一个整体。所谓整体性,即保持特殊的质的规定性。第二,一种教学方法既具有表现其特质的要素,也蕴含其他方法的一般要素。因而,方法的概念既是一个一般性的概括,又是一种特殊的存在形态。第三,方法内诸要素辩证联系形成一个统一的整体,表现出内在的统一性。这种不同要素,不同质的统一性就是方法的根本规定。第四,所谓相对独立,即每一个方法自身是运动着的,都不是封闭的,它具有存在的广阔物质背景,不断与周围世界交换着实体与能量,从而使方法发展变化,而不是长住不变的。

　　我们把教学方法作为一个动态的、整体的系统来考查。根据教学方法发展的规律,根据各种方法内在的不同特点、功能,构成方法的要素,适用范围和各教学方法相互之间的联系,可以把教学方法划分为三个相互联结的层级(或三个子系统)。

　　第一层级的教学方法包括以语言文字为传递媒介、以传递知识为主的五种基本方法,即讲授法、谈话法、读书指导法、练习法、检查法。它们具有下列共同特征:(1)这一层级的教学方法在教学活动中应用得最早而又有较广泛的适用范围。(2)它们是各自独立的、具体的方法。都能独立完成某一教学任务。(3)是整个教学方法体系的基础,某些教学方法的使用需要它们的配合。例如实验法要求教师讲清实验的要求、方法步骤,这就必须有讲授法或者谈话法介入。(4)教师的活动在这类活动中的主导地位比较突出。

　　第二层级的方法是以实物为媒介,除传递知识以外,具有培养实际技能、操作能力的功能,即演示法、实验法、参观法、实习作业法、课堂讨论法等。(1)这类方法是随着近现代科学技术的发展,教学内容的扩大、先进的技术手段应用到教学中,原有的教学方法不适应这种需求而随之产生的。从产生的时间来说晚于第一层级的教学方法。(2)它们是各自独立的、具体的教学方法,但应用范围较前一类方法小。它们的使用都要有一定的条件和要求。例如实验法适用于物理、化学、生物等课程,并需必要的设备。(3)这一层级的方法是构成第三层级方法的基本要素。(4)这类方法以学生的活动为主,教师的活动是围绕学生的活动进行的。

　　第三层级的教学方法是新的综合的方法。当前已创造出来的主要有"纲要信号图示"教学法；"读读、议议、讲讲、练练"八字教学法；"六课型一单元"教学法；发现法；自然法和自制教学法；暗示教学法；范例教学法等。这些方法的创立都基于相应的教学思想。有些方法是将第一、第二层级某些具体方法重新组合,有些方法本身已经包含教学原则、手段、组织形式和教学环节,构成某一方法体系(目前有些方法仍不完善,有待实验、研究、改进)。因此这一层级的教学方法是广义的更高水平的教学方法。突出特点是以培养学生的各种能力尤其是自学能力为主旨。教师的作用在于组织安排,调控教学过程。例如、读读、议议、讲讲、练练"八字教学法。"读读"就是指在课堂教学中,让学生阅读教科书,目的在于培养他们的阅读能力。"议议"就是让学生根据个人对课本内容的领会理解各抒己见,相互切磋、交流,辨明是非,取长补短,以求得正确的结论的过程。"议议"主要是学生发言,教师倾听,时而插话,时而点拨,时而鼓励。"练练"是知识的应用,通过练让学生把学得的知识、技能进一步消化和熟练,发现了问题回过头来再议。做习题、口头问答、书面练习、开卷小结和实验都属于练的范畴。"讲讲"在课堂教学里贯穿始终,读时有讲,议时有讲,练时也少不了讲。教师要有的放矢,画龙点睛地讲。可见,这种方法是综合了许多具体的教学方法,重新组合的一个完整的方法体系。

三个层级教学方法的相互联结构成整个教学方法系统,用图表示如下：

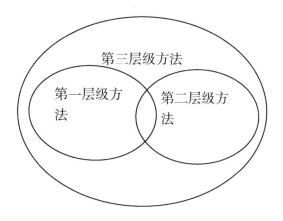

这一结构系统不是封闭的,而是开放的。它具有开放容纳和超越、创新的特有转化性,使得旧的方法转化为新姿态而具有新的生命力再度发展,创建出新的教学方法,从而使教学方法体系不断得到补充与发展。

任何教学方法都不是平面的、静止的,而是处于相对时间里,是运动状态的多维结构。就某一种教学方法而言都是由教师活动的方式和学生活动的方式以及信息反馈系统构成，都有自己固有的相对稳定的结构，发挥其功能。教学方法的模式则是随着教师、学生、教材和教学条件的变化而变化。可以说没有固定不变的方法模式。因此，教学方法自身就是一个动态系统。例如讲授法就有各种图解式的讲授法；发展式的讲授法；启发式的讲授法（也叫自作结论式的讲授法）；复现式讲授法（用幻灯、电视、电影复现教材的实际内容与历史进程等）等。谈话法也是具有多种多样模式的，如巩固性谈话、复习性谈话、课堂讨论等。

教学方法总是在教学活动中体现出来，任何一种方法的使用总是依存与它相适应的教学活动中。离开了教学实践，方法也就失去了存在的意义。

## 三

我们分析和探讨教学方法的结构、层次，目的是揭示教学方法运动发展的规律，为教学方法的变革提供理论依据。教学是一个动态系统，它是随着社会发展、科学技术的进步，先进的设备应用到教学中，以及教学内容的不断丰富和难度的增加而发生变化，原有的教学方法或方法模式不适应新的需求时就必须改革。当前有些同志把教学方法分为传统与现代两大类，认为传统方法不适应现代要求而应抛弃，只须采用现代的教学方法，也有的同志认为传统方法是行之有效的，关键是怎样运用的问题，主张以启发思想为为指导，运用教学方法，所以传统教学方法和现代教学方法的是非取舍是值得研究的问题。

传统教学方法与现代教学方法是相对而言的，传统教学方法通常指讲授、淡话买经验，也就是我们所说的教学方法体系的第一层级吸和第二层级。现代教学方法是指看新的找长思想指导下创造的一系列综合的教学方法，是我们划分的第三层级的教学方法。传统教学方法是长期教学实践的结晶，是由许多传递信息，培养能力的基本方法组成的，它几乎穷尽了师生之间传递信息的基本渠道，视觉的、听觉的、触觉的、动觉的、语言的、直观的等所谓现代教学方法，实际上是各成体系的，广义上的教学方法，它们是以传统的从本方法与因素而组成的。正如有的人认为："当前许多新的灯行之有效的教学方法，实际上都是这些基本方法的组合……在实践中我们很难找到一种与传统方法无关的新的教学方法。"

无论传统教学方法还是现代教学方法，都具有"二重性"，即优越性和局限性。

例如讲授法,它利于教师发挥主导作用,在短时间内传授大量知识。信息量大、系统性强,且能启发学生积极思考激发学习热情,一位教师可以同时教许多学生,但是它不容易发挥学生主动性、独立性、实践性、创造性等,还需要有较高的学习自觉性和听讲能力,因此它适于小学高年级以上,而且只适用于教材系统性强的学科。再如:"读读、议议、讲讲、练练"是集读书指导、课堂讨论、讲授、练习于一体的教学方法,能发挥上述方法各自的优越性。但要求学生有较高的知识准务与能力准备,还需要高度的学习自觉性,同时要根据学生的特点将教材重新设计、组合,方能发挥功能。事实上没有一种教学方法是完美无缺的,在具体的教学活动中,教学方法是统一在起的。

因此,教学方法的变革就不能是简单地肯定或者否定改革教学方法就是发挥每一种方法的优势,克服劣势,寻找其最佳模式和在可能的条件下建立新的方法体系,使方法结构合理,协调,各种方法相互补充,长短相济,立体结合,具体说:

(一)寻找基本方法的最佳模式

基本的教学方法都具有相对的稳定性,每一种方法的使用模式都是多种多样灵活多变的。同一的教学方法就其内在本质,"就其逻辑和动况方面的任务而论,可能有实质性的差别,反映了学生的学习认识活功和教师相应的施教活功的不同水平和不同性质"。教学方法的本质实际上取决于学生认识活动(学)和教师相应活动(教)的逻辑——程序方面和心理方面。教学方法功能的发挥决定于学的方式、教的方式行动上协调一致的效果。就一种方法而言,应选择使用与教学内容、目的任务、学生的特点和教师本人的符合的方法模式,尽可能获得较满意的效果。

(二)选择教学方法最佳结合方案

用辩证的观点来看,某一种教学方法可以顺利地解决某一种教学任务,但用于解决另一种任务就不那么成功。例如讲授法对传授新知识有利,对于技能形成不会有多大的效果,因此每一门课,甚至每一堂课都应选择教学方法的最佳结合方案。教学方法的选择要依据下列条件:(1)教学对象的学习态度、认识活动的特点、学习义务感和责任感等;(2)教学任务,内容;(3)教学的条件。某些教学方法和手段的使用,如参观法受参观对象的限制,没有参观场所就无法参观。直观法,有些教材可以用实物的直观使学生获得丰富的感性材料,而有些教材无法用实物直观时,可借助一些现代教学手段——幻灯、电影、电视等使学生获得感性材料,而有些教材实在无法用直观的方法只能通过教师对教材的描述达到目的;(4)根据教师本人应用方法的技巧和艺术,对方法应用的熟练程度来取舍方法。上述几个条件要综合起来考虑才能选择和确定教学方法的最佳方案。实践证明,教师对教学方法的选择越能从多方面考虑,那么,他在教学过程中也就越能达到较高的教学效率。

(三)创立新的教学方法

教学方法的变革是社会生产力发展、科学技术进步的必然趋势。历史上大的科学技术的进步都为教学提供了创造新方法的条件。如实验、演示等方法的出现都与当时的科学技术发展分不开。今天随着科学技术的发展,原有的方法有些已不能满足教学的需要,要求创新教学方法。根据我们前面对教学方法层级结构的分析来看,新方法的创立是完全可能的,任何事物的发展创新都是在原有基础上的继承与发展,教学方法也不例外。因此,新的教学方法。方法的创造应该以现有的教学方法为参照系,吸收旧方法的优点,设计新的教学方法、方法的创造还应以实验作为先导,以充分的实验来验证方法可行性。只有这样才能创造出较为完善的适用的教学方法。现在已经出现的新方法都有这么一个过程。

创造新的自成体系的方法也是现代教学所要求的。前面我们已经论述过,已经出现的许多新方法都是自成体系的综合教学方法(第三层级),它们都是以传统方法为基础,将很多的具体方法(有些包括教学手段、技术,甚至教材的改组、教学组织形式、原则等)进行不同形式的重新组合而成的较为有效的新体系。这是现代教学方法发展的必然趋势,因此还应重视这类方法的创造。

(四)建立教师个人的方法体系

在教学实践中每个教师都会形成一套自己的方法体系。当然关键在于是否形成了一套科学的方法体系。所谓科学的方法体系就是在教学中,能做到各种方法的最佳结合,能充分地调动学生的积极性,能促进学生技能的形成和智力的发展,同时使用时间经济。每一个教师都应建立自己的方法体系。(1)建立适合自己所教学科、阶段(年级或教材阶段)和学生的方法体系。教学内容不同,任务不同,教育对象不同对方法的要求不同。某种方法只能在和它相对应的学科、教学阶段和学生中有效。(2)教学方法体系要相对稳定,以利自己熟练地运用和照顾学生的习惯。(3)由于教学对象的不断变化,教学方法体系要作相应的局部调整。

　　教学方法是教学过程较为复杂的要素,它的变革不仅要有实践上的探索,而且更需要理论上的探究。新教学方法虽然是在一定教学思想的指导下产生的,但它必然有其内在因素的变化与发展。我们从教学方法的整体结构入手,寻求教学方法发展的基本规律,目的是为研究、改革教学方法提供理论线索。但这仅仅是初步的探讨,不乏错误之处。敬请大家匡正。

### 参考文献

[1]教育辞典[M].南昌:江西教育出版社,1978:656.

[2]王策三.教育论稿[M].北京:人民教育出版社,1986:243.

[3]论教学方法[J].北方论丛,1984:(3).

[4]巴班斯基.教育学[M],李子卓,等译.人民教育出版社,1986:

[5]达尼洛夫.教育学[M].北京:人民教育出版社,1979.

[6]王策三.教育论稿[M].北京:人民教育出版社,1986:252.

[7]毕天章:丫教今一方厅改革与议[J].河南教育学院学报.1984:(2).

[8]巴班斯毕仁.中学教学方法的选择(中译本)[M].北京:教育科学出版,1985:6.

注:本文曾发表在1989年9期《课程．教材．教法》期刊上。

# 教师工作与家庭关系研究述评

李艳红 *

随着劳动力结构、家庭结构和工作特点的巨大变化,越来越多的研究者开始关注工作和家庭问题。国内外有关教师工作与家庭的研究主要从互动系统的视角和非互动系统的视角进行了深入探讨,本文从以上两个视角出发,分别就国内外相关研究的主要内容、主要研究方法等方面进行评析,同时对未来的研究走向进行了展望。

在社会学领域中,工作与家庭的研究开始于20世纪60年代,到了70年代,仍将工作与家庭视为两个独立分开的系统;直到80年代,大量投注在双生涯家庭与职业妇女的研究以后,才进一步探究工作与家庭之间的交互关系。20世纪90年代以后,相关的研究除了延续前十年双生涯及妇女就业对家庭生活品质与家庭成员发展的影响外,更因为家庭社会学、家庭心理学研究的加入,以及妇女运动的启示,于是更加关注工作与家庭间的动力关系,而逐渐形成丰富多面向的重要议题。本研究以教师为切入点,所引用的国内外教师工作家庭研究,大致可分为"将工作家庭视为互动系统的研究"和"未将工作家庭视为互动系统的研究"两大维度。

## 一、将工作家庭视为互动系统的相关研究

受符号互动理论的影响,有关教师工作家庭之研究主张教师生涯是教师在不同环境中不断调适自我的历程,研究强调从生活的全面性出发,来呈现教师的生涯全貌。

---

* 作者简介:李艳红(1969.2),女,甘肃天水人,天水师范学院教师教育学院教授,博士,主要从事农村基础教育研究。

（一）研究内容

1. 从性别的视角关注教师的工作内涵

此类研究注重探讨教师在日常教学中的工作性质及工作表现方式是否因性别差异而有所不同。如 Johnston，Mckeown & McEwen（1999）的研究中同时比较了男女教师的教学模式以及二者对小学教师的身份认同。James（2002）以男教师为研究对象，通过他们对自己教学经验的叙说，来剖析种族、性别等多元文化因素对教师工作家庭的影响。研究发现，男教师也是以"能和孩子一起工作"为其最大的生涯选择动机。男教师和女教师一样，会表现出对学生强烈的关注与照顾，注意学生的整体表现，并以学生表现为教学成就感的来源。Spenser（1994）的研究发现，未婚女教师与已婚女教师原生家庭与婚姻家庭的关系相处存在差异，以致会影响其生涯发展。Jackson, S.（1997）女性比男性较容易将家务视为自己份内的工作，这种情况常常使女性因家务或子女照顾而面临心理压力。当女性未能将家务做好时往往会觉得有罪恶感。

台湾学者的研究强调女教师在性别分工的工作与家庭场域中，常常受到限制，面对限制，女教师应发展女性的自主能动性去积极应对。师优璐（2000）从性别视野切入女教师工作与家庭之互动关系。研究发现，女教师原生家庭资源有限，校园环境普遍存在着传统性别角色分工概念，在担任班主任、校长的升迁途中，因为必须担任妻母的角色，而比同龄的男性起步晚，成为领导之后，学校同事的角色刻板印象，又向她们提出了挑战，及时采取因应策略是必不可少的。刘凤英（1999）的研究发现，女教师的生活是一体的，家庭经验与其工作经验及模式，有着密不可分、相互渗透的关系，每一个主体的决定都将影响着之后的发展与后果。徐宗国（1995）以大学教师为对象，研究发现，工作与家庭是一个连续体，在双薪家庭中，工作与家庭间的运作关系，对男女的影响并不相同，通常是由女方承受影响与解决二者的冲突；而工作的时间特性，不论是质或量，对女性的影响大于男性。

2. 探索校园文化对教师工作的影响

校园文化很可能会成为复制性别分工的场所，此类研究着重探讨教师在校园中，是否受限于权威的管理模式，如何突破种种限制，处理好工作与家庭二者之间的关系，进而促进自身的专业发展。如 Mander（1997）的研究认为，教师应争取教学的自主性与专业性,这种争取的过程也是女教师谋求家庭与社会地位提升的机制。Carter(2002)则直接指出,学校文化即是男性特质与攻击行为的建构之场所。Reddin,J.(1997)研究发现,男教师较女教师更常思考生涯的适合性与相关问题,男教师有明显的升迁策略,生涯发展不易受到外在因素的影响,他们的工作表现较佳,较容易晋身为行政主管,女教师对工作缺乏热诚,则是导致女性校园中主管人数偏低的主要原因。

台湾学者陈怡铮(1999)研究认为,女教师的工作场域学校,充斥着父权色彩:学校的职务分派维持着传统的性别分工,"改组与家庭并容",则是校园文化的一部分,而教师职业其实正是"母亲角色"的延续,女教师在学校仍旧扮演着"好妈妈"的角色。洪孟华(2000)研究也发现,男教师之角色知觉普遍受到社会文化中之男性角色期待与价值影响,并与其进修动机与自我期许密切相关,进修虽能提高教师个人价值,却不一定能提高其小学教育工作士气与积极态度。

国内学者查啸虎等(2003)的研究发现,我国教师职业中的女性比例特别是幼儿园和小学教师中女性的比例明显高出其他职业,以至于幼儿园和小学教师队伍呈现出明显的"女性化"特征。在小学教师队伍呈现出显著的"女性化"特征的同时,还存在着另一种耐人寻味的普遍现象,那就是在很多小学里人数不多甚至屈指可数的男性教师,他们在学校生活中的实际地位却明显高于女性教师,学校中的一些管理职位诸如校长、主任、年级组长等多由男性教师占据。史静寰等(2004)有关中小学教材中的性别平等研究发现,男性出现的职业类别都比女性的职业类别具有多样性,且男性职业类别的社会地位普遍较高。女性的职业角色却很少提到,并集中于中小学教师、作家和家庭主妇(无职业者)。

(二)研究方法

在研究方法上,目前大量的研究几乎都采用横向研究与自我报告的方法,如Carter(2002),Mander(1997),史静寰(2004)等;而很少涉及纵向研究法、他人评价法。事实上,工作与家庭既有静态面又有动态复杂面,两者是不可分割的。这要求我们在以后的研究中加强纵向研究,以补充横向研究所忽略的动态面研究;结合他评的方法,以补充自我报告法所缺乏的客观参照性,以凸显工作家庭互动的本质和真实面貌。

台湾学者多是以质性研究现象学或生命史的观点,关注教师自身的主观经验,以深入访谈的互动历程,与受访者建立平等的关系;同时在论述立场上,也能吸纳女性研究的观点对女性生活为何以及如何形成的现有知识提出批判,通过提供女性生活的资料和分析,促进社会改变,以结束性别不平等与女性次等地位的情境,如师优璐(2000)、陈怡铮(1999)等。

(三)将工作家庭视为互动系统的相关研究评析

国外在探讨教师工作与家庭研究方面,将工作家庭视为互动系统的研究已能从性别视野的分析观点再重新审视男教师的工作生涯。这种转变一方面避免复制男性观点的生涯模式,认为女性最适合从事教师职业。另一方面,从性别的视域再次审视男女教师的生涯,也有助于教师职业女性化所形成的等级制度,因为让学校内有更多男性与女性教师协同合作的工作模式,而非仅局限于男性主管与女性教师的父权结构体制。在探究教师工作与家庭的互动关系时,已能意识到女教师生涯发展是工作与家庭并行发展的,女教师并未如先前的研究所描述的是牺牲工作来成就家庭,而是以一种妥协权变,延长时间的发展方式,在工作与家庭生活中,设定不同的轻重缓急,追求并行的发展。

其次,已能从性别视野的触角延伸至校园中的种族议题。这种关注种族间的职业差异经验,可以丰富对少数民族的了解,因为对于女性主义而言,探究女教师的工作家庭生活,即是基于女教师是教育体系或整个国家教育体系或整个国家社会的边缘、次要、少数地位。而从多元文化的议题来看,探究校园中少数族群的问题,显现教师不同的差异经验,并鼓励彼此的对话、协同与合作,将会营造出教师自主的工作模式与校园文化,这也是女教师所期待的工作与家庭关系。

再次,相关研究以探索校园文化的自主性为基础,如 Mander(1997)意在鼓励女教师能在争取工作上的自主性后,也能同时反映其在家庭或社会上的自主地位。所以这类工作文化研究一方面通过描述教学工作的繁琐、被干扰、无计划性,以及校园管理模式,来反映女教师的低地位;另一方面,在描述女教师因为传统性别分工,受限于工作与家庭场域的不平等待遇时,能关注到女教师突破困境的策略之道,强调女性对自主的需要,以实际行动改变自己所在的处境,也彰显女性性别意识的觉醒与主体地位的获得。

最后,在论述女教师受限于工作与家庭生涯的发展上,这些研究也能结合社会结构因素(如家务与工作,学校文化,刻板印象等)对女教师产生的影响,避免将教师的生涯发展不利因素归因于教师自身的能力、意愿等个别因素,特别是工作发展上的限制也不是单纯归于女教师的家庭责任,而是进一步去探讨学校的人事安排上如何将女教师排除在外,如陈怡铮（1999）,或是女教师将付出更多的努力,才能取得与男教师同等的行政角色等,如刘凤英（1999）。

**二、未将工作与家庭视为互动系统的相关研究**

（一）研究主要内容

1. 教师生涯发展研究

有关教师生涯发展理论研究,Vonk（1989）根据教师的年龄或教学指标来做为划分的依据,将教师生涯发展分为职前训练期、入门时期、专业成长期、转换期和衰退期。从教师生涯发展的概念来看,McDonald（1985）根据教师群的一些共同特征、态度、需求等作为划分依据,将女教师的生涯发展分为转换阶段、探索阶段、发明和实验阶段、专业教学阶段。Steffy（1989）依据人文心理学派自我实现的理论,采用观察、访谈、问卷调查等方法,提出教师生涯的人文发展模式。他把教师生涯划分为五个阶段,即预备生涯阶段、专家生涯阶段、退缩生涯阶段、更新生涯阶段、退出生涯阶段,着重探讨了教师进入成熟期以后有可能出现的低落、停滞、重新进入发展阶段的问题。

我国的研究者关于教师职业发展阶段的划分较为少见。直到进入 21 世纪,部分学者根据我国教师实际的情况对教师职业发展阶段展开研究。连榕、孟迎芳（2002）在前人研究的基础上,结合我国教师的特色,主要以教龄和职称两方面为依据提出三阶段论:新手型教师、熟手型教师、专家型教师。申继亮（2002）等人在研究中发现不同的教师有着不同的成长历程,提出两种不同的观点:一种是三阶段论,包括熟悉教学阶段、个体经验积累阶段和理论认识阶段;另一种是四阶段论,包括学徒期、成长期、反思期和学者期。王笑梅（2003）则提出,教师的成长大致经历四个阶段:适应期、稳定期、发展期和成熟期。

国内外关于教师职业生涯发展的研究已日益蓬勃,各种关于教师职业发展阶段的理论令人目不暇接。尽管如此,仔细审阅,也可发现其共同的特点与不足。它们同中有异,异中有同,但均能完整地看待教师的发展历程,将职前师资培训与在职教师的发展联结起来,视为一个连续的过程,并且凸显了教师在不同发展阶段具有不同的专业表现水平、需求、心态、信念等。这是大多数理论所共有特点。

然而,目前现有的各种教师职业生涯发展理论仍有需要进一步探究与完善的地方。如多数理论仍偏向于对教师实际上所经历的发展情形或实际上所表现出来的发展情形的描述,而对教师最理想的发展历程与发展情形的描述或设想未做应有的关注,且未把家庭生活纳入教师生涯架构中探讨。

台湾学者的研究大多把家庭与工作相联系。如孙国华(1997)通过对中小学教师的研究发现,个人志趣与生涯承诺会影响男教师的生涯发展,家庭支持、学校气氛、行政管理与家长压力会影响女教师的生涯发展,所以家庭对女教师工作的影响甚于对男教师的影响。林靖芬(1999)研究认为,女教师的生涯发展因教师的年龄、学历、服务年资、婚姻状况、子女数、担任职务、学校规模的不同而有差异,已婚、子女数多的女教师较未婚者更易陷入挫折失落的阶段。

2. 教师工作满意度研究

工作满意度泛指工作者在组织中所扮演角色感受或情感反应,它与工作卷入程度、组织承诺和工作动机等都有密切的关系。Hochschild(1989)研究指出,母亲角色成为女人最神圣的"天职",家中的事和照顾子女的工作就是女人的事。因此,只要丈夫能分担部分家务,或是表现出愿意分担部分家务的意愿,丈夫甚至不必要直接参与家务,只要对妻子的劳苦不吝赞扬,就可维持婚姻的品质,以及继续这种虽不满意但可接受的家务分工模式。丈夫对家务的参与程度越高,妻子的婚姻满意度就越高。可见,传统对两性家务角色的期待直接反映在双方的态度与行为上。

台湾学者陈圣芳(1999)有关教师工作压力与工作满意度的研究发现,造成教师对工作不满意的因素主要有工作量过多、班级学生数过多、时间不够分配及觉得不适合从事教师工作。由这些因素可以看出教师因教学的负荷过重、压力太大而产生对工作不满意。

《教育研究》1986年第9期刊载了李子彪的文章"论提高中小学教师的职业地位",这是国内较早涉及教师工作满意度的研究。随后,陈云英、孙绍邦(1994),陈卫旗(1998),张忠山(2000),分别对北京、天津、广州、上海等地的中小学教师的工作满意度进行了研究,由于研究对象、研究工具、研究地区和研究时间的不同,因此研究结果存在很大的差异,研究结果的可比性比较差。

(二)研究方法

在研究方法上,国内外研究多数采用大样本的问卷调查法,根据量化结果,取得一个团体的平均标准,来呈现教师的工作家庭生活,却忽略男女经验的不同。如 Vonk（1989）、McDonald（1985）、申继亮（2002）、张忠山（2000）等。

台湾学者的研究中有数篇附之以访谈法,来探讨与工作或家庭相关的议题,由于其定位于辅助的角色,访谈之目的在于补充调查结果或相关的延伸探讨,所以在遇到访谈结果与调查结果相冲突时,没有做更深入的论述,如孙国华（1997）、陈圣芳（1999）。其次,部分研究开始注重教师个人对其工作或家庭经验的诠释,而以质性研究的深入访谈以及生命史,如朱俊淇（2000）、林靖芬（1999）,来呈现教师的生涯过程与相关意义,只是这类研究仍把工作与家庭视为分开的系统,结果或是将女教师与家庭经验相连接,或是将男教师与工作经验相连接的方式进行分析。

（三）未将工作家庭视为互动系统的相关研究评析

根据上述国内外相关研究,得知未能以工作家庭之互动系统为分析观点的研究认为,工作生活与家庭生活是一分为二,彼此对立的,其研究假设倾向于凸显男女教师的生涯发展是有所差异的。根据此差异现象,男教师的生涯发展是连续、完整、工作动机与承诺高,升迁意愿强,女教师是工作发展不连续、中断、工作动机与承诺低,升迁意愿不强,这种将生涯发展归之于个人动机或能力因素的解释,使得校园中男性行政主管与女教师的互动模式被合理化,接受男尊女卑的地位,而无须进一步做结构上的调整。

其次,从生涯发展的概念来看,虽然"教师生涯发展涵盖了教师所从事的教学工作,担任教师职务和角色,以及扮演家庭和公民的角色",但显然有关教师生涯发展的相关理论仍只论述教师职业工作上的成长与改变,忽略了生涯家庭所面临在工作与家庭场域中的结构困境,以致于在描述教师生涯发展时,所界定的生涯内涵就只局限于大致工作上的发展。多数研究注重探讨教师生涯发展的过程、对生涯意义的诠释以及生涯发展背景的社会文化脉络,但由于其分析的维度是教师的教育理想、工作态度、同事间的人际相处、社会互动等,均是围绕在公领域的话题,以理性直接的时间规划为基础,对教师生涯发展的研究只是停留在工作层面的发展,忽视了家庭这一议题,没有关注家庭责任的付出与家庭体系的互动,相对地合理化了男性的工具角色,复制了男性观点的生涯模式。例如,在 Vonk（1989）

的生涯发展周期理论中,走过教师职业入门时期后即进入专业成长期,忽略了不同家庭生活周期对教师工作的影响。事实上,此时期正值家庭生活周期"学龄期阶段",是家庭生活最忙碌、家庭责任负担最大的时期,因此,忽略家庭生活经验,只研究工作生活经验,其所建立的生涯发展理论只能适用于男教师,对女教师生涯发展的解释是不利的。

最后,从性别与工作家庭的互动体系来看,由于性别或婚姻状况只作为研究中的背景变量之一,其目的在于凸现男女性别以及已婚与否呈现在生涯发展方面的差距,而不是真正关注男女或已婚与否其生涯发展上的不同资源条件,以及社会上不同的期待,以致于会有相互矛盾的研究结果。比如在朱俊淇(2000)以小学男女教师为对象,探究其生涯停滞的时间以及生涯发展的典型,结果发现,在其访谈的教师里,女教师呈现生涯发展停滞的时间较男性早,其类别也以家庭型停滞为主。然而在林靖芬(1999)以台北国小女教师为对象的研究里,即成熟适应与积极学习的女教师占全国教师的62%,男教师较女教师的留业倾向、生涯投入以及生涯认同低。换言之,只单就男女教师的生涯投入是否真有差异,目前无一致结果,但如果该研究结果真的是男女教师有所差异,女教师的生涯发展意愿低,就自动会做出女教师受家庭责任的影响较大或是女教师个人也会有逃避事业成就倾向的研究结果,但却未进一步探究社会文化如何影响女教师的发展以及各方面可提供的社会支持,于是家庭责任就又推诿于女教师个人身上,成为一个私领域的议题。然而,无论是关注男性公领域的生涯发展还是关注女性私领域的家庭关系,都十分重视探讨个人背景、婚姻制度与生活适应之关系。

### 三、研究展望

(一)研究内容方面

迄今,西方对工作家庭的研究已有30多年的历史,研究内容丰富,主要涉及工作家庭互动产生的原因、引发的结果及干预策略等方面。而国内研究尚待充实,香港与台湾学者对其进行了相对深入的研究;但内地学者直到近几年才开始进行介绍与研究,初步探讨了工作家庭互动的现状及原因,而干预策略及其有效性等方面的实证研究几近为零。国内研究大多验证了西方的研究结果;由于中西方文化、价值观的差异,必然导致中西方个体所经历的工作家庭互动存在程度与表现形式上的差异。虽然工作家庭互动的跨文化研究正在兴起,但这种差异尚未引起足够的重视,也未得到充分的揭示。基于以上认识我们认为极有必要对该领域开展跨文化研究。此外,以往的研究过于侧重工作家庭互动中的消极方面,如工作压力,忽略了其积极的一面,如丰富的工作资源会带来工作与家庭互相促进,加强这方面的研究对探讨工作家庭互动的干预策略很有借鉴意义。

（二）在研究观点上

目前研究局限于工作与家庭角色的客观性,如工作时间长短、是否有小孩等,而极少涉及角色的主观性,如个人对工作和家庭角色的期望或优先性。很显然期望未得到满足会影响到其工作、家庭态度,角色优先性会影响到个体对某一角色的卷入程度和个体对工作与家庭互动的知觉方式。因此,把角色主观性纳入研究,有助于我们理解工作与家庭互动的内在机制。

（三）在研究对象上

多数研究注重反映女教师工作与家庭生活的自主性,同时关注女教师的亲职与教职等多重角色,以及多重角色之间的正负向互动关系。未来研究中应纳入男教师的观点,做为澄清与补充女教师工作家庭的经验,为未来男教师工作家庭研究提供一个基础。

（四）在研究方法上

将吸纳女性主义研究所强调的多元研究方法论,从多个侧面对工作家庭进行研究,以呈现教师丰富多元化的工作家庭生活面貌,并在同一研究中,针对不同的研究对象,交叉运用参与观察、深入访谈、个案研究或焦点团体、深入访谈等多方法来收集资料。同时,在最近这几年才开始出现的叙事分析研究,希望通过对自己生命故事的述说,来呈现受访者自己的意义诠释,也能运用在此领域。总之,结合各学科自身特点,探索一个新多元方法的研究模式是今后的研究趋向。

**参考文献**

[1]Menaghan,E. G. ,Parcel,T. L. . Determining children s home environments:Thei mpact of maternal characterictict and currentoccupational and family conditions[J]. Journal ofMarrige and the Family,1990,53:417 – 431.

[2]Gutek,B. A. . Women and Paid work[J]. Phychology of women Quaterly,2001,25:275 –293.

[3]Repetti&Crouter, . Employment andwomen s health:Effects of employment on women

smental and physical health[J]. American phychologist,2000,44（11）:1394 - 1411.

[4]Carter,C.. Schools echo and theconstruction of masculine identity:Do schools creatcon- done and sustain aggression[J]. Educational Review. 2000,54（1）:27 - 36.

[5]James,C. E.. Achieving desire:Narrativeof a black male teacher[J]. Qualitative Studies inEducation. 2002,15（2）:171 - 186.

[6]Spencer,D. A. Sociology of teaching. In T. Husen&T. N. Postlethwaite（Eds.）,Internation- al encyclopedia of education（2nd ed）[J]. Oxford,England:Elsevier Science,1994,（10）:5607 - 5614.

[7]Jackson,S.. Women,marriage and familyrelationships[M]// V. robinson&D. Richardson （Eds.）. Introcucting womens studies. LondonMacmilian,1997:323 - 348.

[8]师优璐. 横越生命的长河——三位国小女性教师的生命史研究[D]. 台东:台东师范学院教育研究所,2000.

[9]刘凤英. 家庭工作与女性主体:五位国小女性主任追寻自我的生命史研究[D]. 花莲:花莲师范学院国民教育研究所,1999.

[10]徐宗国. 工作内涵与性别角色[M]. 台北:稻乡出版社, 1995.

[11]Mander,A.. Teachers work:Somecomplex interactions between teachers and theirschools [J]. Journal of Teacher Education. 1997,25（3）:281 - 293.

[12]Reddin,J.. High - achievement women[M]// H. S. Farmer（Ed.）. Diversity&Women scareer development. Newbury Park,CA:Sage,1997:95 - 126.

[13]陈怡铮. 国中女教师生涯之研究[D]. 台北:台湾师范大学公民训育研究所,1999.

[14]洪孟华. 教师角色知觉及其进修历程之关系研究——以国小男性教师为例分析 [D]. 嘉义:南华大学教育社会学研究所,2000.

[15]查啸虎,陈玉梅. 走向两性平等——教育公平性别视角的分析[J]. 集美大学学报, 2003, 4（2）:33 - 36.

[16]史静寰. 走进教材与教学的性别世界[M]. 北京:教育科学出版社, 2004.

[17]罗晓路. 教学心理学视野中的教师研究[J]. 心理科学, 1997,（8）:546 - 550.

[18]申继亮,等. 关于中学教师成长阶段的研究[J]. 天津师范大学学报（基础教育版）, 2002,（3）:1 - 4.

[19]王笑梅. 关于青年教师成长规律的研究[J]. 教育探索, 2003,（3）:99 - 101.

[20]孙国华. 国民中小学教师生涯发展与专业成长之研究[D]. 高雄:高雄师范大学教育研究所,1997.

［21］林靖芬．台北市国小女性教师生涯发展与工作满意度之研究［D］．台北：台北师范学院国民教育研究所,1998.

［22］Hochschild, A．．The second shift［M］．NewYork：Viking,1989.

［23］Thompson, L．Family Work：Women ssense of fairness［J］．Journal of Family. 1991（12）：181 － 196.

［24］陈圣芳．台东地区国小教师工作压力与工作满意之研究［D］．台东："国立"台东师范学院国民教育研究所,1999.

［25］陈云英,孙绍邦．教师工作满意度与调查研究［J］．心理科学, 1994,（3）.

［26］陈卫旗．中学教师工作满意感的结构及其离职倾向工作积极的关系［J］．心理发展与教育, 1998（1）：38 － 44.

［27］张忠山．上海市小学教师工作满意度研究［J］．上海教育科研, 2000,（3）：39 － 42.

［28］朱俊洪．国民小学教师生涯发展停滞期之研究［D］．台中："国立"台中师范学院国民教育研究所,2000.

注：《西北师大学报(社会科学版)》2011 年 1 月第 48 卷第 1 期。

# 问题意识与教育研究

吴 原[*]

在当前的教育研究中,以解决问题为出发点的方法运用,被异化为以应用方法为核心的问题解决,造成了研究中问题的淡出与方法的凸显,使"问题意识"仅成为研究过程中所涉及到的抽象概念,而非实践的诉求。教育研究的本质是对生活的考察,而不是技术性的生活分解,要想实现教育研究的学术旨趣,必须对教育研究中的问题意识进行认真严肃的审定。

研究自问题始,至问题终,任何一种研究都以问题为导向,没有问题无病呻吟的研究是没有价值的,正确树立问题意识是进行研究的第一选择。教育研究同样强调问题导向,然而吊诡的是,尽管教育研究从未声称放弃对问题的关注,但对问题意识的强调却一直未能以恰当的方式呈现出来,反而在某种程度上被异化为对方法的强烈关注。教育研究需要方法,因为恰当的方法能够帮助教育研究更好的解决问题,但教育研究不能因为关注方法的选择而忽略了对教育问题的解决。教育研究应回到以问题解决为指向的过程中来,要意识到,运用方法解决问题的目的不在于创新方法或仅仅解决问题,因为,仅关注方法会把教育研究带入到某种事先策划好的规范之中,教育研究通过解决问题最终要使研究成为教育者的生活组成部分,从而彰显教育专注于拓宽人的生活可能与空间的学术旨趣。

* 作者简介:吴原,出生于1980年,男,甘肃天水人,天水师范学院教育学院副教授,博士硕士研究生导师,研究方向为教育基本理论。
基金项目:2013年度甘肃省社科规划项目"'实践崇拜'现象与教育改革的价值取向研究"[13YD034];天水师范学院中青年教师科研资助项目(TSA1327)。

### 一、教育研究：方法凸显与问题消解

长期以来，脱胎于哲学思辨的教育研究一直致力于构建大而全的理论体系，学院化的色彩浓厚，实践价值有限，招致了诸多批评。为化解这一困境，人们在教育研究中引入科学实证的方法，试图扭转教育研究的理论化倾向，树立一种以解决现实问题为取向的研究方式。平心而论，上述举措取得了显著的成效，且在一定程度上成功地改变了教育研究脱离实践的"痼疾"，使教育研究成为一种能够为社会生产、日常工作提供解释与支持的实践活动。但遗憾的是，随着科学实证方法在教育研究中的成功，学术界开始出现不假思索地大量复制、使用某一种或几种业已被证明为高效有用的具体方法的现象，本来以解决问题为出发点的方法运用，在这里被异化为以应用方法为核心的问题解决，造成了研究中问题的淡出与方法的凸显，问题与方法倒置，问题意识最终被异化为"方法情结"[1]。

教育研究需要借鉴自然科学方法，但其所借鉴的方法务必要合乎教育实践的性质和特点，如果在未对方法的本质和特征加以分析的前提下，就盲目使用这一方法，必然会造成研究中问题与方法关系的不适切，这就是导致在许多研究中"'宏观'问题占了不少但空论不少，'炒冷饭'和'重复研究'居多，许多研究结果'无价值'或价值不明显"[2]，致使研究趋于停滞，甚至出现了"迷惘"与后退倾向的原因。即是说，尽管方向正确，但以此种方式强调问题意识的努力并未获得成功，未能给教育研究走向实践提供有益的方法论指导。

问题的解决确实需要恰当的方法，但在研究中任何一种方法都有自身的边界，相对于问题而言其作用是有限的，在意义与价值上无法取代问题。虽然在一定的条件下，涵盖不同范围、难易程度不同的问题有大小之分，但方法绝无大小之别。对应于问题性质的变化，研究者更应当适时地调整与选择适合问题的方法，而不是以偏概全，把任何一种具体的方法当作教育研究的全部方法[3]。方法永远为问题服务，强调问题意识是指因问题来选择方法，而非以方法来决定问题，一旦把对问题意识的强调异化为对某一种方法的迷信，就会使研究陷入某种制作图式之中，非但不能实现教育研究的实践转向，反而很有可能在一定程度上阻碍实践转向的发生。

方法是研究者由已知的此岸到达未知的彼岸而必须经过的一座桥梁，为研究者提供表达的可能性；问题是研究者进行研究活动的起点与终点，为研究者提供言说的对象与依据。在具体的研究中，问题也许只有一个，但方法绝对不能一元，如果研究中所使用的方法不是多元的而是一元的，可能的表达必然将会变成单一

的表达,这并不符合生活多姿多彩、寻求多种可能答案的特性。所以,方法是为教育研究服务的工具,而不是控制研究发生的规则。出现了多少种新的方法能够在一定程度上反映出教育研究活动的成熟与否,却不能将新方法的出现看作教育研究的终结;使用了多少种新的方法是反映教育研究深入与否的指标之一,但并不能够成为衡量实践成功与否的绝对标准。同时,教育者只有根据对象的需要和特点选择合适的方法,在"愤启悱发"或苏格拉底式的引导下催生其达到"心求通而未得之意,口欲言而未能之貌"的状态时加以指点,才能促使教育对象生成真切的探究愿望,从而不至于对人的生长发展造成障碍。

基于此,研究者需要从各个层面、多维度地对教育进行表达,需要综合地、多样地、创造性地使用各类研究方法。如果在研究的过程中忽略了对问题的关注,反被方法所禁锢,教育研究将无法使教育成为帮助人成长与发展的重要生活方式。时至今日,在我国的教育研究中,仍然有一批人在进行以方法为起点的研究。在这些研究中,并不是没有问题,但不管面对何种问题,研究者总是能够按照"十字绣"式的研究套路对其进行分析。即是说,在这种研究中,方法是固定的,行文及其分析的过程是规范的,所不同的只是话题的区别而已,产生结论对其而言就像流水线制作一般,只要有材料,就能造出成品。这些研究看似生产了大批针对现实问题的研究成果,但如果撇开研究中的数据,从模式上看则如出一辙。我们认为,这些研究看似形形色色,但却是一种研究的无限复制,既不能持续提高研究者的学术水平,又难以得出创造性的结论,无助于教育实践的推进和教育研究空间的拓展。

**二、问题意识:抽象概念和实践诉求**

教育研究中的问题意识被异化为方法情结,在很大程度上是由于功利主义作祟,致使人们在研究中更多地关注了问题的解决,而忽略了问题的提出。在某种意义上,提出问题比解决问题更为重要。解决问题意味着结束,提出问题则能够启动开端。从生活探究的本性出发,教育是一种寻找开端、创造可能的活动。为此,教育研究不能仅仅停留在解决现实问题的层面上,而是要通过对问题的解决引导人发现更多未知的领域,真正使教育进入到人的生活之中,成为帮助人生长和发展的探究活动。

然而,在今天的一些教育研究中,"问题意识"仅是行文过程中所涉及的一个抽象概念,是在研究者自己的主观世界中想象和从学者之间的互动中拟构,或者"画地为牢"并"驼鸟觅食"般地在各自的学科辖区和材料内去爬梳出来的。这种做法可以产生问题,但此种问题对教育实践的推进并不能起到多大的作用。我们认为,问题意识绝不是一个抽象的学术概念,而是在直面生活世界和社会文化的过程中的实践活动,是贯穿于研究过程始终的自觉行动。只有以实践的方式去看待、践行问题意识,才能产生真正的"问题导向"的研究。例如,学术界对于问题意识的异化严重的影响了实践界中对于教育问题的认识,致使相当一部分中小学教师混同了"教育问题"与"教育目标"间的区别,对他们的教育教学造成了严重的干扰。如"人的全面发展"是作为教育目的被提出的,其旨趣在于为教育者提供教育的方向与理想,在落实这一目标的过程中,教育者所遇到的观念与现实中的阻碍才是问题。所以,要进行以人的全面发展为目标的教育,不能以这一概念为前提,而应关注现实中阻碍教育实现人的全面发展的因素。但由于问题意识趋向概念化的影响,一些教师往往会把"人的全面发展"作为一个"教育问题"来进行研究,从而产生"老虎吃天,无从下爪"的感觉。这不仅给教师的教育教学造成一定程度的困扰,更造成了他们对教研、科研工作的拒斥。这说明,对一些研究者来说,尽管具备一定程度上的"问题意识",但他们的研究过程却未能彻底摆脱功利主义的倾向,致使一部分研究往往会止步于问题解决,而未能以此为起点开辟新的研究领域。此外,甚至还有一部分研究者把对问题意识的培养就视为具有终极意义的目的,致使问题意识本身成为一种可以被设计、操作的对象,问题意识在这里仅成为研究中的一个抽象概念而不是一种实践诉求,仍然未能给教育研究提供恰当的方法论基础。

其实,"世界上根本不存在中立的教育过程。教育要么充当使年轻一代融入现行制度的必然结果并使他们与之不相背离的手段,要么就变成'自由的实践',也即人借以批判性地和创造性地对待现实并发现如何参与改造世界的途径"[4],在教育研究中强调问题意识的意义和价值,不是为教育确立目标,也不仅仅是为了寻求生活适应,而是要使人在对问题的反思中获得超越和发展的途径,从而能够创造性地脱离各种形式的压迫,最终以解放的姿态走向"自由的实践"。保罗·弗莱雷说:"教育作为自由的实践——与教育作为统治的实践相反——否认人是抽象的、孤立的、独立的、与世界没有关联的;它也否认世界是脱离人而存在的现实。真正的反思考虑的既不是抽象的人也不是没有人的世界,而是与世界有关的人。在这些关系中,意识与世界同在;意识既非先于世界,也非后于世界。"[5]这即是说,教育问题并不是一个单列的,与生活无涉的问题,教育研究中的问题意识应当是人关于己身存在的思考,是一种以人的存在为前提的反思而不是忽略了人的设问,这与我国"古之学者为己,今之学者为人"的说法不谋而合。教育研究中的问题意识并不能成为一种为研究所需要的、为了显示研究水平而提出的概念,而应与关于人生的、生活的问题联系起来,教育研究中的问题应是致力于解决人的生长与发展的问题。

看来,使教育面向人的超越发展才是在研究中强调问题意识的关键。但长期以来,这种强调要么被异化为对方法的盲目推崇,要么被打上了功利化的色彩,导致研究中"问题意识"非常突出,但教育研究自身的"问题"也不少,实践的诉求并未由于对问题意识的强调而显现出来。问题意识不是一个抽象的概念,更不能带有功利的性质,从本质上来说"它主要意指一种反思性的'构造'行动"[6]。换言之,问题意识既是一种研究之前的思想准备,更是一种贯穿于研究全程的行动,研究采取何种态度,选择何种方法必须从问题出发,但随着对问题的深入分析,又必须随时对方法进行整合或者调整。如果对问题的思考仅仅停留在抽象层面,或是以功利的目的掩盖问题的实质,问题意识并不能成为促进研究走向实践的动力和基础。

教育研究的目的不在"研究",而在"教育"本身。生活的延续和人的生长不应该成为教育中任何人为目的的附属物,因此,如果"到教育以外,从已具有科学尊严的一些材料中寻求问题的答案,可能导致目前的舒适或片刻的效率。但是,这种寻求是弃职,是投降……是抑制生长,它阻碍作为一切进步的最终源泉的思维活动"[7],这即是说,教育研究的"根"在于实践和生活,在于真正的教育问题,如果抛开问题仅关注方法,这种研究必定不会是"教育"的,纵然人们立志于以此解决现实的教育困难,它也会因为没有内生的实践关怀而流于浮表,成为一种无涉生活的方法运用,更勿论维护自身的学术尊严。当教育研究成为一种按照人造的规范而不是遵循实践的逻辑进行的社会活动时,虽然在一定程度上能够迎合现实的需要,却势必会遭遇生活的拒斥,教育研究如果仅在理论上说明教育的可能性,而不在实践中践行教育的可能性,此种理论也无法实现对实践的关照。实际上,"除了通过继续教育的行动本身,没有方法发现什么是'更具有真实的教育意义'","教育在本质上是一个无止境的圆形或者螺旋形的东西。教育是一种包括科学在内的活动。正是在教育过程中,提出了更多的问题以便进一步研究,这些问题又反映到教育过程中去,进一步改变教育的过程,因此又要求更多的思想、更多的科学,循环往复以致无穷"[8],教育研究若要真正摆脱孱弱的生存现状,并实现生活的目的,就必须从切实关注人的成长与发展这一目的出发,走上一条从问题出发点审视教育的道路。

### 三、认识教育研究中的问题意识

问题与研究相伴而生,遭遇问题的同时即是研究进行的伊始,而随着研究的推进又会揭示出更多的问题,也正是因为如此,才没有撇开研究就能够自主发展的问题,更没有超然于问题而独力进行的研究。任何研究的特殊性都取决于问题的特殊性,任何问题的解决都有赖于研究的进行。研究的发展为新问题的生成创造外部条件,如随着研究技能、方法、理念的更新,以前不被认为是问题的问题凸显出来成为热点问题;而新的问题的产生则必然拓展新的研究空间,从而深化了研究的内容。因而,问题与研究是一体两面的关系,它们共同组成了支撑人类生存与发展进步的实践探究活动。从生存的角度出发,实践探究的目的更多地表现为进行文化创造与传递,在发展的意义上,探究则更多地体现为实现人际的沟通。文化创造与传递的目的是为了生活的延续,而人际沟通实际上也就是共同参与的过程,因此,在对生活延续更新的共同参与中,上述探究活动就具有了最初的教育意味,诚如怀特海所说,"教育就是训练对于生活的探险,而研究则是智力的冒险"[9],对未知的好奇与强烈的生存意志共同使教育在生活中出现,并使得教育天然地成为具有探究属性的实践活动,而它的目的,不在于自身之外的任何事物,就在于充盈着丰富内涵的教育本身,所以"除了更多的教育,没有别的东西是教育所从属的",教育自身以外没有目的,它就是它自己的目的。

因此,从起点上讲,教育研究的出现并没有任何神奇之处,它既没有深思熟虑的准备,也没有精心设计的程序,人们就在生存和向往美好生活的过程中自然而然地走出了一条学术研究的轨迹。这种研究是一种全员参与的活动,它的目的就在于使探究的行动成为使人得以更好生活的过程,具有鲜明的实践智慧性格。这种研究既是对世界审慎的追问,又是对生活真诚的向往,是一种正本清源的活动,这种正本清源表现在它不但能拓宽人的视野和思路,还能彰显人的伟大与创造力,更能赋予人以生活愈加美好的信心和进步自身的决心,其旨趣不是要找到一个现成的生活,而在于去发现和追求尚未实现的生活,所以,教育研究更多的是对生活的考察,而非技术性的分解,而其目的就在于使人生活得更加美好、发展得更为充分,这即是教育作为生活探究活动的基本问题,更是所有教育研究活动的开端与追求。对生活实践问题的整体关注引领教育学术研究,它"把教育与全部人生、社会问题放置在一起作为整体加以考虑,直面教育实践"[10],不存在单纯增加教育知识的目的,更不会用某种技术的方法造成研究中问题的消解和僭越,它的全部目的就在于不断地寻找和创造更多更好的生活。但凡研究,它的发生、发展离不开对事物本体的深切感受和对实践过程的有序行动,因而其总是一种"意见"的探讨和"逻辑"的表达,在此基础上,研究乃是"知"与"行"的统一、"思"与"做"的统一。教育研究终归是有关"教育"的研究,是有关人的发展与成长的研究,其重心是人自身而不是人以外的其他方面,这即是教育所要关注的核心"问题"之所在。一旦教育研究脱离了"促进人的发展"这一范畴,其认识的结果必然将成为"非教育"的意见,其行动的逻辑也必然将成为"非教育"的逻辑。为此,研究者必须对教育研究中的问题意识进行审视。

第一,要对教育问题进行梳理与甄别。杜威说,"今天的教育问题是更深刻的,更尖锐的,更困难的,因为它要面对近代世界的一切问题"[11],这意味着今天的教育问题是一个由社会、教育与人所共同组成的系统性的、整体性的问题。面对这些问题,管中窥豹式的研究不能得其要领,"胡子眉毛一把抓"式的研究也并不可取,复杂的问题背景要求教育研究必须既要有理论上的概括,又要有现实中的操作。为此,教育研究并不能采取"单程"的、无反思性质的方法,而应采取"在这里、去那里、回到这里"式的具有"往复"特点的质性研究方法,并重视涉身研究的价值。其次,要重视对教育问题大小、真假的甄别。不同的教育问题在一定范围内、不同的情境下会有大小之别,但某些情况下,大问题可能会变成小问题,而小问题由于涉及到重要的环节又可能变成大问题;有些问题看似问题,却是为了某个功利的目的人为制造出来的问题,有些问题原来不是问题,随着实践的发展又成为新的问题。针对教育问题的上述特性,研究在方法的使用上要灵活多样,要针对具体问题进行具体分析。

第二,要寻找问题意识的发生机制。研究需要培养问题意识,但问题意识的养成并不代表刻意地用怀疑一切的眼光审视教育活动。问题意识的发生来源于教育自身的探究属性,如果我们能够意识到教育就是一种冒险的活动,具有开拓创造的特点,教育的过程就是解决人生问题的过程,而不是坐享其成、等待成长的过程,我们自然会以动态的探索展开教育活动,而这种行动本身就是问题意识的展现。所以,与其刻意培养所谓的问题意识,不如以行动研究的方式真正践行教育。

第三,要把问题意识真正转化为探究的行动。在教育研究中强调问题意识并不仅仅是为了使研究活动不断发展、不断突破,最终以专门化的研究活动来促进教育的发展。教育研究中强调问题意识的特殊性在于,使教育成为能够关注人的问题,能够以持续发展和探索的姿态处理人的发展与生活问题的活动,最终使教育本身成为探究人生的过程。

**参考文献**

[1]吴原. 论教育研究中的方法情结与问题意识[J]. 教育理论与实践,2010(5):10-13.

[2]宋宁娜. 教育研究要增强问题意识[J]. 苏州大学学报(哲学社会科学版),2008(5):114-116.

[3]郝文武. 教育学的科学化和合理性——论近年来我国关于教育学研究方法的反思[J]. 教育研究,2002(10):13-18.

[4][5]保罗·弗莱雷. 被压迫者教育学[M]. 顾建新,等译. 华东师范大学出版社,2001:前言5;32.

[6]赵万祥. 论教育哲学研究的问题意识[J]. 教育理论与实践,2010(12):3-6.

[7][8]约翰·杜威. 教育科学的资料来源[M]//叶澜. 立场(生命·实践教育学论丛第二辑).张永,译. 桂林:广西师范大学出版社,2008:298.

[9]怀特海. 教育的目的[M]. 徐汝舟,译. 北京:生活·读书·新知三联书店,2002:146.

[10]刘旭东. 教育的学术传统与教育研究[J]. 北京:高等教育研究,2008(1):65-69.

[11]约翰·杜威. 人的问题[M]. 邱椿,译. 上海:上海人民出版社,1986:31.

注:本文曾发表在《教育发展研究》2014年。

# 颜色字词的识别真的无需注意力资源的参与？
## ——来自 Stroop 范式的证据

吴彦文　游旭群*

　　三个实验采用颜色词、颜色词同音词以及颜色语义联想词作为启动词,使启动词的语义和颜色实现时空分离、启动词处于非空间注意焦点位置、降低启动词可视度的情境下,考察具有自动化加工特征的启动词是否受到注意力资源的制约以及启动词在获得不同数量的注意力资源时其自动化程度是否存在显著的差异。结果发现:(1) 注意力资源实质性地决定着自动化加工能否顺利进行,具有自动激活特征的刺激在无法获得注意力资源时,自动化加工过程终止。(2) 可用的注意力资源数量调控着自动化加工的效率和语义提取的效果,可用的注意力资源数量越多,对启动刺激的语义加工越完善,对目标刺激的促进效果也越有效。本研究结果支持注意力敏感模型关于自动化加工受认知系统的支持和配置才能完成的假设。

## 一、引言

　　在字词的识别研究中历来存在着争议。有学者认为对字词意义的处理和提取能自动产生、无须刻意意图,甚至在意识缺乏状态下也能得到有效的完成(Greenwald,Draine,& Abrams,1996；Kiefer & Martens,2010)。也有学者认为对字词的处理和提取是一个受意识控制的加工过程,能否通达字词的意义依赖于有无明确的识别意图以及注意力资源的参与程度(Duscherer & Holender,2002)。对一个具备读写能力的人来说,他们最直观的感受可能是:对一个字词意义的提取和理解往往能自动发生,这种直觉在 Stroop 范式中得到了验证。

　　在经典的 Stroop 范式中,给被试呈现一些由不同颜色书写的颜色单词(以下

---

　　* 作者简介:吴彦文,出生于 1972 年,男,甘肃秦安人,天水师范学院教师教育学院教授、博士、主要从事教育学研究。

简称"颜色词"),单词的颜色可能与单词本身的意义一致(如红色的"red"),也可能不一致(如红色的"green"),要求被试命名单词的颜色。结果发现,当单词的意义与颜色一致时,被试的反应速度更快,正确率更高;反之反应速度变慢,正确率下降(Lachter,Ruthruff,Lien,& McCann,2008;陈曦,& 张积家,2004),这种现象被称作 Stroop 效应。

当前解释 Stroop 效应的相对加工速度(relative speed of processing)理论、阅读自动化(automaticity of reading)理论以及平行分布加工(parallel distributed processing)模型都认为,字词阅读属于自动化加工,无须人的意识控制,而颜色命名属于控制性加工,需要人有意识地进行控制。具有无意识、快速自动激活的字词会对颜色命名产生促进或干扰(MacLeod,1991;陈曦,& 张积家,2004)。且字词的激活速度比颜色的激活速度快 100ms ~ 200ms(MacLeod,1991;Roelofs,2010)。

Lachter,Forster 和 Ruthruff(2004)认为,以前绝大多数 Stroop 任务的实验条件不够严密,如颜色词与颜色高度集中于一身,呈现时间通常超过 100ms 且没有任何掩蔽,在作颜色反应时被试的注意力会"滑向"(slip)无关刺激(如字词、符号、图像等)。为了控制注意力滑动(attentional slip),Lachter 等人(2004)在一项词汇判断的研究中采用了类似于 Stroop 的任务范式,五个实验中实施了一系列严格的控制措施,包括启动词处于空间注意焦点之外(outside the focus of spatial attention),呈现时间足够短(55ms、110ms 或 165ms),启动词呈现前后进行快速掩蔽等。结果发现,实验控制使被试不能觉察到启动词时就没有对该词的识别,启动词对随后目标刺激的启动效应消失。据此作者认为,没有注意力的参与将没有对刺激的识别。

为了进一步检测注意力滑动对语义启动的影响,Lachter,Ruthruff,Lien 和 McCann(2008)的另一项研究中采用颜色词、与颜色词结构特征相似的真词和假词以及颜色语义联想词作为启动词,在实验中沿用了他们 2004 年的词汇判断任务范式。结合之前的研究发现,事先假定对启动词采用阈下呈现以及阻止被试对启动词的觉察同样将没有对该词的识别,Stroop 启动效应应当消除。与预测不同的是每种实验条件下都发现了显著的 Stroop 效应。Lachter 等人(2008)认为,造成这一结果的原因在于 Stroop 任务与词汇判断任务间存在着显著的差异:在 Stroop 任务中,启动词只有少量的几个颜色词,每个颜色词被多次重复呈现;但在词汇判断任务中每个词通常仅呈现一次,重复呈现的词更可能得到自动激活,也更容易得到识别。另外,在 Stroop 任务中,颜色词属于自动化加工,颜色词和目标颜色能并行得到加工且二者不会竞争有限的注意力资源,启动词无须注意力资源就能自动引发语义启动；但在词汇判断任务中，启动词要和目标刺激共同竞争有限的注意力资源，当启动词在意识阈限之下呈现时被试很难获得注意力资源，再加上和目标刺激共同竞争有限的注意力资源，注意力资源不足导致启动词被过滤或衰减，启动效应消失。

Lachter 等人（2008）的研究以及早期经典的自动化加工理论均认为，自动化加工具有自主发生、独立于有限的注意力资源、不受其他加工过程干扰、和其他加工过程可以并行进行、无意识等特性（Schneider & Shiffrin，1977；Kiefer，2012；Kiefer & Martens，2010；Kiefer，Sim，& Wentura，2015）。受经典自动化加工理论的影响，Lachter 等人（2008）的研究以及以前绝大多数研究都是在无意识的自动激活框架范围内探讨字词的识别问题。

然而，近年来一些研究发现，自动化加工和控制性加工一样要受到自上而下的认知系统的支持和配置才能完成（Kiefer，2007；Kiefer & Martens，2010；Moors & De Houwer，2006；Naccache，Blandin，& Dehaene，2002）。Kiefer 及其团队对自动化加工做了一系列的研究，发现自动化加工仍然是在注意力的调控下进行的（Kiefer，2007；Kiefer & Martens，2010；Zovko & Kiefer，2013）。Kiefer 和 Martens（2010）在总结前人关于自动化加工以及自己研究的基础上提出的注意力敏感模型（attentional sensitization model）认为，自动化加工受注意力资源的制约，认知系统会增强与任务相关刺激加工通路的敏感性，同时会降低与任务无关刺激加工通路的敏感性。自动化加工能否顺利进行，取决于：（1）能否获得注意力资源；（2）对刺激是否有期望；（3）是否有行为意图；（4）任务集大小（task sets）的调控（Kiefer，2012）。注意力敏感模型是一个修订版的自动化加工模型，该模型为人们认识自动化加工提供了新的思路，它强调自动化加工并非传统上认为的是一个不需要意识或注意力参与的刻板加工过程，认知因素在增强或衰减与任务相关或无关刺激的加工中起着重要的价值和作用。

基于传统自动化加工理论和注意力敏感模型观点上的分歧，本研究最感兴趣的问题主要有两个：（1）对具有自动化加工倾向的刺激（如颜色词）的识别是否真的无须注意力资源的参与？（2）具有自动化加工倾向的刺激在获得不同数量的注意力资源时其自动化程度是否存在差异？为了探讨第一个问题，本研究选用 Lachter 等人（2008）的 Stroop 语义启动范式，选用该范式的一个重要的原因在于长久以来 Stroop 任务中颜色词对目标颜色反应所产生的顽固（robust）的干扰特性一直被认为是自动化信息处理的标志。为了抑制注意力资源分配到启动词（颜色词）上，实验采用如下控制措施：（1）启动词和目标颜色在时间和空间上分离。

（2）目标颜色出现前,事先随机呈现与目标颜色块大小相同的红、绿、黄、蓝四种颜色块作为外源性注意线索(分心刺激,见图1)。（3）启动词处于非空间注意焦点位置。启动词随机呈现在中心框(注意焦点)的上面或下面,按照视觉空间注意的聚光灯理论,只有在聚光灯照射范围内的刺激才能得到有效的知觉分析和加工(吕勇,王春梅,2016)。按照该理论,这样安排刺激将降低被试对启动刺激的知觉水平。（4）启动词呈现前后均使用快速掩蔽,以降低启动词的可视度。（5）目标颜色仅呈现200ms且指导语要求被试始终把注意力集中在屏幕中心框的位置上。为了探讨第二个问题,本研究根据前人对阈下启动刺激呈现在10ms—100ms范围内的设置标准(伍姗姗,谭金凤,王丽君,& 陈安涛,2012),经过较为严格的测试和选择,三个实验最终把启动词的呈现时间设置为25ms(阈下呈现,无可用的注意力资源)、100ms(阈上呈现,可用的注意力资源量较少)和300ms(阈上呈现,可用的注意力资源量较多)三种条件,以考察在获得不同数量的注意力资源时 Stroop 任务的动态变化过程。

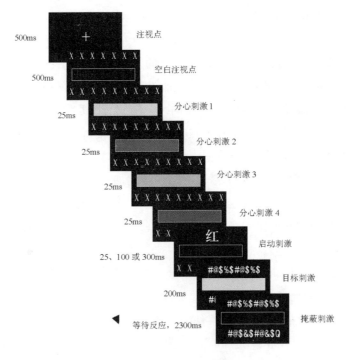

**图1　一次实验流程图**

## 二、实验一 颜色词启动对 Stroop 任务的影响

采用颜色词作为启动词,考察启动词的语义和颜色在时间和空间上分离以及启动词不同呈现时间条件下,启动词能否对随后的目标颜色产生语义启动效应。

（一）研究方法

1. 被试

本科生 36 名,男 10 名,女 26 名,视力或矫正视力正常,无色盲或色弱患者,没有参加过类似的实验。

2. 实验设计

采用 2（条件匹配:启动词语义与目标颜色一致、冲突）×3（启动词呈现时间:25ms、100ms、300ms）被试内设计。因变量为被试的反应时和正确率。

3. 实验仪器和材料

本实验在联想奔Ⅳ计算机上完成,所有刺激均呈现在 17 英寸纯平显示器的中央,显示器分辨率为 1024×768PPI,刷新频率为 75Hz。实验材料由 3 行刺激组成（具体见图 1）,中间为白色线条勾画出来的矩形框,大小为 215×42PPI,红、绿、黄、蓝四种颜色填充在矩形框内构成颜色块,四种颜色的 RGB 分别为:红色为 255、0 和 0;黄色为 255、255 和 0;绿色为 0、255 和 0;蓝色为 0、0 和 255。分心颜色块和目标颜色块的大小、颜色属性均相同,不同之处在于分心颜色块的上下均为掩蔽字符串"XXXXXXX",目标颜色块的上下均为掩蔽字符串"#@ $% $#@ $% $"用来掩蔽启动词,大小为 219×42PPI。启动词的字体大小为 48×49PPI,启动词随机呈现在颜色块的上面或下面。屏幕背景为黑色,启动词和掩蔽字符串均为白色。

4. 实验程序

实验程序用 E-prime 1.1 软件编制。每次实验开始时在屏幕中央呈现注视点"+"500ms 和空白注视点 500ms,空白注视点消失后随机呈现四个分心颜色块,时间均为 25ms,接着出现启动词,如"红""绿""黄""蓝"的汉字,以相同的概率随机呈现在矩形的上面或下面,呈现时间为 25ms、100ms 或 300ms,启动词消失后出现目标颜色块,呈现时间为 200ms,目标颜色块消失后出现掩蔽刺激 2300ms 等待被试做出反应,要求被试对最后呈现的红、绿、黄或蓝四种颜色做快且准确的反应,对红色用左手中指按 Z 键,绿色用左手食指按 X 键,黄色用右手食指按 N 键;蓝色用右手中指按 M 键。

正式实验前被试先完成 40 次实验练习,以熟悉实验流程和按键反应,实验练

习阶段有反馈信息提示本次反应正确或错误。只有练习正确率达到 90% 或以上方可进入正式实验,达不到要求者继续重复做实验练习直至达到练习正确率要求。正式实验不提供反馈,匹配一致条件下的刺激重复呈现 3 次,所有刺激重复呈现 3 次,共 432 次,中间休息 6 次,休息时间由自己而定,整个实验过程约持续40 分钟左右。

为了检验三种呈现时间对启动词获取不同数量注意力资源的控制效果,在预实验中采用主观报告法和客观测量法进行了检测。在主观报告法中,10 名被试参与对能否识别启动词的判断,实验程序与实验一正式实验程序相同,实验要求被试忽略所有其他刺激,集中注意力观察屏幕中心框上面或下面的颜色词能否看清楚并做口头报告。报告形式分为"看见了(标准是能清晰感知)""无法辨认""没看见"3 种,由主试用纸笔记录报告结果。每种呈现时间条件下的次数为 36 次,共108 次。结果显示:在 25ms 的呈现条件下,9 名被试 100% 报告"没看见"或"无法辨认",仅有 1 名被试报告约有 2.8% 的刺激"看见了"。在 300ms 条件下,10 名被试 100% 报告"看见了"。在 100ms 条件下,8 名被试 100% 报告"看见了",2 名被试在报告的刺激总数中约有 24.6% 的刺激"没看见"或"无法辨认"。

通过主观报告法发现,呈现 100ms 条件下的启动词已经处于意识阈限之上。为了更精确地测量不同呈现时间条件下启动词获取的注意力资源数量,在后续的研究中采用 Naccache 和 Dehaene(2001)对刺激阈限的客观测量方法进行检测。25 名新被试参与了后续的检测实验,要求他们对呈现的启动刺激进行"二则一"的迫选任务,被试在没有看清楚呈现的刺激时允许猜测作出反应。实验材料以正式实验中使用过的简体字红、绿、黄、蓝作为靶刺激,与简体字对应的繁体字红、綠、黄、藍作为新颖启动刺激,检测实验程序与实验一正式实验程序基本相同,唯一不同的是删除了实验一正式实验程序中的目标刺激(颜色块)界面,把启动刺激界面中的汉字作为目标刺激。实验中要求被试集中注意力认真辨认中心框上面或下面出现的汉字是简体字还是繁体字,对简体字按 A 键进行反应,繁体字按 L键进行反应。开始实验前被试先进行 10 次练习,有反馈信息提示本次反应正确或错误,只有练习正确率达到 70% 以上才能进入正式检测实验,达不到标准者继续练习直至达标。练习中启动词的呈现时间为 500ms,以保证被试能清晰地觉察到启动词的呈现。正式检测实验中启动词的呈现时间和三个正式实验中启动词的呈现时间相同,为 25ms、100ms 或 300ms,共 288 个刺激。

在获得的数据结果中,对目标刺激中靶刺激的正确率进行单因素方差分析。结果表明,三种呈现时间条件下的正确率结果差异极其显著,$F(2,75) = 122.57$,$p$

< 0.001;25ms、100ms 和 300ms 三种呈现时间条件下的平均正确率分别为 0.506、0.770、0.923;多重比较结果发现两两之间的差异均非常显著($p < 0.001$)。该结果说明三种不同的呈现时间对控制启动词获取不同数量的注意力资源具有良好的效果。从三种呈现时间条件下的平均正确率来看,启动词呈现 25ms 时的平均正确率处于随机水平,但呈现 100ms 和 300ms 时的平均正确率显著高于随机水平。客观测量法和主观报告法得出的结果一致,说明呈现时间为 100ms 和 300ms 时启动词已经显著地处于意识阈限之上。根据方差分析的结果,呈现时间为 100ms 条件下启动词获得的注意力资源量要显著少于 300ms 条件下获得的注意力资源量。

为了进一步检验 25ms 条件下启动词所获得的注意力资源量,研究应用信号检测论的原理进行了检测。检测时以简体字为信号,繁体字为噪音,用两种条件下的正确率数据计算每个被试的 $d'$ 值,得到 $d'$ 值的平均数为 0.065。通过单样本 t 检验对该值与 0 值进行比较,结果发现二者并无显著差异,$t(24) = 0.42, p > 0.5$。该结果说明呈现 25ms 的条件下被试确实无法识别启动词,启动词也无法获得注意力资源,因此本研究确定该呈现条件为阈下呈现。

(二)结果

在资料进行统计分析前,剔除 2 名正确率低于 85% 的被试数据,剔除平均数 ±2.5 个标准差以外的反应时数据(占全部数据的 1.62%)。表 1 为被试在各处理条件下的平均反应时数据结果。由于三个实验各处理条件下被试的平均正确率均在 94% 以上,所以三个实验中对正确率不再做进一步的处理和分析。对条件匹配和启动词呈现时间的反应时数据进行 2×3 的重复测量方差分析。

表1　启动词不同呈现时间条件下条件匹配的反应时及标准差

| 条件匹配 | 启动词呈现时间 | | |
| --- | --- | --- | --- |
| | 25ms | 100ms | 300ms |
| 一致 | 680 ±72 | 656 ±72 | 630 ±87 |
| 冲突 | 681 ±73 | 670 ±70 | 648 ±74 |
| Stroop 效应量 | 1 ±24 | 14 ±30 | 17 ±33 |

注:Stroop 效应量 = 冲突条件的反应时 — 一致条件的反应时,下面计算方法相同。

方差分析结果表明,条件匹配的主效应非常显著,$F(1,33) = 9.83, p < 0.01$,

$\eta_p^2 = 0.22$,启动词的语义和目标颜色一致时(655ms)被试的反应速度显著快于冲突时(666ms)的反应速度;启动词呈现时间的主效应非常显著,$F_{(2,66)} = 38.53$,$p < 0.001$,$\eta_p^2 = 0.53$,启动词呈现时间越长,被试对目标颜色的反应速度越快,25ms、100ms 和 300ms 三种呈现时间条件下的反应时分别为 680ms、663ms 和 639ms。进一步的配对比较发现,两两的差异均非常显著($p < 0.001$)。条件匹配和启动词呈现时间的交互作用显著,$F_{(2,66)} = 3.70, p < 0.05, \eta_p^2 = 0.10$。进一步的简单效应分析发现,启动词呈现 25ms 时条件匹配效应的差异不显著,$F_{(1,33)} = 0.09, p > 0.5$。启动词呈现时间为 100ms 和 300ms 时,启动词语义和目标颜色一致时被试的反应速度显著快于冲突时的反应速度,结果分别为:100ms:$F_{(1,33)} = 7.55, p = 0.01$;300ms:$F_{(1,33)} = 9.41, p < 0.01$。

为了了解启动词获得不同数量的注意力资源对目标颜色所引发的语义启动效应大小,对每种呈现时间条件下条件匹配的反应时数据作进一步的检验。具体做法是:对每个被试在每种呈现时间条件下颜色词与目标颜色匹配冲突时的平均反应时数据减去匹配一致时的平均反应时数据,获得的新数据作为每种呈现时间条件下 Stroop 效应量的数据,然后对该数据进行单因素方差分析。结果发现,三种呈现时间条件下的 Stroop 效应量差异显著,$F_{(2,99)} = 4.89, p < 0.05$。进一步的配对比较发现,只有 25ms 和 300ms 两种呈现时间条件下的差异显著($p < 0.05$),其余两两比较差异不显著($p > 0.05$)。

（三）讨论

实验尽管采用较严密的控制措施阻止启动词获得注意力资源,但实验一发现当启动词呈现 100ms 和 300ms 时 Stroop 效应显著存在,这和 Lachter 等人(2008)研究中启动词呈现 50ms 时的结果一致。说明呈现 100ms 和 300ms 时被试觉察并有效识别了启动词,从而对目标颜色产生了显著的语义启动效应。但启动词呈现 25ms 时并未出现 Stroop 效应,这和预实验的结果一致,说明当启动词无法获得注意力资源时,具有自动化激活倾向的刺激依然无法完成阈下语义启动。实验还发现启动词呈现时间越长,被试对目标颜色的反应速度越快,总趋势上 Stroop 效应量增大。说明启动词呈现时间越长,启动词获得的注意力资源数量越多,被试对启动词的语义激活水平越高。较充足的注意力资源量不仅使后续的加工变得更易于进行,同时对目标刺激的语义启动效应也更显著。但当启动词呈现的时间较短时,由于启动词获得的注意力资源量少或无可用的注意力资源,启动词的语义激活水平较低甚至没有得到激活,这不仅使后续的加工进程显著变慢,也导致对目标刺激的语义启动效应消失。从这个意义上讲,注意力是控制性加工的决定性条件,自动化加工同样依赖于当前可用的注意力资源数量。

实验一发现的 Stroop 启动效应可归因于颜色词语义的自动激活对目标颜色所产生的促进或干扰作用。那么，当启动词和目标颜色之间无直接的语义关系时，这种促进或干扰效应还存在吗？带着这种疑惑，实验二在排除语义因素的基础上对该问题做进一步的探讨。

### 三、实验二　颜色词同音词启动对 Stroop 任务的影响

陈曦等人（2004）研究发现，汉字的形、音、义都存在着自动激活现象。在颜色汉字的识别中，字形首先被激活，其后是语音和语义的激活，存在着颜色词＞同形假字＞同音字＞语义联系词的顺序模式。陈曦等人（2004）认为，对汉字的识别主要通过对字形的识别而通达心理字典，然后激活相应的语音和语义。该结果说明字形在汉字的识别中占有绝对的优势。因此，实验二采用与颜色词在字形上有部分相同的同音词（以下简称"形似同音"）与在字形上完全不同的同音词（以下简称"形异同音"），考察在排除语义因素的影响外，有部分字形支撑和无字形支撑的两类不同颜色词同音词能否对随后的目标颜色产生语义启动效应。如果语义启动产生，那么获得不同数量注意力资源的启动词对这种语义启动是否产生显著不同的影响。

（一）研究方法

1. 被试

本科生 34 名，男 12 名，女 22 名，视力或矫正视力正常，无色盲或色弱患者，没有参加过类似的实验。

2. 实验设计

采用 2（颜色词同音词类型：形似同音词、形异同音词）×2（条件匹配：启动词语义与目标颜色一致、冲突）×3（启动词呈现时间：25ms、100ms、300ms）被试内设计。

3. 实验仪器和材料

基本同实验一。不同之处在于启动词为两类颜色词同音：一类是与颜色词在字形上有部分相同的同音同调词（形似同音词），如"虹""氯""篮"和"璜"，另一类是与颜色词在字形上完全不同的同音同调词（形异同音词），如"宏""律""栏"和"皇"，字体大小同实验一。

4. 实验程序

同实验一。

（二）结果

在资料进行统计分析前，剔除平均数 ±2.5 个标准差以外的反应时数据（占

全部数据的 1.59%）。表 2 为被试在各处理条件下的平均反应时数据结果。对颜色词同音词类型、条件匹配和启动词呈现时间的反应时数据进行 2×2×3 的重复测量方差分析。

表2　启动词不同呈现时间条件下条件匹配的反应时及标准差

| 条件匹配 | 启动词呈现时间 | | | | | |
| --- | --- | --- | --- | --- | --- | --- |
| | 形似同音词 | | | 形异同音词 | | |
| | 25ms | 100ms | 300ms | 25ms | 100ms | 300ms |
| 一致 | 795±126 | 766±129 | 746±137 | 803±132 | 773±126 | 757±130 |
| 冲突 | 806±122 | 795±135 | 793±133 | 802±120 | 790±128 | 774±133 |
| Stroop效应量 | 11±66 | 29±47 | 47±48 | −1±64 | 17±39 | 17±40 |

方差分析结果表明,颜色词同音词类型的主效应不显著,$F(1,33)=0.12,p>0.5$;条件匹配的主效应非常显著,$F(1,33)=29.15,p<0.001,\eta_p^2=0.47$,启动词的语义和目标颜色匹配一致时的反应速度(773ms)显著快于冲突时的反应速度(793ms);启动词呈现时间的主效应非常显著,$F(2,66)=15.07,p<0.001,\eta_p^2=0.31$,启动词呈现时间越长,被试对目标颜色的反应速度越快,25ms、100ms、300ms 三种呈现时间条件下的反应时分别为 802ms、781ms 和 767ms。进一步的配对比较发现,两两的差异均显著$(p<0.05)$。条件匹配和启动词呈现时间的交互作用显著,$F(2,66)=5.52,p<0.01,\eta_p^2=0.14$。进一步的简单效应分析发现,启动词呈现 25ms 时条件匹配效应的差异不显著,$F(1,33)=0.41,p>0.5$,呈现时间为 100ms 和 300ms 时,启动词的语义和目标颜色一致时被试的反应速度显著快于冲突时的反应速度,结果分别为:100ms:$F(1,33)=19.68,p<0.001$;300ms:$F(1,33)=33.96,p<0.001$。其他所有的交互作用不显著$(p>0.5)$。

对 Stroop 效应量的方差分析发现,三种呈现时间条件下的 Stroop 效应量差异显著,$F(2,99)=5.20,p<0.05$。进一步的配对比较发现,25ms 和 100ms 两种呈现时间条件下的差异达到边缘显著$(p=0.05)$,25ms 和 300ms 两种呈现时间条件下的差异显著$(p<0.01)$,100ms 和 300ms 两种呈现时间条件下的差异不显著$(p>0.05)$。

（三）讨论

本研究采用两类不同的颜色词同音词得到了和实验一相同的结果。当启动词呈现 100ms 和 300ms 时出现了显著的 Stroop 效应,说明颜色词同音词同样能自动激活颜色语义,尽管有字形支撑的同音词的 Stroop 效应量(M = 29)在数字上大于无字形支撑的同音词的 Stroop 效应量(M = 11),但二者并无显著差异,说明二者表现出相同的语义启动效应。启动词呈现 25ms 时 Stroop 效应消失。实验同样发现启动词呈现时间越长,被试对目标颜色的反应速度越快,Stroop 效应量的总趋势增大。结果再次证明,注意力实质性地调控着自动化加工的进程。

### 四、实验三 颜色语义联想词启动对 Stroop 任务的影响

陈曦等人(2004)研究发现,汉语字词中语义的激活时间最晚,对语义的激活依赖于形与音。前面两个实验中发现的 Stroop 启动效应可归因于被试觉察到并识别了颜色词的形或音,那么,与颜色词的形或音无关,但能引起颜色语义联想的双字词能否对随后的目标颜色产生语义启动呢? 为了实现这个目标,实验三的启动词采用颜色语义联想词,每个双字词与颜色词在字形或字音上均无关。如果 Stroop 效应产生,说明该词语是以整体颜色语义的方式得到了加工并引发了语义启动。

(一)研究方法

1. 被试

本科生 36 名,男 11 名,女 25 名,视力或矫正视力正常,无色盲或色弱患者,没有参加过类似的实验。

2. 实验设计

采用 2(条件匹配:颜色语义联想词与目标颜色一致、冲突) × 3(启动词呈现时间:25ms、100ms、300ms)被试内设计。

3. 实验仪器与材料

基本同实验一。为了确保所选用的颜色语义联想词与颜色之间有较高的语义联系,从已发表的文献中选择 40 个能引起颜色语义联想的常见物体名词,事先采用 7 点问卷由 10 名被试对材料所代表的颜色典型性进行评级,最终选出与颜色语义联想最高的 8 个词语"灯笼"和"玫瑰"(语义联想为红色)、"草地"和"韭菜"(绿色)、"天空"和"海洋"(蓝色)、"菊花"和"金子"(黄色),字词大小为 99 × 49 像素。

4. 实验程序

同实验一。

(二)结果

在资料进行统计分析前,剔除平均数 ±2.5 个标准差以外的反应时数据(占全部数据的 1.65%)。表 3 为被试在各处理条件下的平均反应时数据结果。对条

件匹配和启动词呈现时间的反应时数据进行 $2 \times 3$ 的重复测量方差分析。

表3　启动词不同呈现时间条件下条件匹配的反应时及标准差

| 条件匹配 | 启动词呈现时间 | | |
| --- | --- | --- | --- |
| | 25ms | 100ms | 300ms |
| 一致 | $706 \pm 58$ | $679 \pm 59$ | $650 \pm 67$ |
| 冲突 | $705 \pm 60$ | $690 \pm 63$ | $672 \pm 73$ |
| Stroop 效应量 | $-1 \pm 33$ | $11 \pm 20$ | $22 \pm 27$ |

方差分析结果表明,条件匹配的主效应非常显著, $F(1,35) = 16.51, p < 0.001, \eta_p^2 = 0.32$ ;启动词的语义和目标颜色一致时(678ms)被试的反应速度显著快于冲突时(689ms)的反应速度;启动词呈现时间的主效应非常显著, $F(2,70) = 44.73, p < 0.001, \eta_p^2 = 0.56$ ,启动词呈现时间越长,被试对目标颜色的反应速度越快,25ms、100ms 和 300ms 三种呈现时间条件下的反应时分别为706ms、685ms 和661ms。进一步的配对比较发现,三种呈现时间条件下的反应时两两差异均非常显著( $p < 0.001$ )。条件匹配和启动词呈现时间的交互作用显著, $F(2,70) = 6.67, p < 0.05, \eta_p^2 = 0.16$ 。进一步的简单效应分析发现,启动词呈现25ms 时条件匹配效应的差异不显著, $F(1,35) = 0.01, p > 0.5$ 。启动词呈现100ms 和 300ms 时,启动词语义和目标颜色一致时被试的反应速度显著快于冲突时的反应速度。简单效应结果分别为:100ms: $F(1,35) = 11.33, p < 0.01$ ;300ms: $F(1,35) = 24.94, p < 0.001$ 。

对 Stroop 效应量的方差分析发现,三种呈现时间条件下的 Stroop 效应量差异显著, $F(2,102) = 6.09, p < 0.01$ 。进一步的配对比较发现,只有25ms 和 300ms 两种呈现时间条件下的差异显著( $p < 0.05$ ),其余两两比较差异均不显著( $p > 0.05$ )。

(三)讨论

本研究采用颜色语义联想词得到了和实验一、二相同的结果。当启动词呈现100ms 和 300ms 时出现了显著的 Stroop 效应,启动词呈现25ms 时 Stroop 效应消失。启动词呈现时间越长,被试对目标颜色的反应速度越快,Stroop 效应量增大。结果再次证明,不仅颜色词和颜色词同音词具有自动化激活的特征,颜色语义联想词同样只需要极少的注意力资源就能得到自动化的处理和加工。

五、综合讨论

早期经典的自动化加工理论认为,自动化加工是无须注意力资源、不受人的意识控制、加工速度更快且难以抑制的过程。而 Kiefer 等人（2010）提出的注意力敏感模型认为，自动化加工严格依赖于自上而下的认知因素的控制，认知因素使自动化过程以最优的方式完成。鉴于观点上的分歧，本研究主要关注自动化加工过程中是否需要注意力资源以及获得不同数量的注意力资源是否对自动化加工过程产生显著不同的影响。很显然，Stroop 任务是最适合检验以上假设的实验范式，因为 Stroop 任务一直被认为是自动化加工的重要标志。然而，以往对 Stroop 效应的研究证据大多来自颜色词长时间的呈现以及颜色词的语义和颜色两个维度的高度重叠。当实验要求被试对一个颜色词的颜色进行命名或按键反应时，实验结果往往无法有效分离被试所做的反应究竟是对颜色词本身的语义反应，还是对颜色词外在的物理颜色的反应（Lindsay & Jacoby，1994），尤其是当颜色和语义一致时（如红色书写的"红"），研究者往往会错误估计一致条件下的反应时和正确率，对结果的解释也变得相当复杂。

为了进一步探讨以上问题，本研究使启动词和目标颜色在时空上分离（解决颜色和语义两个维度高度重叠的问题）、启动词处于非空间注意焦点位置（解决视觉空间注意聚光灯的问题）、启动词呈现前后快速掩蔽（降低启动词的可视度）等一系列阻止注意力资源滑动到启动词上的控制措施，以验证自动化加工是否真的无需注意力资源就能得到有效加工的问题。按照实验假设，阻止启动词获取注意力资源，启动词将不能对随后的目标颜色产生语义启动，Stroop 效应应当消失。

但是本研究三个结果显示，无论启动词采用颜色词、颜色词同音词还是颜色语义联想词，当启动词的呈现时间为 100ms 和 300ms 时均发现了显著的 Stroop 效应，说明除了颜色词能得到自动识别并对目标颜色产生语义启动外，颜色词同音词也具有和颜色词相同的启动效果。最让人感到意外的是，实验三采用与颜色词在字形或字音均无关的颜色语义联想词也对随后的目标颜色产生了显著的语义启动，说明颜色语义联想词是以整体的方式得到了识别并从整体上激活了其颜色语义，从而对目标颜色产生了促进或干扰效应。该结果也说明，即使是不在聚光灯范围内的颜色词也较容易捕获到注意力，只要获得极少量的注意力资源，颜色词就能得到显著的激活，这陈曦等人（2004）关于汉字形、音、义都存在着自动激活现象的结果一致，也和 Lachter 等人（2008）关于对颜色字词的识别是无须注意力资源的自动化加工过程，且这种自动化可以发生在非空间注意焦点位置的研究结果一致。

在 Lachter 等人（2008）的研究中，为了防止注意力滑动，启动词的呈现时间仅采用单一的 50ms。本研究认为，50ms 的呈现时间虽然有利于控制注意力滑动，但无法知晓获得不同数量的注意力资源时 Stroop 效应的动态变化过程。因此，本研究把启动词的呈现时间设置为动态的 25ms、100ms 和 300ms 三种条件,尽管在 100ms 和 300ms 的条件下得到了和 Lachter 等人(2008)相同的结果,但当启动词呈现 25ms 时,三个实验均未发现启动词引发语义启动,这一结果显然无法用 Lachter 等人(2008)关于字词识别是无须注意力资源的自动化加工来解释。这一结果说明:(1)在 Lachter 等人的研究中,启动词呈现 50ms 时注意力已实质性地出现了滑动,启动词因获得了注意力资源而激活了启动词的颜色语义,从而引发了显著的 Stroop 启动效应。但 Lachter 等人发现在该条件下的 Stroop 效应量很小。他们预测,若颜色词能得到充分的注意力资源时,Stroop 效应量至少应为目前结果的 2~3 倍。实际上这个很小的 Stroop 效应量正是由于启动词呈现时间较短,与启动词获得的注意力资源数量较少有极大的关系。(2)在 Lachter 等人的研究中所采用的阈下呈现并非从真正意义上实现了该目标。由于颜色词本身具有自动化激活的特征,再加上被多次重复呈现使颜色词的自动化程度更高,相比其他阈下呈现范式(如词汇判断)中的启动刺激更容易得到识别。因此,对 Stroop 任务中的颜色启动词只有通过更严格的阻止注意力滑动的措施以及启动词非常短暂的呈现(如本研究 25ms)时才能有效达到阈下呈现的标准。(3)任何启动刺激,包括自动激活程度极高的颜色词,如果在无法获得可用的注意力资源时,其阈下语义启动消失。这一证据拒绝传统自动化加工的观点,但支持注意力敏感模型关于自动化加工显著受注意力资源调控与制约的假设,说明自动化加工并非完全是一个不受认知因素控制的刻板的加工过程。意识层面的认知控制实质性地影响着自动化加工的进程(Kiefer,Adams,& Zovko,2012;Van Gaal & Lamme,2012;伍姗姗等,2012;Spruyt,De Houwer,Everaert,& Hermans,2012)。

本研究三个实验结果还一致性地发现,启动词呈现时间越长,被试对目标颜色的反应速度越快。说明启动词获得的注意力数量资源越多,被试对目标刺激的加工越容易。Greenwald,Draine 和 Abrams(1996)研究发现,只有当启动刺激达到语义水平的加工时才能自动预激活其所在的语义网络,也能加快对目标刺激的反应速度(伍姗姗等,2012)。按照该观点,本研究中当启动词呈现 300ms 时启动词的语义激活水平最高,100ms 时次之,而呈现 25ms 时启动词的语义根本就没有得到有效激活。三个实验结果还一致性地发现,当启动词呈现 300ms 时的 Stroop 效应量要显著地大于呈现 25ms 时的 Stroop 效应量,同样说明启动词呈现的时间越长,启动词获得的注意力资源数量越多,被试对启动词的语义激活水平也越高,这不仅对目标刺激的语义启动效果越显著,也使后续的加工变得更加容易。从这个意义上讲,注意力资源量的多寡确实直接决定着一个任务的加工效率(吴彦文,游旭群,& 李海霞,2014)。

Kiefer 和 Brendel（2006）采用 ERP 技术发现,阈下呈现的启动刺激如果能得到注意力资源的支持,注意力会放大该刺激并使其达到较高水平的加工,从而引发阈下语义启动。本研究中启动词呈现 25ms 时 Stroop 效应消失的原因正是由于启动词呈现时间过短,启动词没有得到相应可用的注意力资源所致。这一事实说明,注意力不仅是意识性加工的决定性条件,注意力也实质性地调控着无意识的加工进程。正如 Kiefer(2012,2007)指出的那样,具有自动化加工倾向的刺激能否产生阈下语义启动有赖于当前可利用的注意力资源数量。

## 六、结论

综合以上数据结果与分析,本研究得到如下结论:(1)注意力资源实质性地决定着自动化加工能否顺利进行,具有自动激活特征的刺激在无法获得注意力资源时,自动化加工过程终止。(2)可用的注意力资源数量调控着自动化加工的效率和语义提取的效果,可用的注意力资源数量越多,对启动刺激的语义加工越完善,对目标刺激的促进效果也越有效。

**参考文献**

［1］Chen,X. & Zhang,J. J.. The automatic activation of morphological,phonological,semantic information of Chinese words in color word interference. ［J］. Psychological Science,2004,27(5): 1112 - 1115.

［2］陈曦,张积家. 汉字字形、音、义信息在颜色词干扰中的自动激活[J]. 心理科学 . 2004(27):1112 - 1115.

［3］Greenwald, A. G., Klinger, M. R., Schuh, E. S.. Activation by marginally perceptible ("subliminal") stimuli:dissociation of unconscious from conscious cognition[J]. Journal of experimental psychology:General,1995,124(1):22 - 42.

［4］Kiefer,M.. Top - down modulation of unconscious "automatic" processes:A gating framework[J]. Advances in Cognitive Psychology,2007,3(1 - 2):289 - 306.

［5］Kiefer,M.. Executive control over unconscious cognition:attentional sensitization of unconscious information processing[J]. Frontiers in human neuroscience,2012,6(1):61 - 72.

［6］Kiefer,M., Brendel,D.. Attentional modulation of unconscious "automatic" processes: Evidence from event - related potentials in a masked priming paradigm[J]. Journal of Cognitive Neuroscience,2006,18(2):184 - 198.

［7］Kiefer,M., Martens,U.. Attentional Sensitization of Unconscious Cognition:Task Sets Modulate Subsequent Masked Semantic Priming[J]. Journal of experimental psychology:General, 2010,139(3):464 - 489.

Kiefer, M. , Adams, S. C. , Zovko, M. . Attentional sensitization of unconscious visual process-ing:Top down influ[8]ences on masked priming[J]. Advances in Cognitive Psychology,2012,8(1):50 – 61.

[9]Kiefer, M. , Sim, E. J. , Wentura, D. . Boundary conditions for the influence of unfamiliar non – target primes in unconscious evaluative priming:The moderating role of attentional task sets [J]. Consciousness and Cognition,2015,35:342 – 356.

[10]Lachter, J. ,Forster, K. I. , Ruthruff, E. . Forty – five years after Broadbent (1958):Still no identification without attention[J]. Psychological Review,2004,111(4):880 – 913.

[11]Lachter, J. , Ruthruff, E. , Lien, M. C. ,et al. Is attention needed for word identification? Evidence from the Stroop paradigm[J]. Psychonomic Bulletin & Review,2008,159(5):950 – 955.

[12]Lindsay, D. S. , Jacoby, L. L. . Stroop process dissociations:The relationship between fa-cilitation and interference[J]. Journal of Experimental Psychology:Human Perception and Perform-ance,1994,20(2):219 – 234.

[13]Lv, Y. , Wang, C. M. . The Relationship between Consciousness and Attention[J]. Studies of Psychology and Behavior,2016,14(1):127 – 133.

[14]吕勇,王春梅. 意识与注意的关系——注意对意识产生的充分性与必要性探析 [J]. 心理与行为研究,2016(14):127 – 133.

[15]MacLeod, C. M. . Half a century of research on the Stroop effect:an integrative review [J]. Psychological Bulletin,1991,109(2):163 – 203.

[16]Moors, A. , De Houwer, J. . Automaticity:a theoretical and conceptual analysis[J]. Psy-chological Bulletin,2006,132(2):297 – 326.

[17]Naccache, L. ,Blandin, E. , Dehaene, S. . Unconscious masked priming depends on tem-poral attention[J]. Psychological science,2002,13(5):416 – 424.

[18]Naccache, L. , Dehaene, S. . Unconscious semantic priming extends to novel unseen stim-uli[J]. Cognition,2001,80(3):215 – 229.

[19]Roelofs, A. . Attention and facilitation:Converging information versus inadvertent reading in Stroop task performance[J]. Journal of Experimental Psychology:Learning, Memory, and Cogni-tion,2010,36(2):411 – 422.

[20]Schneider, W. , Shiffrin, R. M. . Controlled and Automatic Human Information Process-ing:Ⅰ. Detection, Search, and Attention[J]. Psychological Review,1977,84(1):1 – 66.

[21]Spruyt, A. , De Houwer, J. ,Everaert, T. ,et al. Unconscious semantic activation depends on feature – specific attention allocation[J]. Cognition,2012,122(1):91 – 95.

[22]Van Gaal, S. , Lamme, V. A. . Unconscious high – level information processing implica-tion for neurobiological theories of consciousness[J]. The neuroscientist,2012,18(3):287 – 301.

[23]Wu, S. S. ,Tan, J. F. , Wang, L. J. ,et al. The influencing factors of subliminal semantic priming effects[J]. Advances in Psychological Science,2013,21(4):626 – 636.

［24］伍姗姗,谭金凤,王丽君,等.阈下语义启动效应影响因素述评［J］.心理科学进展,2013,21(4):626－636.

［25］Wu,Y. W. ,You,X. Q. ,Li,H. X. . Mechanisms of attentional resource limitations and dual－task interference［J］. Acta Psychologica Sinica,2014,46(2):174－184.

［26］吴彦文,游旭群,李海霞.注意力资源限制与双任务的相互干扰机制［J］.心理学报,2014(6):174－184.

［27］Zovko,M. , Kiefer,M. . Do different perceptual task sets modulate electrophysiological correlates of masked visuomotor priming? Attention to shape and color put to the test［J］. Psychophysiology,2013,50(2):149－157.

本文曾发表在《心理学报》,2017 年第 10 期。

# 注意力资源限制与双任务的相互干扰机制

吴彦文　　游旭群　　李海霞*

采用心理不应期研究范式,两个反应时实验检测了注意力资源分配的特征以及双任务的相互干扰机制。每次实验中,要求被试快速、相继对高低音辨别任务(T1)和 Stroop 任务(T2)作出选择性反应,T1 和 T2 间采用 6 种不同的时间间隔(SOA),以系统考察不同 SOA 条件下两个任务的反应时走势。结果发现:(1)在重叠的双任务情境中,T1 的中枢加工导致在 T2 上出现显著的 PRP 效应,T2 的中枢反应选择对 T1 的反应选择和反应执行加工同样产生显著的影响。SOA 以及 T2 的难度与复杂度实质性地影响了 T1 的反应选择和反应执行加工。(2)当两个任务同时需要进行中枢反应选择加工时,一个任务占用更多的注意资源将导致另一任务获得较少的注意资源,注意资源量的多寡直接决定了该任务的加工效率。(3)两个任务的加工相互影响、相互制约,这种制约机制不仅仅存在于中枢反应选择阶段,在反应执行阶段仍然存在。

## 一、引言

双任务操作是指被试同时或继时操作两种快速的反应时任务,当这两个任务呈现的起点时间间隔不同步(Stimulus onset asynchrony,SOA)时,通常发现随着 SOA 的缩短,任务 1(简称"T1")和任务 2(简称"T2")在加工时间上有较高重叠时,T2 的反应时(简称"RT2")会显著延迟(Pashler,1994a,1994b)。SOA 缩短导致 RT2 延迟的现象即心理不应期(Psychological refractory period,PRP)效应(Pashler,1994b;Pashler,Harris,& Nuechterlein,2008)。

1931 年 Telford 首次运用 PRP 范式揭示了双任务的干扰现象。他发现在较长

---

* 作者简介:吴彦文,出生于 1972 年,男,甘肃秦安人,天水师范学院教师教育学院教授、博士,主要从事教育学研究。

的 SOA 条件下,被试有足够的时间首先完成对 T1 的反应选择(response selection)后再进行 T2 的反应选择时,对 T2 的反应并不受 T1 加工的干扰。若 SOA 较短,当 T1 正在进行反应选择加工时 T2 也随即出现,由于 T1 暂时占据了单通道瓶颈加工器(single – channel bottleneck processor),T2 的反应选择必须等待 T1 完成其反应选择加工后才能进入容量有限的瓶颈加工器。SOA 越短,T2 到达的越快,T1 和 T2 的重叠程度越高,T2 等待 T1 完成瓶颈加工的时间越长,任何延长 T1 加工的因素就越容易延长 RT2。

在总结前人研究的基础上,Pashler 提出了反应选择瓶颈(response – selection bottleneck,RSB)模型。该模型认为,任何一个任务的加工过程由 3 个独立的阶段组成(如图 1 所示):瓶颈前阶段(A),主要负责刺激识别和特征提取;瓶颈阶段(B,中枢加工器),主要负责反应选择;瓶颈后阶段(C),主要负责反应执行和动作调整。A 和 C 两个阶段允许多个刺激同时输入,也能和另一任务的瓶颈阶段并行进行加工。但中枢加工器一次只能加工一个任务,当 T1 正在进行中枢加工时,T2 的反应选择必须等待 T1 释放中枢瓶颈后才能进入中枢加工器,PRP 效应是由于 T1 的反应选择导致 T2 受到中枢瓶颈(central bottleneck)限制机制的制约(Pashler,1994a,1994b)。

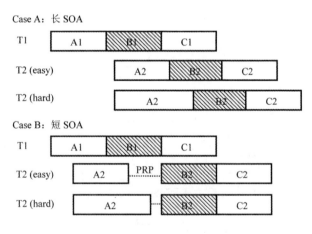

**图 1    RSB 模型的加工过程示意图**

根据其理论基础,RSB 模型对 RT1(T1 的反应时)和 RT2 做出了预测:在 RT1 上,无论 SOA 和 T2 难度如何变化,RT1 始终不受 SOA 长短和 T2 难度变化的影响(Case A 和 Case B)。但 RT2 和 RT1 显著不同,在长 SOA 条件下(Case A),无论是较简单的 T2 还是较难的 T2,如果 T1 已经完成了反应选择加工后再进行 T2 的反应选择加工,那么 T2 的反应选择不会因 T1 占据中枢瓶颈而延迟,因此 RT2 值为 A、B 和 C 三个独立阶段加工时间的总和。但在短 SOA 条件下(Case B),当 T1 占据中枢瓶颈时,T2 的反应选择必须等待 T1 完成瓶颈加工,中枢瓶颈被释放后才可进行。SOA 越短,T2 等待 T1 完成瓶颈加工的时间越长。RT2 值为等待瓶颈的"认知延迟(PRP 效应)"时间和 T2 加工过程之和。同样,T2 的难度也不影响 RT2 值的大小,因为复杂的、难度大的 T2 可以充分利用等待瓶颈释放的时间来完成其知觉加工(瓶颈测试原理 3,Pashler,1994a),因此较难和较简单条件下的 RT2 基本相等。

Tombu 和 Jolicoeur(2003)在总结了 Pashler 的 RSB 模型的基础上,再综合 Kahneman(1973,见 Meyer & Kieras,1997)一般能量共享模型(general capacity sharing model)以及 Navon 和 Miller(2002)多资源模型(multiple types of resources model)加工思想的基础上提出了中枢资源共享模型(central capacity sharing model,简称"CCS 模型",如图 2 所示),该模型同样认为一个任务的加工过程有刺激识别、反应选择和反应执行三个阶段。但和 RSB 模型不同,该模型认为中枢加工器是一个并行加工器,两个任务的反应选择可以并行进行,但有限的注意资源必须按照任务的需求在两个任务间进行共享(sharing)。当有限的注意资源被两个或多个任务共享时,两个或多个任务的加工速度都会减慢。

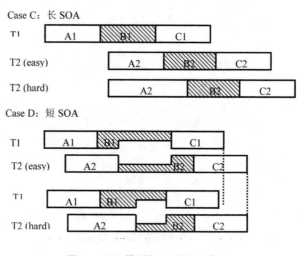

图 2　CCS 模型加工过程示意图

在其模型的基础上,Tombu 和 Jolicoeur(2003)列举了 6 种 T1 和 T2 在反应选择阶段可能重叠或不重叠的特例。但图 2 中的 Case C 和 D 两种特例基本上概括了绝大多数 PRP 效应的加工过程。

在长 SOA 条件下（Case C），T1 反应选择加工的开始和结束均先于 T2 的反应选择加工，T1 和 T2 的加工过程等同于 RSB 模型对双任务加工的预测。但在短 SOA 条件下（Case D），只要 T1 和 T2 的反应选择发生重叠，中枢瓶颈会自动根据任务需求把注意资源按一定的比例分配到两个任务中去，若 T2 的反应选择占据了部分注意资源，那么可供 T1 进行反应选择的注意资源量会相应减少，将导致 T1 的反应选择过程延长，RT1 随即延长。在相同的 SOA 条件下，T2 知觉加工时间越长将推迟 T2 和 T1 反应选择重叠的时间，T1 将有充裕的注意资源进行其反应选择，从而缩短 RT1，但延长 T1 的其他任何加工阶段将会延长 RT1。

从两个模型的理论基础来看，争论主要集中在以下两个方面：（1）中枢反应选择阶段能否同时处理多个刺激；（2）RT1 是否受 SOA 长短以及 T2 难度与复杂度变化的影响。目前两个模型都得到了大量实验证据的支持，Pashler 等人所做的一系列研究均发现 RT1 独立于 SOA 和 T2 难度变化（Pashler & Johnston，1989；Pashler，1994b；Pashler et al.，2008），因而结论支持 T1 和 T2 的反应选择为系列加工方式。近年来有更多的研究发现 RT1 显著随 SOA 长短和不同难度 T2 的变化而变化（Tombu & Jolicoeur，2002，2003，2005；Lehle & Hübner，2009；Miller，Ulrich，& Rolke，2009；Pannebakker et al.，2011；Piai & Roelofs，2013；Lien，Croswaite，& Ruthruff，2011；吴彦文，游旭群，2007）。Watter 和 Logan（2006）指出，RT1 受 SOA 和不同难度 T2 的影响表明 T1 在进行中枢反应选择加工时 T2 也进入了中枢加工器，T1 和 T2 的反应选择并行得到了有效的加工。

到目前为止，在绝大多数 PRP 效应的研究中，对 T2 主要采用较简单的刺激分类任务（如箭头朝上还是朝下，图形的颜色是绿色还是红色等），但对于较复杂的需要进行语义加工的 T2 材料还尚未涉及。另外由于 RSB 模型关于 RT1 不受 SOA 和 T2 难度影响这一预测的强影响力，以往绝大多数研究者常把关注点放在 T1 对 T2 各阶段加工的影响上（Pashler & Johnston，1989；Pashler，1994b；Pashler et al.，2008），近年来一些研究报告开始考察 SOA 和 T2 难度是否同样对 T1 各加工阶段产生影响（Tombu & Jolicoeur，2002，2003，2005；Miller et al.，2009；Pannebakker et al.，2011；Piai & Roelofs，2013；Lien et al.，2011；Töllner，Strobach，Schubert，& Müller，2012），但鲜有研究关注 T1 和 T2 的相互影响。

针对瓶颈的位置也存在较多的争议，目前大量的证据显示 PRP 效应产生于反应选择阶段，瓶颈的调节机制源于中枢神经系统的结构性限制（如 RSB 模型），导致两个任务在反应选择水平上必须选择系列加工方式（Pashler & Johnston，1989）。即使是认为在反应选择阶段能实现注意资源最优共享的 CCS 模型也认为干扰产生于两个任务的反应选择阶段。也有少量的研究显示瓶颈可能发生于两个任务的动作执行阶段,如 De Jong(1993)提出的双瓶颈模型(dual－bottleneck model)认为,中枢瓶颈(central bottleneck)阻止两个任务的中枢加工平行进行,反应触发(response initiation)瓶颈阻止两个反应被相继触发。De Jong(1993)认为 RT2 延迟是由于执行 T1 的反应动作导致 T2 的反应触发被延迟。对于反应触发瓶颈的验证,Töllner 等人(2012)运用单侧化准备电位(Lateralized readiness potential)发现,当 T1 产生动作执行需求时,T2 的反应选择和动作执行被显著延迟。Ulrich 等人(2006)发现,当 T1 开始其反应执行动作时,RT2 同样被显著延迟,以上两项研究都认为动作执行系统也属于心理不应(refractoriness)的一部分。目前对 PRP 效应的研究成果难以有效整合起来。

为了进一步拓展 PRP 效应受瓶颈机制限制的范围,本研究依然采用标准的PRP 范式,但和传统 PRP 方法不同的是,本研究融合 Stroop 任务来探讨 PRP 范式下当 T1(高低音辨别)处于中枢加工时,T1 和 T2(Stroop 任务)的中枢反应选择能否被同时执行。采用 Stroop 任务主要基于以下两点考虑:(1)Stroop 任务一直被作为测量注意资源分配的"金标准"(gold standard,见 Roelofs,2010)。当前Stroop 任务的研究结果表明,当颜色字的字色与字义两个维度冲突时,对颜色字的颜色命名被显著延迟(Brown,Gore,& Carr,2002;Appelbaum,Boehler,Won,Davis,& Woldorff,2012),以 Stroop 任务为材料除了能进一步拓展 PRP 效应受瓶颈机制限制的已知范围外,还能更好地揭示双任务加工中注意力资源分配的特征。(2)在 PRP 范式中,常常采用具有难度级差的 T2,以考察 T2 的难度效应是否对 T1 产生相应的影响。Stroop 任务的特定属性表明它在控制任务难度上有独特的效果。大量的 Stroop 效应研究表明,无论采用何种实验形式,当字色与字义两个维度冲突时相比两个维度一致时被试表现出非常稳定的认知冲突,用 Stroop 任务来控制T2 的难度级差具有更好的稳定性。

## 二、实验一 注意力资源强竞争与双任务干扰

已有研究表明,汉字的形、音、义具有无意识自动激活的特征(张积家,陆爱桃,2010)。按照 CCS 模型的假设,当 SOA 较短时,两个任务的中枢反应选择会快速重叠,T2 和 T1 将会对有限的注意资源进行激烈的竞争,只要 T2 获得少量的注意资源,RT1 会被延迟,SOA 越短,RT1 应该越长。同样,在 T2 的 Stroop 任务中,字色和字义在冲突条件下对注意资源竞争的激烈程度要远高于二者一致条件下对注意资源的竞争。假如 T1 和 T2 可以共享有限的注意资源,那么在冲突条件下T2 将从 T1 上分享更多的注意资源,因此,T2 在字色和字义冲突条件下的 RT1 应长于一致条件下的 RT1。但是按照 RSB 模型的假设,无论 SOA 和 T2 难度如何变

化都不会对 RT1 产生显著的影响。本研究一方面验证 RSB 模型和 CCS 模型的核心假设,另一方面为当代认知心理学研究中的并行加工和系列加工问题提供进一步的实验证据。

(一)研究方法

1. 被试

本科生 49 名,男 20 名,女 29 名。视力或矫正视力正常,无色盲或色弱患者,听力正常,没有参加过类似的实验。

2. 实验材料与仪器

本实验在联想奔Ⅳ计算机上完成,所有刺激均呈现在 17 英寸纯平显示器中央,显示器分辨率为 1024 × 768PPI,刷新频率为 75 Hz。听觉材料为持续 150 ms 的低音和高音,频率分别为 300 Hz 和 1000 Hz,位速 1144 Kbps,音频采样大小 16 位,音频采样级别 44 kHz,立体声。实验前要求被试认真倾听并能够非常清晰地辨别出两种声音的差异才能参加实验。视觉刺激由 3 个颜色字(红、绿、蓝,简称 "色字")和 3 种颜色(红色、绿色、蓝色,简称"字色")相互组合构成,字符大小均为 56 × 54PPI。3 种颜色的色调、饱和度和亮度分别为:红色:0、240 和 120;绿色: 80、240 和 120;蓝色:160、240 和 120。字色与字义的条件匹配有:匹配一致共 3 种,红字 – 红色、绿字 – 绿色、蓝字 – 蓝色;匹配冲突共 6 种,如红字用绿色或蓝色书写。考虑到匹配一致和冲突条件下的平衡因素,匹配一致在每种处理条件下重复呈现 2 次。为了消除高音和低音可能存在的差异,所有刺激组合在高音和低音条件下出现的概率相同。因此,每种实验处理条件下有 12(条件匹配) × 6(SOA) × 2(高音、低音)= 144 次刺激组合,重复呈现 4 次,正式实验总次数为 576 次。所有色字均呈现在白色背景上。

3. 实验设计

为了检验 T2 对 T1 的影响,T1 和 T2 均采用 2 条件匹配(字色与字义一致、冲突) × 6 SOA(50 ms、100 ms、200 ms、300 ms、500 ms、800 ms)被试内设计。因变量为被试的反应时和正确率。

4. 实验程序

实验程序用 E – prime 1.1 软件编制。每次实验开始时在屏幕中央呈现注视点" + "500 ms,接着出现 500 ms 的空屏,空屏结束后出现声音刺激,呈现时间为 150 ms,视觉刺激从声音呈现后 50 ms、100 ms、200 ms、300 ms、500 ms 或 800 ms 出现,时间为 200 ms,视觉刺激消失后为 2300 ms 的空屏等待被试作出反应,被试作出反应后呈现 1000 ms 的空屏。对 T1 要求被试听到低音用左手中指按"Z"键,听到高音用左手食指按"X"键。对 T2 要求被试忽略字义只对字色作出反应,红色用右手食指按右侧小键盘"1"键,绿色用右手中指按"2"键,蓝色用右手无名指按"3"键。告知被试两个任务都非常重要,对两个任务都做快而准确的反应,但对T2 作出反应之前必须先完成对 T1 的反应。当声音刺激或视觉刺激在 2500 ms (视觉刺激控制时间为视觉呈现 200 ms + 空屏等待 2300 ms)内没有作出反应时,该次实验的反应时数据不被记录,算作一次错误反应。正式实验前被试先进行 50 次实验练习,熟练掌握实验对左手和右手的按键反应要求,只有练习正确率达到 90% 以上才能进入正式实验。正式实验每呈现 50 次刺激休息一次,共休息 11 次,休息时间由自己确定,整个实验过程约持续 60min。

(二)结果

对数据进行统计分析前,剔除 4 名 T1 或 T2 正确率低于 80% 或对 T1 没有作反应的被试,剔除 2.5 个标准差以外的反应时数据。由于 T1 和 T2 的平均正确率均在 93% 以上,故对正确率不再做进一步的处理和分析,各处理条件下的 RT1 和 RT2 结果如表 1 和表 2 所示。

1. 声音任务

按照 RSB 模型,T1 的难度和复杂度使其中枢和中枢前阶段延长 1 ms,RT1 和 RT2 将相应延长 1 ms。那么本研究中的高音和低音这两种不同的音调辨别任务在刺激难度上存在显著的差异吗? 为了验证这种可能性,事先对高音和低音条件下的数据进行配对 t 检验,结果发现二者的差异不显著,$t(44) = 1.51, p > 0.05$,说明两种不同的音调辨别任务在刺激难度上无显著的差别,假如 RT1 随 T2 和 SOA 组合条件的变化而变化,那么这个变化不是 T1 本身的难度差异造成的,原因只能来自于 T2 和 SOA 组合产生的难度和复杂度的变化。因此,对 RT1 的数据同样以条件匹配和 SOA 为组内变量进行 2 × 6 的重复测量多元方差分析。

表 1　不同 SOA 条件下声音任务的反应时(ms)及标准差

| 条件匹配 | SOA | | | | | |
|---|---|---|---|---|---|---|
| | 50 ms | 100 ms | 200 ms | 300 ms | 500 ms | 800 ms |
| 一致 | 983 ±202 | 974 ±176 | 981 ±195 | 996 ±200 | 1027 ±224 | 1083 ±289 |
| 冲突 | 1003 ±210 | 989 ±189 | 983 ±205 | 1003 ±225 | 1044 ±228 | 1102 ±298 |
| 差值 | 20 | 15 | 2 | 7 | 17 | 19 |

注:差值 = 冲突条件的反应时 − 一致条件的反应时,下同。

表2　不同 SOA 条件下视觉任务的反应时(ms)及标准差

| 条件匹配 | SOA | | | | | |
|---|---|---|---|---|---|---|
| | 50 ms | 100 ms | 200 ms | 300 ms | 500 ms | 800 ms |
| 一致 | 1115 ±222 | 1053 ±195 | 975 ±217 | 902 ±187 | 820 ±175 | 752 ±154 |
| 冲突 | 1183 ±231 | 1131 ±199 | 1037 ±209 | 989 ±207 | 906 ±187 | 843 ±162 |
| 差值 | 68 | 78 | 62 | 87 | 86 | 91 |

对 RT1 的方差分析发现,条件匹配的主效应显著,$F(1,44) = 8.67, p < 0.01$,当 T2 在字色和字义一致时 RT1 (1007 ms)更快,当 T2 在字色和字义冲突时 RT1 (1021 ms)显著变慢;SOA 的主效应非常显著,$F(5,220) = 15.84, p < 0.001$,SOA 在 50 ms、100 ms、200 ms、300 ms、500 ms 和 800 ms 时的 RT1 分别为 993 ms、981 ms、982 ms、999 ms、1036 ms 和 1093 ms。进一步的配对比较发现,SOA 在 50 ms、100 ms 和 200 ms 三种条件下的 RT1 两两差异均不显著($p > 0.05$),SOA 在 300 ms 条件下的 RT1 除了和 SOA 在 50 ms 与 100 ms 条件下的差异不显著外,和其他三种 SOA 条件下的 RT1 两两差异均显著($p < 0.05$),SOA 在 500 ms 和 800 ms 两种条件下的 RT1 与其他所有 SOA 条件下的 RT1 两两差异均显著($p < 0.01$)。总体上出现随着 SOA 的延长,RT1 延长的趋势。条件匹配和 SOA 的交互作用不显著,$F(5,220) = 0.50, p > 0.05$。

2. 视觉任务

对 RT2 的方差分析发现,条件匹配的主效应非常显著,$F(1,44) = 142.29, p < 0.001$,一致条件下的 RT2 (936 ms)显著快于冲突条件下的 RT2 (1015 ms);SOA 的主效应非常显著,$F(5,220) = 289.09, p < 0.001$,随着 SOA 的缩短,RT2 线性延长,SOA 在 50 ms、100 ms、200 ms、300 ms、500 ms 和 800 ms 条件下的 RT2 分别为 1149 ms、1092 ms、1006 ms、946 ms、863 ms、780 ms。进一步的配对比较发现,两两差异均达到了非常显著的水平($p < 0.001$)。条件匹配和 SOA 的交互作用不显著,$F(5,220) = 1.07, p > 0.05$。3. 声音任务和视觉任务的相互关系

为了进一步检验 T1 和 T2 的加工是否产生相互影响,对 RT1 和 RT2 的数据作进一步的处理和分析,图3 为各 SOA 条件下 RT1 和 RT2 的交互效应图。方差分析结果表明,RT1 和 RT2 的交互作用非常显著,$F(5,220) = 320.66, p < 0.001$。进一步的简单效应分析发现,SOA 在 200 ms 条件下的 RT1 和 RT2 差异不显著,其余 5 种 SOA 条件下的 RT1 和 RT2 差异均达到了显著或非常显著的水平,分别为:50 ms:$F(1,44) = 60.77, p < 0.001$;100 ms:$F(1,44) = 27.87, p < 0.001$;300 ms:$F(1,44) = 6.81, p < 0.05$;500 ms:$F(1,44) = 44.17, p < 0.001$;800 ms:$F(1,44) = $

65.39,p<0.001,表明 T1 和 T2 之间产生了实质性的相互影响。

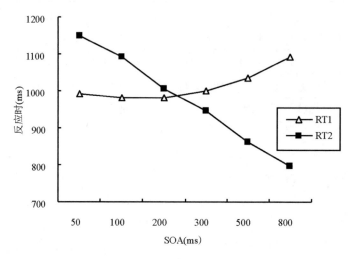

**图3 实验一中 T2 和 T1 的交互效应图**

(三)讨论

在 RT2 上出现随着 SOA 的缩短 RT2 线性延长,PRP 效应非常显著的现象,说明 T1 的反应选择对 T2 的加工产生了非常显著的影响,即使字色和字义一致条件下依然存在。条件匹配的主效应显著,出现一致条件下的 Stroop 促进效应和冲突条件下的 Stroop 干扰效应,说明字义被无意识激活后和当前的颜色任务产生相互影响。在 RT1 上,条件匹配和 SOA 的主效应同样显著,说明不同长短的 SOA 和不同难度的 T2 对 T1 的加工产生了显著的影响。T1 和 T2 的交互作用非常显著,说明 T1 和 T2 的加工相互影响、相互制约,该结果并不支持 RSB 模型的假设。但本研究却发现 RT1 随着 SOA 的延长而延长,随着 SOA 的缩短而缩短,这一点用 CCS 模型也无法作出合理的解释。

**三、实验二 注意力资源弱竞争与双任务干扰**

实验一结果证实在中枢阶段 T1 和 T2 的反应选择能够同时得到加工。目前解释 Stroop 效应的自动化加工理论认为,字义属于自动化加工过程,无须人的意识控制;而字色属于控制性加工过程,需要人有意识地进行控制,字义的激活速度要比字色的激活速度快 100 ms~200 ms(Roelofs,2010),字义的自动激活除了在 T2 上产生了非常显著的 Stroop 效应外,在 T1 上也存在当 T2 的字色和字义一致时 RT1 更快,当 T2 的字色和字义冲突时 RT1 显著变慢的类似 Stroop 效应,说明当 T2 的难度较大时 T2 确实从 T1 上分享了更多的注意资源,T2 和 T1 对有限的注意资源展开了激烈的竞争。若实验要求被试忽略字色,那么对具有控制性加工特征的字色的激活将会大幅减弱,这是否将有效避免字色和字义两个维度对有限注意资源的竞争,从而减弱 T2 从 T1 上抢夺有限的注意资源,从而减弱或消除双任务的相互干扰?基于以上假设,实验二重在考察被试在忽略字色,T2 两个维度对注意资源弱竞争或无竞争条件下,T1 和 T2 的中枢反应选择能否同时得到加工以及 RT1 是否不受 SOA 和 T2 变化的影响。

(一)研究方法

1. 被试

本科生 52 名,男 19 名,女 33 名。视力或矫正视力正常,无色盲或色弱患者,听力正常,没有参加过类似的实验。

2. 实验设计

T1 和 T2 均采用 2 条件匹配(字色与字义一致、冲突) × 6 SOA(50 ms、100 ms、200 ms、300 ms、500 ms、800 ms)被试内设计。因变量同实验一。

3. 实验材料与仪器

同实验一。

4. 实验程序

实验程序基本同实验一。不同之处在于:对 T2 要求被试忽略字色只对字义作出反应,看到"红"字用右手食指按右侧小键盘"1"键,"绿"字用右手中指按"2"键,"蓝"字用右手无名指按"3"键。

(二)结果

对资料进行统计分析之前,剔除 3 名 T1 或 T2 正确率低于 80% 的被试,剔除 2.5 个标准差以外的反应时数据。由于 T1 和 T2 的平均正确率均在 94% 以上,同样对正确率不再做进一步的处理和分析,各处理条件下的 RT1 和 RT2 结果如表 3 和表 4 所示。

**表 3　不同 SOA 条件下声音任务的反应时(ms)及标准差**

| 条件匹配 | SOA | | | | | |
| --- | --- | --- | --- | --- | --- | --- |
| | 50 ms | 100 ms | 200 ms | 300 ms | 500 ms | 800 ms |
| 一致 | 889 ±186 | 883 ±178 | 892 ±192 | 892 ±179 | 938 ±213 | 983 ±259 |
| 冲突 | 902 ±190 | 905 ±187 | 899 ±199 | 902 ±195 | 955 ±210 | 983 ±246 |
| 差值 | 13 | 22 | 7 | 11 | 17 | 0 |

表4 不同 SOA 条件下视觉任务的反应时(ms)及标准差

| 条件匹配 | SOA | | | | | |
|---|---|---|---|---|---|---|
| | 50 ms | 100 ms | 200 ms | 300 ms | 500 ms | 800 ms |
| 一致 | 1047 ±193 | 995 ±192 | 912 ±190 | 839 ±167 | 773 ±165 | 702 ±143 |
| 冲突 | 1079 ±198 | 1031 ±197 | 928 ±200 | 868 ±177 | 805 ±158 | 735 ±135 |
| 差值 | 31 | 36 | 17 | 29 | 33 | 33 |

1. 声音任务

对高音和低音条件下的 RT1 数据进行检验,发现二者的差异不显著,$t(48) = 1.47, p > 0.05$。因此对 RT1 的数据以条件匹配和 SOA 为组内变量进行 $2 \times 6$ 的重复测量多元方差分析。

对 RT1 的方差分析发现,条件匹配的主效应显著,$F(1,48) = 8.77, p < 0.01$,当 T2 在字色和字义一致时 RT1(913 ms)更快,当 T2 在字色和字义冲突时的 RT1(925 ms)显著变慢;SOA 的主效应非常显著,$F(5,240) = 14.50, p < 0.001$,SOA 在 50 ms、100 ms、200 ms、300 ms、500 ms 和 800 ms 条件下的 RT1 分别为 896 ms、894 ms、895 ms、896 ms、947 ms 和 983 ms。进一步的配对比较发现,SOA 在 50 ms、100 ms、200 ms 和 300 ms 四种条件下的 RT1 两两差异不显著($p > 0.05$),但 SOA 在 500 ms 和 800 ms 两种条件下的 RT1 与其他所有 SOA 条件下的 RT1 两两差异均显著($p < 0.001$)。总体上出现随着 SOA 的延长,RT1 延长的趋势。条件匹配和 SOA 的交互作用不显著,$F(5,240) = 0.80, p > 0.05$。

2. 视觉任务

对 RT2 的方差分析发现,条件匹配的主效应非常显著,$F(1,48) = 43.56, p < 0.001$,一致条件下的 RT2(878 ms)显著快于冲突条件下的 RT2(908 ms);SOA 的主效应非常显著,$F(5,240) = 315.49, p < 0.001$,随着 SOA 的缩短,RT2 线性延长,SOA 在 50 ms、100 ms、200 ms、300 ms、500 ms 和 800 ms 条件下的 RT2 分别为 1063 ms、1013 ms、920 ms、853 ms、789 ms 和 719 ms。进一步的配对比较发现,两两差异均达到了非常显著的水平($p < 0.001$)。条件匹配和 SOA 的交互作用不显著,$F(5,240) = 0.59, p > 0.05$。

3. 声音任务和视觉任务的相互关系

对 RT1 和 RT2 的数据做进一步的处理和分析,图4为各 SOA 条件下 RT1 和 RT2 的交互效应图。方差分析结果表明,RT1 和 RT2 的交互作用非常显著,$F(5,240) = 337.33, p < 0.001$。进一步的简单效应分析发现,除 SOA 在 200 ms 条件下的 RT1 和 RT2 差异不显著外,其余 SOA 条件下的 RT1 和 RT2 两两差异均达到了

显著或非常显著的水平,分别为:50 ms:$F(1,48)=115.48,p<0.001$;100 ms:$F(1,48)=65.78,p<0.001$;300 ms:$F(1,48)=7.29,p<0.05$;500 ms:$F(1,48)=77.35,p<0.001$;800 ms:$F(1,48)=86.37,p<0.001$,表明 T1 和 T2 之间产生了实质性的相互影响。

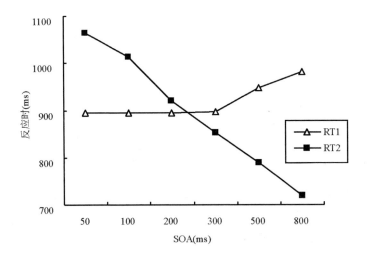

**图 4 实验二中 T1 和 T2 的交互效应图**

(三)讨论

实验二同样发现,在 RT2 上存在随着 SOA 缩短,RT2 线性延长,PRP 效应非常显著的现象。条件匹配的主效应显著,说明字色依然被有效激活。在 RT1 上 SOA 和 T2 的主效应均显著,说明不同 SOA 和不同难度 T2 的变化对 T1 的加工产生了显著的影响。T1 和 T2 的交互作用非常显著,说明 T1 和 T2 的加工相互影响、相互制约。本研究同样发现 RT1 随着 SOA 的延长而延长,随着 SOA 的缩短而缩短,这一点用 CCS 模型同样无法做出合理的解释。

**四、综合讨论**

RSB 模型基于离散加工阶段的假设,认为 T1 和 T2 的反应选择是独立的、系列的,在 T1 的反应选择完成之前,T2 的反应选择无法开始,因此 RSB 模型认为 RT1 独立于 SOA 和 T2 难度的变化。而 CCS 模型认为 T1 和 T2 的反应选择能并行进行,二者可以共享有限的中枢注意资源,RT1 显著受 SOA 和 T2 难度变化的影响。由于 RSB 模型的巨大影响力,以往心理学家采用 PRP 范式来考察人类对重叠任务的认知加工时,经常把注意力放在 T1 对 T2 所产生的影响上,往往忽略了

T2 对 T1 是否产生相应的影响。Tombu 和 Jolicoeur（2003）指出，对 PRP 效应的分析必须考虑 T1 的反应模式。本研究不仅关注 T1 对 T2 各加工阶段的实质性影响，同时还关注 SOA 和 T2 难度级差对 T1 各加工阶段的间接影响以及在不同 SOA 条件下 T1 和 T2 的动态变化关系，以全面了解 PRP 效应的特征。

在 T1 上，两个实验结果均发现 RT1 随着 SOA 的缩短而变快，随着 SOA 的延长而延迟，这一结果和 RSB 模型的预测相矛盾。按照 RSB 模型的假设，T1 的中枢瓶颈阶段（B）和 T2 非瓶颈阶段（A 或 C）的加工能够并行进行，若 T2 对 T1 产生干扰，那么干扰只能来自 T1 和 T2 的中枢反应选择发生重合，T2 对 T1 的干扰来自于 T2 的中枢反应选择阶段。另外，两个实验结果均发现了 T1 和 T2 间存在显著的交互效应，这些结果用 RSB 模型都无法做出合理的解释。

但按照 CCS 模型的假设，当有限的注意资源被分配到两个任务上时，由于两个任务可用的注意资源量都相应减少，RT1 和 RT2 都会随着 SOA 的缩短而延长。但本研究发现在短 SOA 条件下的 RT1 更快，而长 SOA 条件下的 RT1 显著变慢，这一点用 RSB 模型和 CCS 模型关于瓶颈只产生于反应选择阶段的假设无法作出合理的解释，但该结果支持反应触发瓶颈（De Jong，1993）以及反应执行属于瓶颈加工的一部分的观点（Ulrich et al.，2006；Töllner et al.，2012），该结果说明 T1 的动作执行仍然受到类似瓶颈机制的制约（理由见修正模型重叠情境三）。综合数据结果，本研究认为，反应选择属于主瓶颈，反应执行属于次瓶颈，二者的认知加工都需要占用注意资源，但反应选择需要更多的注意资源才能保证任务的正常进行，而反应执行需要较少的注意资源就能完成。CCS 模型之所以不能解释本研究结果，主要原因在于 CCS 模型没有考虑到反应执行仍然属于瓶颈加工的一部分。

根据修正的模型图，本研究认为，在重叠的任务情境中，T1 和 T2 在反应选择和反应执行阶段仍然采用注意资源共享的并行加工方式，但分配到两个任务上的注意资源总量是固定的、有限的（总量为 1），为了提高双任务的操作效率，T1 和 T2 对资源的共享遵循速度和效益权衡的原则，T1 和 T2 在不同的加工阶段有以下 4 种重叠情境：

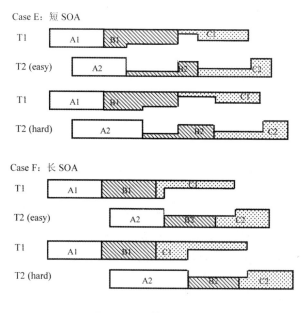

**图 5　CCS 模型修正图**

1. **重叠情境一**:T1 的知觉加工和部分反应选择与 T2 的知觉加工重叠,主要适合于图 5 中 Case E 以及本研究中 SOA 为 50 ms 等很短 SOA 条件下的重叠情境。在该情境下,由于 T1 的知觉加工属于非瓶颈加工阶段(由于本研究没有操纵对不同难度 T2 的知觉识别加工,无法对该阶段的加工进行精确检测,所以仍然认为该阶段为非瓶颈阶段),T1 和 T2 的知觉加工虽然共享有限的注意资源,但二者的加工速度都接近单任务条件下的速度。当 T1 完成知觉加工开始反应选择加工时,T1 的反应选择仍占有 100% 的注意资源,T1 反应选择加工的速度仍然接近单任务条件下的加工速度。

2. **重叠情境二**:T1 的反应选择与 T2 的反应选择重叠,主要适合于图 5 中 Case E 以及本研究中 SOA 为 100 ms 和 200 ms 等较短 SOA 条件下的重叠情境。在该情境下,T1 正在进行其反应选择但还没有完成其反应选择加工时,T2 也进入中枢加工器开始其反应选择,这时由于注意资源的总量有限,二者的反应选择对有限的注意资源展开激烈的竞争。为了避免中枢加工器的超负荷,被试会策略性的把趋近 100% 的注意资源优先分配到 T1 上供其完成反应选择,但在调整注意资源的过程中有效分配到 T1 上的注意资源量会相应减少(如从 100% 减少到 90%),T1 的加工速度相比占有趋近 100% 注意资源时的加工速度开始变慢,RT1 出现少量的延迟。T2 由于得到的注意资源量非常少(如 10%),T2 的反应选择进展非常缓慢,RT2 显著延迟。但在稍长的 SOA 条件下(如 300 ms 或更长),T1 与 T2 的反应选择重叠越来越少,T1 占有绝大部分注意资源量的时间越少,T2 可得到的注意资源量越多,RT2 越快。

3. 重叠情境三:T1 的反应执行与 T2 的反应选择重叠,主要适合于图 5 中的 Case E 以及本研究中 SOA 为 500 ms 和 800 ms 等较长 SOA 条件下的重叠情境。在该情境下,T1 占有趋近 100% 的注意资源量完成其反应选择后 T2 才进入中枢加工器开始其反应选择。这时 T1 开始反应执行,由于反应选择属于主瓶颈,被试会策略性地把绝大部分甚至 100% 的注意资源分配到 T2 上,RT2 迅速加快。而 T1 用于其反应执行的注意资源量非常少,RT1 显著延迟,T2 的反应选择持续时间越长,RT1 越长。这就是本研究中两个实验均发现 RT1 随着 SOA 的延长而延长,随着 SOA 的缩短而缩短的主要原因。从这个意义上讲,两个任务的反应执行阶段确实并非无须注意监控的非瓶颈加工阶段,对 T1 和 T2 的反应执行加工同样需要分配较多的注意资源量且在人的意识控制条件下才能有效完成。中枢加工器对注意资源的调节和支配不仅存在于反应选择阶段,在反应执行甚至在整个认知加工过程中都可能存在,这一点支持 De Jong (1993)、Ulrich 等人(2006)和 Töllner 等人(2012)关于反应执行属于瓶颈加工的观点。当两个任务的反应选择和反应执行重叠后,被试似乎会依据任务是否超出认知加工负荷的极限而策略性地调整注意资源的分配方案,在认知加工模式上也会根据认知加工负荷的极限与可得到的注意资源的多少策略性地采用序列加工或并行加工模式。

随着 T2 完成反应选择开始其反应执行时,T1 的反应执行和 T2 的反应执行重叠,由于二者都为次瓶颈加工阶段,T1 和 T2 的反应执行能够均分注意资源,二者对反应的动作执行速度都会减慢。但当 T1 的反应执行完成后,T2 的反应执行速度接近单任务条件下的加工速度。

4. 重叠情境四:T1 的反应选择和 T2 的知觉加工重叠,主要适合于图 5 中的 Case F 以及更长 SOA 条件下(如 1000 ms 及以上)的重叠情境。在该情境下,T2 的知觉加工对注意资源的需求量很少,二者认知加工的重叠对有限的注意资源不会产生激烈的竞争,T1 将拥有绝大部分甚至 100% 的注意资源进行其反应选择。随着加工的进展,当 T1 的反应执行和 T2 的反应选择重叠后,就出现重叠情境三描述的加工过程,即 T1 的反应执行速度下降,T2 的反应选择和部分反应执行被延迟。

对于 T2 的难度变化对 RT1 的影响这一问题,RSB 模型假设 RT1 始终不会受 T2 难度变化的影响,但 CCS 模型认为 RT1 会显著受 T2 难度变化的影响。本研究两个实验结果都发现当 T2 在字色和字义冲突时的 RT1 要显著慢于一致时的

RT1,这一点验证了本研究关于字色和字义冲突条件下 T2 从 T1 上分享了更多的注意资源以及 T1 和 T2 的加工可以共享有限的注意资源的假设。SOA 同样对 T1 产生了显著的影响,尽管 SOA 和 T2 的难度与复杂度对 T1 的影响相对于 T1 对 T2 的影响来说要小得多,但这种影响实质性的存在,这一点完全符合本研究 CCS 修正模型的预测但拒绝 RSB 模型的假设。

在 T2 上,两个实验结果一致性地表明,随着 SOA 的缩短,RT2 显著延迟,PRP 效应十分显著,这和前人对 PRP 效应的研究结果一致(Pashler,1994b; Tombu & Joliceor,2002,2005; Pashler et al.,2008; Pannebakker et al.,2011),说明 PRP 效应是人类认知加工中的固有限制机制,这种限制机制广泛存在于人类的认知、反应选择以及动作执行系统中。黄琳和葛列众(2001)认为,结构限制、信息干扰和资源竞争是造成双任务操作成绩下降的三个相互独立的因素。结合本研究结果,我们认为,瓶颈的结构限制机制可能是存在的,但在双任务加工中,类似瓶颈性质的调节和制约机制主要反映了人类对多重信息加工能力的限制机制。由于注意资源量的有限性,当两个任务同时需要进行反应选择和反应执行加工时,人总是寻求对有限的注意资源进行最优的分配和共享,一个任务占用更多的注意资源将导致另一任务可获得的注意资源量减少,注意资源量的多寡直接决定了该任务的加工效率,注意资源限制是产生典型 PRP 行为结果的主要原因。

对于认知延迟位置,RSB 模型认为在短的 SOA 条件下,当 T1 进行反应选择时,T2 的反应选择处于暂时的停顿(delay)状态,只有 T1 完成其反应选择后 T2 才能进入瓶颈开始其反应选择,假如实验控制使难度较大的 T2 延长其知觉加工 10 ms,RT2 则不会相应地增加 10 ms,因为复杂的、难度大的 T2 可以充分利用等待瓶颈释放的时间来完成其知觉加工,T2 的难度不影响 RT2 值的大小(图1,瓶颈测试原理3,Pashler,1994a)。而在长 SOA 时,由于 T1 已经完成了反应选择,T2 能顺利得到加工,难度大、知觉加工时间长的 T2 会产生与其难度相应的延迟,这就是 SOA 与 T2 难度间的低加交互(underadditive interaction)效应。RSB 模型最基本的预测是 SOA 和 T2 难度间存在显著的低加交互效应。但本研究两个实验均发现当字色和字义一致时的 RT2 显著快于字色和字义冲突时的 RT2,且 SOA 和 T2 难度不存在交互效应,这一点符合 RSB 模型瓶颈测试原理4(Pashler,1994a)。按照原理4,如果不同难度的 T2 与 SOA 无交互作用,那么各 SOA 条件下 T1 对 T2 的延迟正好处于 T2 的瓶颈或瓶颈后的加工阶段,延迟的时间正好等于 T2 在瓶颈中加工复杂的反应选择所花费的时间,二者具有相加效应(additive effect)。按照瓶颈测试原理4,在本研究中各 SOA 条件下,无论 T1 正在进行反应选择还是反应执行加工,T1 对 T2 的认知延迟主要产生于 T2 的反应选择或反应执行阶段,T1 的反应选择或反应执行对 T2 的反应选择或反应执行产生延迟,同样说明在反应执行阶段仍然可能产生类似瓶颈的制约机制。在短 SOA 条件下,T1 对 T2 延迟的始点产生于 T1 的反应选择阶段,反应选择是主瓶颈,所以在短 SOA 条件下 T1 对 T2 的延迟更多;在长 SOA 条件下,T1 对 T2 延迟的始点产生于 T1 的反应执行阶段,反应执行是次瓶颈,所以长 SOA 条件下 T1 对 T2 的延迟较少。同样,难度较大的 T2 由于知觉加工的延长,T1 和 T2 的反应选择重合较晚,二者反应选择的重叠部分较少,T1 能更快地进入到反应执行阶段,当 T2 的反应选择占用了大量的注意资源时,T1 的反应执行速度大幅下降,因此较难 T2 条件下的 RT1 要显著慢于较简单 T2 条件下的 RT1。

本研究两个实验也一致性地发现了 T1 和 T2 间显著的交互作用,说明 T1 和 T2 的加工相互影响、相互制约,这一点有力地说明 RSB 模型关于双任务加工中只存在 T1 对 T2 的单向干扰,不存在 T1 和 T2 相互干扰的预测是站不住脚的,同时也充分证明了本研究修正模型中关于反应选择和反应执行都属于瓶颈阶段,且两个瓶颈阶段都能同时处理两个或多个刺激的假设。

本研究仅仅检测了在重叠的双任务加工中,两个任务在中枢反应选择和反应执行阶段的相互干扰效应,进一步的研究重在探讨两个任务的知觉加工阶段是否同样需要占用较多的注意资源,即 T2 的知觉加工是否对 T1 各阶段的加工产生显著的影响,以全面揭示双任务干扰的实质。本研究的实验证据对于理解人类自身加工能力的有限性具有非常重要的实际价值,因为在当前人机系统中对机器的设计主要依赖于人类操作能力的水平,更好地理解人类认知和操作能力的限制机制,在机器和程序设计系统中充分利用人工智能具有的强大记忆力、信息的快速搜索和准确的执行能力来辅助人类认知加工和操作能力的不足,以最大限度地提高人类在复杂认知和决策任务中的工作效率。

## 五、结论

1. 在重叠的双任务情境中,T1 的中枢加工导致在 T2 上出现显著的 PRP 效应,T2 的中枢反应选择对 T1 的反应选择和反应执行加工同样产生显著的影响。SOA 以及 T2 的难度与复杂度实质性地影响了 T1 的反应选择和反应执行加工。

2. 当两个任务同时需要进行中枢反应选择加工时,一个任务占用更多的注意资源将导致另一任务获得较少的注意资源,注意资源量的多寡直接决定了该任务的加工效率。

3. 两个任务的加工相互影响、相互制约,这种制约机制不仅仅存在于中枢反应选择阶段,在反应执行阶段仍然存在。

## 参考文献

［1］Appelbaum, L. G. , Boehler, C. N. , Won, R. , et al. Strategic allocation of attention reduces temporally predictable stimulus conflict［J］. Journal of Cognitive Neuroscience, 2012, 24：1834 –1848.

［2］Brown, T. L. , Gore, C. L. , Carr, T. H. . Visual attention and word recognition in Stroop color naming：Is word recognition "automatic"？［J］. Journal of Experimental Psychology：General, 2002, 131：220 –240.

［3］De Jong, R. . Multiple bottlenecks in overlapping task performance［J］. Journal of Experimental Psychology：Human Perception and Performance, 1993, 19：965 –980.

［4］Huang, L. , Ge, L. Z. . Research on the effects of structure limitation and information interference on dual – task performance［J］. Acta Psychologica Sinica, 2001, 33：127 –131.

［5］黄琳, 葛列众. 结构限制和信息干扰对双重作业绩效的影响［J］. 心理学报, 2001 (33)：127 –131.

［6］Lehle, C. , Hübner, R. . Strategic capacity sharing between two tasks：Evidence from tasks with the same and with different task sets［J］. PsychologicalResearch, 2009, 73：707 –726.

［7］Lien, M. C. , Croswaite, K. , Ruthruff, E. . Controlling spatial attention without central attentional resources：Evidence from event – related potentials［J］. Visual Cognition, 2011, 19：37 –78.

［8］Meyer, D. E. , Kieras, D. E. . A computational theory of executive cognitive processes and multiple – task performance：Part I. Basic mechanisms［J］. Psychological review, 1997, 104：3 –65.

［9］Miller, J. , Ulrich, R. , &Rolke, B. . On the optimality of serial and parallel processing in the psychological refractory period paradigm：Effects of the distribution of stimulus onset asynchronies［J］. Cognitive Psychology, 2009, 58：273 –310.

［10］Navon, D. , Miller, J. . Queuing or sharing? A critical evaluation of the single – bottleneck notion［J］. Cognitive Psychology, 2002, 44：193 –251.

［11］Pannebakker, M. M. , Jolicoeur, P. , Van Dam, W. O. , et al. Mental rotation impairs attention shifting and short – term memory encoding：Neurophysiological evidence against the response – selection bottleneck model of dual – task performance［J］. Neuropsychologia, 2011, 49：2985 –2993.

［12］Pashler, H. . Dual – task interference in simple tasks：data and theory［J］. Psychological Bulletin, 1994, 116：220 –244.

［13］Pashler, H. . Graded capacity – sharing in dual – task interference？［J］. Journal of Experimental Psychology：Human Perception and Performance, 1994, 20：330 –342.

［14］Pashler, H. , Johnston, J. C. . Chronometric evidence for central postponement in temporally overlapping tasks［J］. Quarterly Journal of Experimental Psychology, 1989, 41：19 –45.

［15］Pashler, H. , Harris, C. R. , Nuechterlein, K. H. . Does the central bottleneck encompass voluntary selection of hedonically – based choices? ［J］. Experimental Psychology, 2008, 55:313 – 321.

［16］Piai, V. , Roelofs, A. . Working memory capacity and dual – task interference in picture naming［J］. Acta Psychologica, 2013, 142:332 – 342.

［17］Roelofs, A. . Attention and facilitation:converging information versus inadvertent reading in Stroop task performance［J］. Journal of Experimental Psychology:Learning, Memory and Cognition, 2010, 36:411 – 422.

［18］Töllner, T. , Strobach, T. , Torsten, S. T. , et al. The effect of task order predictability in audio – visual dual task performance:Just a central capacity limitation? ［J］. Frontiers in Integrative Neuroscience, 2012, 6:75 – 87.

［19］Tombu, M. , Jolicoeur, P. . All – or – none bottleneck versus capacity sharing accounts of the psychological refractory period phenomenon［J］. Psychological Research, 2002, 66:274 – 286.

［20］Tombu, M. , Jolicoeur, P. . A central capacity sharing model of dual – task performance ［J］. Journal of Experimental Psychology:HumanPerception and Performance, 2003, 29:3 – 18.

［21］Tombu, M. , Jolicoeur, P. . Testing the predictions of the central capacity sharing model ［J］. Journal of Experimental Psychology:Human Perception and Performance, 2005, 31:790 – 802.

［22］Ulrich, R. , Fernandez, S. R. , Jentzsch, I. , et al. Motor limitations in dual – task processing under ballistic movement conditions［J］. Psychological Science, 2006, 17:788 – 793.

［23］Watter, S. , Logan, G. D. . Parallel response selection in dual – task situations ［J］ . Perception & Psychophysics, 2006, 68:254 – 277.

［24］Wu, Y. W. , You, X. Q. . The parallel process of mental rotation in dual – task situation ［J］. Acta Psychologica Sinica, 2007, 39:785 – 794.

［25］吴彦文, 游旭群. 双任务情境下心理旋转的并行加工机制［J］. 心理学报, 2007 (39):785 – 794.

［26］Zhang, J. J. , Lu, A. T. . The automatic activation of phonology and orthography in semantic processing of act pictures［J］. Studies of Psychology and Behavior, 2010, 8:1 – 6.

［27］张积家, 陆爱桃. 动作图片语义加工中语音与字形的自动激活［J］. 心理与行为研究, 2010(8):1 – 6.

注本文曾发表在《心理学报》2014 年第 2 期。

# 信息呈现方式与学习者的个性特征对多媒体环境下学习效果的影响

康　诚　周爱保*

采用两个实验:实验一以陈述性知识为学习内容,实验二以程序性知识为学习内容,在这两种情况下,分别用组间设计探讨信息呈现方式对不同认知风格和空间能力的学习者在多媒体环境下学习效果的影响。结果表明:(1) 认知风格对陈述性知识在多媒体环境下的学习效果产生影响,而选择的多媒体信息呈现方式和被试的空间能力则对其不产生影响;(2) 对于程序性知识的保持,多媒体信息呈现方式和被试认知风格都会对学习效果产生影响,被试空间能力则不会产生影响,而且被试不同的认知风格在不同的多媒体信息呈现方式上会产生不同的影响;(3) 对程序性知识的迁移,多媒体信息呈现方式、被试认知风格和空间能力都会对多媒体环境下的学习效果产生影响,而且被试不同的认知风格和空间能力在不同的多媒体信息呈现方式上都会产生不同的影响。

## 一、引言

多媒体技术的发展为学习提供了新的具有重要潜在优势的学习环境,它能综合言语信息(如解说、文字) 和非言语信息(如动画、表格、图表、视频和背景音乐等) 于一体,生动、直观地反映教学内容,具有信息量大、能动交互、使用范围广的优点。但遗憾的是,现实的教学中出现"为了技术而运用技术"的情况,多媒体课件也往往根据多媒体工具的技术功能进行设计,而没有遵循心理学、教育学原则;往往按照设计者主观意图设计而忽视学习者的心理特点。在这种基础上设计出来的多媒体课件,其教学效果也让人值得怀疑,因此也就无法保证取得良好的教

---

\* 作者简介:康诚,出生于 1978 年,男,甘肃武山人,天水师范学院教师教育学院副教授,主要从事基础心理学研究。

学效果[1,2,3]。

　　空间能力是智能的基本成分,指人们对客体或空间图形(任意维度)在头脑中进行识别、编码、贮存、表征、分解与组合和抽象与概括的能力[4]。它主要包括空间观察能力、空间记忆能力、空间想象能力和空间思维能力等因素。有研究发现空间能力对图形或图像的知觉产生重要的影响,而且空间能力与认知风格存在着交互作用,比如李寿欣、周颖萍认为:在呈现的材料结构复杂(随机情境)的条件下,不同认知方式个体的视空间工作记忆广度存在明显差异,场独立者的视空间工作记忆广度明显高于场依存者;而在呈现的材料有结构(结构简单)的条件下,两者之间不存在显著性差异[5]。Mayer 在她的实验研究[6]中也发现:多媒体效应对于空间能力高的学习者而言较为明显,对于空间能力低的学习者不明显。

　　认知风格实质是个体组织和表征信息时表现出的偏好性的习惯性的方式[7]。场独立者能较快地从复杂图形中找到指定的简单图形,这说明他们的认知改组能力强,而场依存者则不易完成这一操作。在记忆活动中,场独立者对缺乏组织的材料记忆和学习的效果比场依存者要好,场依存者更擅长记忆和学习包含社会性内容的材料。陈琦等在研究多媒体环境下学习相遇问题时发现,场依存性学生和场独立性学生的学习过程不同,学习结果也有差异,场依存性学生的成绩略低于场独立性学生;在只有学习路径支架条件下,场依存性学生在大部分指标上的成绩低于场独立性学生;在有学习路径和解题思路支架的条件下场依存性学生在练习得分、理解水平上可达到与场独立性学生同样的标准,但在远迁移水平上场依存性学生的成绩与场独立性学生有较大差距[8]。

　　从国内外已有的研究来看,个性特征对多媒体环境下学习结果的影响主要集中在认知风格和空间能力两个方面,因此,在本研究中也选择这两个方面进行研究,将其作为个性特征的代表因素,然而,以往的研究没有将多媒体信息的呈现方式、认知风格和空间能力做一个整体的研究,也就没有办法进一步考查它们之间的相互作用。同时,研究主要集中在利用多媒体所进行的程序性知识的学习上,而对多媒体应用于陈述性知识上的研究则相对较少;此外,由于美国计算机和网络的普及率要比中国高出很多,美国的中小学生对计算机技术和多媒体技术的了解程度相应的也要比中国的学生好。那么,在中国的研究会怎样呢?

　　本研究通过实验来初步探讨多媒体学习环境下,对于不同空间能力和认知方式的学习者的学习,信息呈现方式的最优组合,同时对多媒体学习的基本规律做一简单的概括,以便一线教师在制作多媒体课件,使用多媒体教学时能够考虑到学习者的个性特质和个体差异。这为我们设计多媒体教学软件,以及在教学中应用多媒体教学软件提供了指导。

## 二、研究工具及方法

### （一）被试

首先在某中学选取高中二年级学生 600 人接受认知风格和空间能力测验,然后将认知风格测验得分大于平均分数 13.1 的被试认为属于场独立型,而将认知风格测验得分小于平均分数 13.1 的被试认为属于场依存型。对于空间能力测验仍然依据此分类标准,将得分大于平均分数 13.6 的被试认为具有高的空间能力,而将得分小于平均分数 13.6 的被试认为具有低的空间能力。这样根据认知风格（场独立、场依存）和空间能力（高、低）两两组合,就可以将被试分为高空间能力场独立型、高空间能力场依存型、低空间能力场独立型、低空间能力场依存型四种,分别记作 A1 型、A2 型、A3 型、A4 型。根据实验设计,最终选择 A1 型、A2 型、A3 型、A4 型各 50 人接受以后的实验处理,共计 200 人,但在正式实验中有两份测验是无效的,故最终只有 198 名被试,其中男生 107 名,占 54 %,女生 91 名,占 46 %;最大年龄 19 岁,最小年龄 15 岁,平均年龄 16.80 岁。

### （二）测量工具

认知风格的测量　采用北京师范大学心理系修订的"镶嵌图形测验"（GEFT）[5]来测量被试的场认知方式。GEFT 的信度为 0.90,效度为 0.49（以棒框测验成绩为效标测量）。该测验共分三个部分:第一部分为练习共 9 道题;第二、第三部分为正式测验各有 10 道题。每道题下面都标出了要找出的简单图形的号码,要求被试尽快找出隐蔽在复杂图形中的指定的简单图形。第二部分、第三部分满分均为 10 分,共 20 分,得分越高表明场独立性越强。

空间能力的测量　根据周珍和郑翔则编制的空间能力测验,经过心理学专家和中学一线教师的评定,修改或删去一些不符和中学生心理和智力发展水平的题目,最后测验初步设定为 14 道题目。主要是:折叠、展开、旋转、图形识别四个方面[9,10]。经过预测,删除测验中得分率非常低（仅为 3.5%）的第 12 题,删除量表中得分率非常高（为 90.4%）的第 7 题这样最后得到的测验共计 12 道题,24 个填充或者选择空,答对每空计 1 分,共 24 分。得分越高说明空间能力越强。分半信度系数 $r = 0.68$,测验项目的题总相关 $0.63 \leqslant r \leqslant 0.84$。另外有研究表明[11],中学生的数学成绩与空间能力有较高的相关,因此在一定程度上数学成绩能够说明空间能力的水平,结果显示该量表与被试的数学成绩之间的相关 $r = 0.74$,这说明该量表具有较高的信度和效度。

### （三）实验材料

实验一的材料为陈述性知识,在本实验中采用一段有关于日本地理、气候和文化的内容;实验二的材料为程序性知识,在本实验中采用高中物理学电磁感应以及楞次定律原理的多媒体课件。多媒体课件均从网上下载后做了某些方面的修改。实验一结束后,让被试完成陈述性知识的测验,将测验成绩作为学习效果的指标,也即实验的因变量,测试内容主要包括符号、概念和命题以及命题网络。实验二结束后,将测试结果作为学习效果的指标,也即实验的因变量。测试可以分为两部分,第一部分是对知识的回忆,也即知识保持的结果;第二部分是对知识的运用,也即知识迁移的结果。

所谓陈述性知识主要指描述"是什么"的知识,它主要用命题和概念来表征,实验一中所选的有关日本地理方面的知识就属于这一类;而程序性知识则只要回答"怎么办"的问题,主要用产生式和产生式系统来表征[12 p.90]。程序性知识的学习一般可以分为三个阶段,第一阶段与成熟性知识相同,即知道某一规则或能陈述某一规则,所以,程序性知识学习的第一阶段学习是陈述性知识,也就是说程序性知识学习的前身是陈述性知识;第二阶段是通过应用规则的变式练习,使规则的陈述性形式向程序性形式转化;第三阶段是规则完全支配人的行为,达到相对自动化的程度[12 p.93]。后两个阶段可以认为是对程序性知识的运用,前一个阶段即为对程序性知识的保持,实验二的测验也是按这种方式来设计的。

在实验材料的选取过程中,首先请高中地理和物理高级教师各 2 名,通过认真筛选,主要考虑高中二年级学生的可接受水平,但又是他们此前没有学习过的知识。然后请 4 名心理学专家对实验材料是否能够代表陈述性知识和程序性知识进行 5 点量表评定,结果陈述性知识得分为 4.0,程序性知识得分为 4.3,专家一直认为所选内容可以较好地代表陈述性知识和程序性知识,而且与此同时,专家还将本实验的程序性材料与 Mayer 的经典实验中所选用的气筒工作原理的材料加以对比,认为一致性非常好。对于测验项目的确定,同样先从内容的代表性上考虑,请 4 位高级教师分别根据该学习内容,选择最能代表这部分内容的项目各60 个,然后再请心理学专家从陈述性和程序性知识的考察角度加以评定,经过修改,最后确定最能代表陈述性知识的项目 15 个(30 空),共计 30 分;最能代表程序性知识保持的项目 5 个(16 空),共计 16 分;最能代表程序性知识迁移的项目 13个(15 空),共计 15 分。经过以上过程,便可以保证测验的信度和效度。

(四)实验程序

两实验均采用被试间设计,由于实验中的认知风格和空间能力两个变量均为被试变量,通过上面的认知风格和空间能力测验即可实现对其分类,然后分别将四种类型的被试随机地分为 5 组,也即每组40 人,其中 A1 型、A2 型、A3 型、A4 型各 10 人。让这 5 组分别接受不同信息呈现方式(文字、文字 + 图、解说、解说 +

图、文字 + 解说 + 图）的多媒体教学,学习内容分别为有关日本地理、气候和文化的知识(代表陈述性知识)和有关电磁感应以及楞次定律的知识(代表程序性知识)。内容均用基于计算机的多媒体课件呈现(课件另附),采用在多媒体环境下的自主学习。学习结束后开始测验学习者对知识的保持和迁移能力。

试验一和实验二之间的逻辑是这样的:信息加工心理学将知识分为陈述性知识和程序性知识,实验一是考查陈述性知识在多媒体环境下的学习效果,实验二进一步考查程序性知识在多媒体环境下的学习效果。

所有数据均采用 SPSS 13.0 for Windows 统计软件包进行数据分析。

### 三、实验一

本实验采用5(信息呈现方式:文字、文字 + 图、解说、解说 + 图、文字 + 解说 + 图）×2（认知风格:场独立、场依存）×2（空间能力:高、低）的被试间设计。

(一)信息呈现方式、认知风格和空间能力对陈述性知识学习效果的方差分析

对于不同认知风格和空间能力的学习者,在不同的多媒体组合信息呈现方式环境下,以学习者的回忆与再认测验成绩,也即对知识的保持量为因变量,进行多因素方差分析。

**表1　呈现方式的描述统计**

| 类型 | 人数 | 均值 | 标准差 | 标准误 | 最小值 | 最大值 |
|---|---|---|---|---|---|---|
| 文字 | 40 | 20.85 | 4.13 | 0.66 | 11.00 | 28.00 |
| 图 + 解说 | 39 | 20.89 | 3.43 | 0.56 | 12.00 | 27.00 |
| 图 + 文字 | 40 | 21.43 | 3.60 | 0.55 | 13.00 | 29.00 |
| 解说 | 40 | 21.13 | 3.78 | 0.60 | 11.00 | 26.00 |
| 图 + 解说 + 文字 | 39 | 21.05 | 4.12 | 0.66 | 13.00 | 27.00 |

**表2　认知风格的描述统计**

| 认知风格 | 人数 | 均值 | 标准差 | 标准误 | 最小值 | 最大值 |
|---|---|---|---|---|---|---|
| 场依存 | 100 | 20.26 | 4.17 | 0.42 | 11.00 | 29.00 |
| 场独立 | 98 | 21.89 | 3.18 | 0.32 | 13.00 | 28.00 |

**表3　空间能力的描述统计**

| 空间能力 | 人数 | 均值 | 标准差 | 标准误 | 最小值 | 最大值 |
|---|---|---|---|---|---|---|
| 低 | 99 | 3.49 | 1.26 | 0.13 | 1.00 | 8.00 |
| 高 | 99 | 4.83 | 1.43 | 0.14 | 2.00 | 8.00 |

经方差分析表明,认知风格的主效应显著,$F(1,178) = 9.66, p < 0.01$;信息呈现方式类型的主效应不显著, $F(4,178) = 0.72, p > 0.05$;空间能力的主效应不

显著，$F(1,178)=0.20,p>0.05$；信息呈现方式与认知风格的交互作用不显著，$F(4,178)=1.00,p>0.05$；信息呈现方式与空间能力的交互作用不显著，$F(4,178)=0.75,p>0.05$；认知风格和空间能力的交互作用不显著，$F(1,178)=0.06,p>0.05$；信息呈现方式、认知风格和空间能力的交互作用也不显著，$F(4,178)=1.17,p>0.05$。

#### 四、实验二

本实验采用5（信息呈现方式：文字、文字＋图、解说、解说＋图、文字＋解说＋图）×2（认知风格：场独立、场依存）×2（空间能力：高、低）的被试间设计。

（一）信息呈现方式、认知风格和空间能力对程序性知识保持效果的方差分析

以高中物理学当中的电磁感应及楞次定律作为程序性知识的特例，以知识的保持结果为测验内容，也即对程序性知识的陈述性掌握，主要考察学习者对相关概念的记忆和再认效果。用方差分析的方法探讨不同的多媒体信息呈现方式对不同认知风格和空间能力的学习者的影响。

表4  信息呈现方式的描述统计

| 信息呈现方式 | 人数 | 均值 | 标准差 | 标准误 | 最小值 | 最大值 |
|---|---|---|---|---|---|---|
| 文字 | 40 | 6.46 | 2.39 | 0.38 | 3.00 | 13.00 |
| 图＋解说 | 39 | 4.82 | 1.16 | 0.19 | 2.00 | 7.00 |
| 图＋文字 | 40 | 9.90 | 3.60 | 0.56 | 4.00 | 16.00 |
| 解说 | 40 | 5.20 | 1.22 | 0.19 | 2.00 | 7.00 |
| 图＋解说＋文字 | 39 | 7.92 | 1.97 | 0.31 | 4.00 | 12.00 |

经方差分析表明，对于程序性知识的陈述性掌握，也即对知识的保持，信息呈现方式类型的主效应非常显著，$F(4,178)=31.04,p<0.001$；认知风格的主效应显著，$F(1,178)=31.77,p<0.001$；空间能力的主效应不显著，$F(1,178)=0.56,p>0.05$。信息呈现方式与认知风格的交互作用显著，$F(4,178)=6.38,p<0.001$；信息呈现方式与空间能力的交互作用不显著，$F(4,178)=0.50,p>0.05$；认知风格和空间能力的交互作用不显著，$F(1,178)=0.51,p>0.05$；信息呈现方式、认知风格和空间能力的交互作用也不显著，$F(4,178)=0.03,p>0.05$。

1. 信息呈现方式的多重比较

由于信息呈现方式类型的主效应非常显著，$F(4,178)=31.04,p<0.001$。因此，对信息呈现方式这一自变量进行多重比较（LSD）。

表5　信息呈现方式的多重比较

| (I)类型 | (J)类型 | 均值的差异 | 标准误 | P值 |
|---|---|---|---|---|
| 文字 | 图+解说 | 1.65 | 0.46 | *** |
| | 图+文字 | -3.44 | 0.45 | *** |
| | 解说 | 1.26 | 0.45 | ** |
| | 图+解说+文字 | -1.46 | 0.45 | ** |
| 图+解说 | 图+文字 | -5.09 | 0.45 | *** |
| | 解说 | -0.38 | 0.45 | 0.40 |
| | 图+解说+文字 | -3.11 | 0.46 | *** |
| 图+文字 | 解说 | 4.71 | 0.44 | *** |
| | 图+解说+文字 | 1.98 | 0.45 | *** |
| 解说 | 图+解说+文字 | -2.72 | 0.45 | *** |

注:**$p<0.01$,***$p<0.001$,下同.

经多重比较表明,文字与图+解说、文字与图+文字、图+解说与图+文字、图+解说与图+解说+文字、图+文字与解说、图+文字与图+解说+文字以及解说与图+解说+文字之间都存在非常显著的差异$p<0.001$;文字与解说、文字与图+解说+文字之间存在显著的差异$p<0.01$。而图+解说与解说之间则不存在差异。

2. 信息呈现方式与认知风格的交互作用分析

信息呈现方式与认知风格的简单效应分析显示,对图+解说与图+文字这两种呈现方式来说,场独立的个体和场依存的个体在程序性知识的保持上存在显著差异;对文字、解说与图+解说+文字这三种呈现方式来说,场独立的个体和场依存的个体在程序性知识的保持上不存在显著差异。

表6　认知风格对信息呈现方式的
简单效应分析表

| 变异来源 | 平方和 | 自由度 | 均方 | F值 | P值 |
|---|---|---|---|---|---|
| 风格在类型(文字) | 24.81 | 1 | 24.81 | 3.62 | 0.06 |
| 风格在类型(图+解说) | 63.74 | 1 | 63.74 | 9.29 | ** |
| 风格在类型(图+文本) | 300.79 | 1 | 300.79 | 43.83 | *** |
| 风格在类型(解说) | 2.93 | 1 | 2.93 | 0.43 | 0.51 |
| 风格在类型(图+解说+文本) | 0.01 | 1 | 0.01 | 0.00 | 0.97 |
| Residual(误差) | 1317.50 | 192 | 6.86 | | |

(二)信息呈现方式、认知风格和空间能力对程序性知识迁移效果的方差分析

以高中物理学当中的电磁感应及楞次定律作为程序性知识的特例,以知识运用和解决新问题为测验内容,对程序性知识的迁移进行测验,主要考察学习者对

相关原理的应用。用方差分析的方法探讨不同的多媒体信息呈现方式对不同认知风格和空间能力的学习者对程序性知识应用的影响。

表7  信息呈现方式的描述统计

| 信息呈现方式 | 人数 | 均值 | 标准差 | 标准误 | 最小值 | 最大值 |
|---|---|---|---|---|---|---|
| 文字 | 40 | 4.18 | 1.64 | 0.26 | 2.00 | 8.00 |
| 图+解说 | 39 | 3.92 | 1.46 | 0.24 | 2.00 | 8.00 |
| 图+文字 | 40 | 4.86 | 1.42 | 0.22 | 2.00 | 8.00 |
| 解说 | 40 | 3.73 | 1.43 | 0.23 | 1.00 | 7.00 |
| 图+解说+文字 | 39 | 4.08 | 1.37 | 0.22 | 2.00 | 7.00 |

经方差分析表明,对于程序性知识的应用,也即对知识的迁移,信息呈现方式类型的主效应显著,$F(4,178)=3.74,p<0.01$;认知风格的主效应非常显著,$F(1,178)=13.92,p<0.001$;空间能力的主效应非常显著,$F(1,178)=35.72,p<0.001$。信息呈现方式与认知风格的交互作用显著,$F(4,178)=2.75,p<0.05$;信息呈现方式与空间能力的交互作用非常显著,$F(4,178)=6.15,p<0.001$;认知风格和空间能力的交互作用不显著,$F(1,178)=0.001,p>0.05$;信息呈现方式、认知风格和空间能力的交互作用显著,$F(4,178)=2.69,p<0.05$。

1. 信息呈现方式的多重比较

信息呈现方式、认知风格和空间能力对程序性知识保持效果的方差分析表明,对于程序性知识的迁移,信息呈现方式类型的主效应非常显著,$F(4,178)=31.04,p<0.001$。因此,对信息呈现方式这一自变量进行多重比较(LSD)。

表8  信息呈现方式的多重比较

| (I)类型 | (J)类型 | 均值的差异 | 标准误 | P值 |
|---|---|---|---|---|
| 文字 | 图+解说 | 0.26 | 0.27 | 0.34 |
| | 图+文字 | -0.68 | 0.26 | * |
| | 解说 | 0.46 | 0.27 | 0.09 |
| | 图+解说+文字 | 0.10 | 0.27 | 0.70 |
| 图+解说 | 图+文字 | -0.94 | 0.27 | ** |
| | 解说 | 0.20 | 0.27 | 0.47 |
| | 图+解说+文字 | -0.16 | 0.27 | 0.57 |
| 图+文字 | 解说 | 1.13 | 0.26 | *** |
| | 图+解说+文字 | 0.78 | 0.26 | ** |
| 解说 | 图+解说+文字 | -0.35 | 0.27 | 0.17 |

在多媒体环境下对程序性知识的自主学习中,信息呈现方式的多重比较表明,文字与图+文字之间存在差异$p<0.05$,图+文字与图+解说之间存在显著的差异$p<0.01$,图+文字与解说之间存在非常显著的差异$p<0.001$,图+文字与图+解说+文字之间也存在显著的差异;其它的呈现方式之间都不存在显著

的差异。

2. 信息呈现方式与认知风格的交互作用分析

信息呈现方式与认知风格的简单效应分析显示,多媒体环境下的自主学习,在原理性知识的迁移方面,对文字、图＋解说与解说这三种呈现方式来说,场独立的个体和场依存的个体在程序性知识的保持上存在显著差异;对图＋文字与图＋解说＋文字这两种呈现方式来说,场独立的个体和场依存的个体在程序性知识的保持上不存在显著差异。

表9　认知风格对信息呈现方式的
简单效应分析表

| 变异来源 | 平方和 | 自由度 | 均方 | F 值 | P 值 |
|---|---|---|---|---|---|
| 风格在类型(文字) | 19.47 | 1 | 19.47 | 9.83 | ** |
| 风格在类型(图＋解说) | 12.29 | 1 | 12.29 | 6.21 | * |
| 风格在类型(图＋文本) | 5.59 | 1 | 5.59 | 2.82 | 0.09 |
| 风格在类型(解说) | 20.05 | 1 | 20.05 | 10.13 | ** |
| 风格在类型(图＋解说＋文本) | 6.38 | 1 | 6.38 | 3.22 | 0.08 |
| Residual(误差) | 380.60 | 192 | 1.98 | | |

注: * $p < 0.05$, ** $p < 0.01$.

3. 信息呈现方式与空间能力的交互作用分析

信息呈现方式与空间能力的简单效应分析显示,多媒体环境下的自主学习,在原理性知识的迁移方面,对文字、图＋解说与图＋文字这三种呈现方式来说,场独立的个体和场依存的个体在程序性知识的保持上存在显著差异;对解说与图＋解说＋文字这两种呈现方式来说,场独立的个体和场依存的个体在程序性知识的保持上不存在显著差异。

表10　空间能力对信息呈现方式
的简单效应分析表

| 变异来源 | 平方和 | 自由度 | 均方 | F 值 | P 值 |
|---|---|---|---|---|---|
| 能力在类型(文字) | 35.43 | 1 | 35.43 | 20.91 | *** |
| 能力在类型(图＋解说) | 31.35 | 1 | 31.35 | 18.50 | *** |
| 能力在类型(图＋文本) | 47.09 | 1 | 47.09 | 28.27 | *** |
| 能力在类型(解说) | 0.18 | 1 | 0.18 | 0.10 | 0.75 |
| 能力在类型(图＋解说＋文本) | 3.99 | 1 | 3.99 | 2.35 | 0.13 |
| Residual(误差) | 325.38 | 192 | 1.69 | | |

4. 信息呈现方式、认知风格和空间能力的交互作用分析

从信息呈现方式、认知风格和空间能力的交互作用图可以看出,除了在图+解说+文字信息呈现的多媒体环境下,被试变量认知风格和空间能力不存在交互作用之外,在其他4种信息呈现方式下,被试变量认知风格和空间能力都存在交互作用,如图1所示。

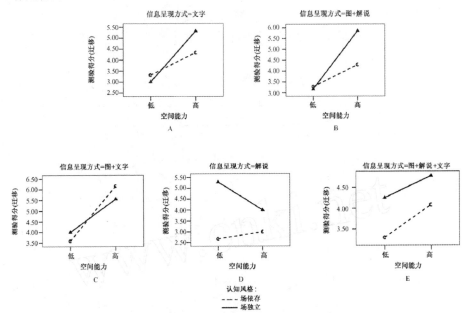

图1　信息呈现方式、认知风格和空间能力的交互作用图

## 五、讨论

### (一)信息呈现方式、认知风格和空间能力对陈述性知识学习效果的影响

由于信息呈现方式的不同,会对不同类型知识的学习产生不同的影响。实验研究表明,不同的信息呈现方式对陈述性知识的学习效果并不会产生显著的影响。这一结果与 De Westelinck 和 Valcke[13] 等人对一些关于社会科学方面的知识的研究结果是一致的。

同时实验研究还表明,场独立型的学习者在多媒体环境下对陈述性知识的学习成绩显著的高于场依存型的学习者,也就是说与场依存型的学习者相比,场独立型的学习者更适合在多媒体环境下学习陈述性知识;但是,不同空间能力的学习者在多媒体环境下对陈述性知识的学习成绩不存在显著性差异。这是因为场独立者能较快地从复杂图形中找到指定的简单图形,这说明他们的认知改组能力强,而场依存者则不易完成这一操作。在记忆活动中,场独立者对缺乏组织的材料记忆和学习的效果比场依存者要好。对认知风格的这一理解非常好地解释了与场依存型的学习者相比,场独立型的学习者更适合在多媒体环境下对于陈述性知识的学习,陈琦、吴洪健的研究[8]也支持这一观点,认为从总体上看,场依存型学习者在大部分指标上的成绩低于场独立型学习者。同时 Mayer 和 Massa 在研究[14]中也发现,认知风格在很大程度上影响着听觉或者视觉的认知加工过程,因此也就是多媒体环境下学习效果重要的影响因素。

然而,尽管在很多关于多媒体环境下学习效果的研究中都发现,空间能力是影响学习效果的一个非常重要的因素,但是在本研究当中我们并没有发现一致的结论,这主要是因为两者之间所呈现的学习内容不同所导致的,因为,早期 Mayer 的多媒体学习的生成理论主要是应用在自然科学领域,也既主要应用在程序性知识方面,而没有在陈述性知识的学习中得到进一步的检验,这同样也说明这种条件下的学习也不需要过大的智力负荷[14],而空间能力恰恰被认为是认知能力非常重要的一个方面[15]。

(二)信息呈现方式、认知风格和空间能力对程序性知识保持效果的影响

在多媒体环境下,对于程序性知识的保持。经研究发现,不同的信息呈现方式对学习者程序性知识的保持会产生不同的影响,经检验,在 5 种不同的多媒体信息呈现方式中图 + 文字组对于程序性知识的保持最好。同时研究还发现,在信息呈现方式不变的情况下,不同认知风格的学习者对程序性知识的保持会产生不同的影响,场独立型的学习者对程序性知识的保持(回忆和再认)效果要明显的好于场依存型的学习者;而且信息的不同呈现方式会对不同认知风格的学习者产生不同的影响。

这一结果与 Mayer 和 Anderson 的研究结果[16]相吻合,也就是说只有当图片和文字在时间上具有同时性和在空间上相邻时,才能使得学习者的图像加工与言语加工两个通道建立起联系,才能提高学习者的学习效果,这与多媒体学习的生成理论是一致的。后来,Jones 和 Plass 的研究[17],以及陶云和申继亮的研究[18]也发现了同样的结果。而至于为什么图 + 解说方式呈现时,其学习效果不如图 + 文字的呈现方式,那是因为听觉和视觉两个通道加工信息的个人偏好或者是加工的水平不同所致,或者是学习时的信息呈现方式与测验时的信息呈现方式不匹配等问题,比如听觉的学习用视觉的测验。

在本实验研究中发现,学习者空间能力的主效应不显著,这与以前的研究并不一致,Plass 等人[19]认为在多媒体环境下,学习者的空间能力会对学习产生重要的影响,能力高的学习者比能力低的学习者学习成绩好。这是因为在程序性知识的学习中,我们将程序性知识的学习效果用两个方面的指标来衡量,其一是程序

性知识的陈述性掌握,主要采用对程序性知识回忆和再认来测量,也即学习的保持;第二是程序性知识在解决问题当中的应用,主要采用对程序性知识迁移来测量,也即学习的迁移。在这一部分当中,我们将学习者对陈述性知识的保持量作为学习效果的指标,来探讨信息呈现方式、认知风格和空间能力等因素对保持的影响,这种知识的学习和测验与程序性知识的迁移既有区别又有联系,同时在测验方式上又与前一实验中对陈述性知识的测验方法相同,主要考察学习者对知识的识记程度,属于对程序性知识浅层次学习效果的考察。也就是说,学习者并不一定能够运用所学到的原理解决实际问题,但是他完全可以首先记住原理或概念的表述,这又与陈述性知识的学习有些相似。正因为如此,实验研究表明不同空间能力的学习者在多媒体环境下对程序性知识保持的学习成绩不存在显著差异,高空间能力的学习者并不一定比低空间能力的学习者更适合多媒体环境下对于程序性知识的保持。

(三)信息呈现方式、认知风格和空间能力对程序性知识迁移效果的影响

在多媒体环境下,对于程序性知识的学习。研究发现,不同的信息呈现方式之间存在显著的差异,在 5 种不同的多媒体信息呈现方式中,,图 + 文字组对于程序性知识原理的迁移最好。同时研究还发现,不同认知风格的学习者对程序性知识的迁移会产生不同的影响,场独立型的学习者对原理性知识的应用效果优于场依存型的学习者,也就是说对原理的应用和解决新问题的效果要好;空间能力的主效应显著,不同空间能力的学习者对程序性知识的迁移会产生不同的影响,空间能力高的学习者对原理性知识的学习效果优于空间能力低的学习者。

对于不同的信息呈现方式之间存在显著的差异,非常容易用 Mayer 的多媒体学习的生成理论来解释,也就是说只有当图片和文字或者解说在时间上具有同时性和在空间上相邻时,才能使得学习者的图像加工与言语加工两个通道建立起联系,才能提高学习者的学习效果。而至于为什么图 + 解说方式呈现时,其学习效果不如图 + 文字的呈现方式,是因为听觉和视觉两个通道加工信息的个人偏好或者是加工的水平不同所致,或者是学习时的信息呈现方式与测验时的信息呈现方式不匹配等问题,比如听觉的学习用视觉的测验。Tabbers 等人在对多媒体的描述信息进行研究时也发现,用听觉通道呈现时学习者在保持和迁移方面的成绩都低于用视觉通道呈现时的成绩[20]。

不同认知风格之间的差异,研究者 Cronbach[21] 和 Kush[22] 经过验证认为,场独立性个体的优势主要表现在其具有成熟的元认知能力,而这种元认知能力在程序性知识的学习中是至关重要的,因此,不同认知风格的学习者对程序性知识的迁移就会产生不同的影响;不同空间能力之间的差异,则是因为空间能力低的学

习者在记忆中保持和操纵视觉表征时可能会感到更为困难,因为他们不易于从邻近呈现的视觉和言语材料中获益;与之相反,空间能力高的学习者更善于在记忆中灵活地保持和操纵视觉表征,因而他们更易于从邻近呈现的视觉材料中获益。Mayer 在她的实验研究中[6]同样发现:多媒体效应对于空间能力高的学习者而言较为明显,对于空间能力低的学习者不明显。而对于认知风格和空间能力交互作用,则认为是由于学习者个体的能力和他们所偏好的加工方式不同而引起的,这也与李寿欣、周颖萍的研究结果基本一致[5]。这一点也正好说明了为什么在陈述性知识的学习过程中和程序性知识的保持方面认知方式与空间能力的交互作用并不显著,正像李寿欣和周颖萍的发现一样,一个是在呈现材料复杂的条件下,而另一个则是在呈现材料简单的条件下。

最后,至于为什么图 + 解说 + 文字的学习效果不如图 + 文字的学习效果好,那是因为个体的工作记忆容量是有限的,当需要学习者注意的信息过多时,就会产生认知超载,这时,有些信息则会被丢失,在图形或者动画之间建立联系的过程可能受到破坏,这样将会对学习效果产生严重的影响,以至于影响学习者在保持测验和问题解决测验中的表现。这些结果与 Mayer 和 Jackson 的研究结果是一致的[23]。

### 六、研究的局限

虽然我们的研究得出了一些有意义的结论,但是在实验的进行和在实验结果的分析过程中也都发现了一些局限,在此一并提出,以便在以后的研究中借鉴和克服。

首先是被试量少,由于本实验过程比较复杂,而且花费时间比较多,为了尽量减小对正常教学的影响,获得学校领导和老师的支持,所以只选择被试 200 人,这样得到的实验结果可能不够稳定。

其次,就是在选择多媒体教学内容时,选择日本地理、气候和文化的内容作为陈述性知识的代表,尽管经过了专家的评定,但是由于以前没有这方面的研究,所以无法进行对比,结果可能因为学习内容的代表性不强或是内容比较简单,致使学习者在测验中的得分普遍偏高,这或许可能会导致信息呈现方式的主效应不显著,关于这一点还需要进行进一步的研究。

### 七、结论

(1)认知风格对陈述性知识在多媒体环境下的自主学习效果产生影响,而选择的多媒体信息呈现方式和被试的空间能力则不会产生影响,也即多媒体环境下的自主学习中,学习者的认知风格是影响学习效果的主要因素。

(2) 对于程序性知识的保持,多媒体信息呈现方式和被试认知风格都会对自主学习效果产生影响,被试空间能力则不会产生影响,而且被试不同的认知风格在不同的多媒体信息呈现方式上会产生不同的影响。

(3) 对程序性知识的迁移,多媒体信息呈现方式、被试认知风格和空间能力都会对多媒体环境下的自主学习效果产生影响,而且被试不同的认知风格和空间能力在不同的多媒体信息呈现方式上都会产生不同的影响。

## 参考文献

[1] 贾锋,于龙. 在课堂教学中应用多媒体课程资源的研究报告[J]. 中国电化教育,2007 (1):64－66.

[2] 周德学. 多媒体技术与中学物理教学的整合[D]. 武汉:华中师范大学. 2006.

[3] 刘文昌. 多媒体视听要素对高中学生识记水平影响的研究[D]. 南昌:江西师范大学硕士学位论文. 2006:1－2.

[4] 李洪玉,林崇德. 中学生空间认知能力结构的研究[J]. 心理科学,2005,28 (2):269－271.

[5] 李寿欣,周颖萍. 个体认知方式与材料复杂性对视空间工作记忆的影响[J]. 心理学报,2005,38 (4):523－531.

[6] Mayer R E,Sims V K. For whom is a picture worth a thousand words? Extensions of a dual－coding theory of multimedia learning[J]. Journal of Educational Psychology,1994,86(3):389－401.

[7] Riding R J,Rayner S G. 认知风格与学习策略[M]. 庞国维,译. 上海:华东师范大学出版社,2003:7－8.

[8] 陈琦,吴洪健. 在建构性多媒体学习环境中教学支架和认知方式对小学生应用题学习的影响[C]. 中国心理学会. 第九届全国心理学学术会议文摘选集,2001:94－95.

[9] 周珍. 中学生空间图形认知能力发展性别差异研究[J]. 数学教育学报,2001,10 (4):93－95.

[10] 郑翔等. 几何教学与空间想象能力关系的调查研究[J]. 数学教育学报,2005,14 (3):40－43.

[11] 谢茜,陈月兰. 初中生的空间能力与数学成绩·性别的关系[J]. 上海中学数学,2006,9:12－13.

[12] 皮连生. 教育心理学[M]. 上海:上海教育出版社,2004:90－93.

[13] De Westelinck K,Valcke M,De C B,et al. Multimedia learning in social sciences:limitations of external graphical representations[J]. Computers in Human Behavior,2005,21 (4):555－573.

［14］Mayer R E,Massa L J. Three facets of visual and verbal learners:Coginitive ability,cognitive style,and learning preference[J]. Journal of Educational Psychology,2003,95（4）:833 – 841.

［15］Carroll J B. Human cognitive abilities[M]. New York:Cambridge University Press,1993:113 – 115.

［16］Mayer R E,Anderson R B. The instructive animation:helping students build connections between words and pictures in multimedia learning[J]. Journal of Educational Psychology,1992 ,84（1）:444 – 452.

［17］Jones L C,Plass J L. Supporting listening comprehension and vocabulary acquisition in French with multimedia annotations[J]. Modern Language Journal,2002,86（4）:546 – 561.

［18］陶云,申继亮. 不同呈现方式和难度影响图文课文即时加工的研究[J]. 心理学探新, 2003 , 86（2）:26 – 29.

［19］Plass J L,Mayer R E,Leutner et al. Cognitive load in reading a foreign language text with multimedia aids and the influence of verbal and spatial abilities[J]. Computers in Human Behavior,2003,19（2）:221 – 243.

［20］Tabbers H K,Martens R L, Van Merrienboer Jeroen J G. Multimedia instructions and cognitive load theory:effects of modality and cueing[J]. British Journal of Educational Psychology,2004,74（1）:71 – 81.

［21］Cronbach L J. Essentials of psychological testing. 5th ed[M]. Hillsdale,New York:Harper &row,1990:206 – 218.

［22］Kush J C. Field – dependence,cognitive ability and academic achievement in Anglo American and Mexican American students[J]. Cross Cultural Psychology,1996,27（5）:561 – 575.

［23］Mayer R E,Jackson J. The case for coherence in scientific explanations:quantitative details can hurt qualitative understanding[J]. Journal of Experimental Psychology:Applied,2005,11（1）:13 – 18.

注:该论文原发表于《心理发展与教育》2009 年第一期

# 超文本与线性文本中元理解判断的比较

谢继红　刘华山　吴　鹏*

通过实验考查超文本和线性文本情境中元理解判断的异同。采用 $2 \times 3$ 的混合设计,让被试先阅读文章,然后完成元理解判断任务。结果说明,文本组织结构对细节题成绩预测和推理题成绩预测的判断值具有调节作用,超文本的非线性结构降低了元理解判断的相对准确性。

## 一、引言

元理解判断(监测)是指对文本材料学习后的理解程度判断,或对随后测验成绩的预见性判断(Maki,Shields,Wheeler,& Zacchilli,2005),通常使用被试对文本材料理解程度的评估或随后测验成绩的预测来测量。元理解判断的准确性分为绝对准确性(absolute accuracy)和相对准确性(relative accuracy)(陈功香,傅小兰,2004)。绝对准确性反映了判断值和实际测验成绩值之间的匹配程度,通常用学习判断值和实际测验成绩之间的离差分数来测量(Metcalfe,1998)。相对准确性采用元理解判断值和随后测验成绩的相关系数表示( Thiede,Anderson,& Therri-ault,2003)。通常使用的指标是 Gamma 系数(Nelson,Narens,& Dunlosky,2004),其取值范围在 $[+1, -1]$,数值越大表明判断的准确性越高,数值越小说明准确性越低。

超文本是按照信息之间的关系非线性地存储、组织、管理和浏览信息的计算机技术(Bellamy,1999;连纯华,2010),它也可以看作是一种文档的组合,该组合中

---

* 作者简介:谢继红,出生于 1976 年,男,甘肃甘谷人,天水师范学院教师教育学院副教授、博士、主要从事发展与教育心理学研究。

包含超链接,通过超链接,可以从文本的某一部分信息跳转到另一部分进行学习(DeStefano & LeFevre,2007)。超文本环境具有如下特征。第一,信息组织的非线性(Khalifa & Lam,2002)。超文本存储信息或数据的单元叫节点,节点之间以非线性的方式连接在一起,并能通过超链接访问。非线性是与传统文本中连续的直线式方式组织信息相对而言的。第二,信息获取的自由性。超文本中,个体可以按照自己的意愿随意选择任何一部分信息(节点)进行阅读或学习,并能控制学习的进程和深度。和超文本不同的是,学习媒介对信息的组织可以是线性的,即信息按照直线式的先后次序组织和呈现。比如在印刷的纸质媒介或电脑屏幕显示的 Word 文档上,信息是按照内容顺序和页码次序安排的。这种线性与非线性不同的信息组织叫文本组织结构,分别称为线性结构和非线性结构(张智君,任衍具,宿芳,2004)。

超文本环境下,成功学习的基础是个体能够有效调节自己的认知过程,而进行有效自我调节的前提,取决于元认知判断(包括元理解判断)的准确性(Azevedo,Moos,Johnson,& Chauncey,2010)。此外,很多自我调节学习理论指出,元认知监测(metacognitive monitoring)是自我调节学习的关键(key)(Butler & Winne,1995;Winne,1997)。自我调节学习中的目标设置、学习策略选择、任务执行状况的感知等重要环节及其相互之间的协作,都要经由元认知监测的参与才能顺利完成。但是,许多实验证据表明,在高技术支持的环境中(包括超文本),学习者通常不能对自己的认知、元认知、情感和动机过程进行有效地监测和调节(Azevedo,Cromley,Moos,Greene,& Winters,2011;Graesser & McNamara,2010 )。

虽然如此,鲜有研究直接探讨超文本阅读中的元理解监测(判断)。比如Klois,Segers 和 Verhoeven (2013)指出,虽然超文本中的地图记忆效果比线性文本中更好,但是选择题测验成绩比线性文本条件下的更低。当以中文文字为学习材料时,发现非线性文本和线性文本下的信息搜索时间和阅读绩效以及学习结果都存在显著差异(张智君,韩淼,朱祖祥,朱伟,2002;张智君,江程铭,任衍具,朱伟,2004)。事实上,超文本环境下的教学与学习效果并没有像人们想象的那样神奇(汪琼,缪蓉,2003)。或许是基于此种情况,新近关于超文本学习的研究大多关注超文本显示界面的设计问题,比如,采用层级目录或者标签集合作为超文本学习的导航路径 (Walhout,Brand - Gruwel,Jarodzka,van Dijk,de root,& Kirschner,2015);用图表或顺序目录来组织信息 (Vörös,Rouet,& Pléh,2011)等。

另有研究表明,学习成绩在纸质媒介和电脑屏幕条件下存在差异,这可能是因为个体在元认知方面的不同(Ackerman & Goldsmith,2011)。研究者认为以电脑屏幕为媒介的很多数字化学习会妨碍元认知监控(Ackerman & Lauterman,

2012；Lauterman & Ackerman 2014）。然而 Norman 和 Furnes（2016）指出，以电脑屏幕为媒介的数字化学习并不损害元认知。事实上，以电脑屏幕为媒介的学习中，学习材料既可以用线性结构呈现，比如 Word 文本，也可以用非线性结构呈现，比如超文本。遗憾的是，上述研究中都没有区分电脑屏幕上显示的文本是用哪种结构来组织和呈现的。依据认知负荷学习理论，个体认知资源的总量是有限的，认知负荷分为内在认知负荷、外在认知负荷和相关认知负荷（Deimann & Keller，2006）。和传统的线性文本环境相比，超文本中个体可以按照自己的兴趣和需要搜索和选择信息，方便学习者构建丰富的知识结构（Fredin，1997；Jacobson & Spiro，1995）。这一方面增强了与学习材料的交互性，另一方面和线性文本环境下相比，增加了外在认知负荷（DeStefano & LeFevre，2007），降低了相关认知负荷，使个体用于元认知监控的心理资源减少。由此可以推断，超文本的非线性结构可能会降低元理解判断的准确性。

## 2 二、方法

### （一）被试

随机选取某高校非医学、非生物学专业大学生 82 名，男 29 人，女 53 人，年龄在 17 岁到 22 岁之间，平均年龄 19.8 岁。考虑到被试的网络使用经验，人体血液循环系统先前知识和认知风格（李寿欣，徐增杰，陈慧媛，2010）对实验结果可能产生的影响，采用自编网络使用简易问卷、人体血液循环系统先前知识问卷和"镶嵌图形测验"（GEFT）（李寿欣，周颖萍，2005）进行测试。结果表明，非线性组和线性组被试在网络经验、先前知识和认知风格上没有显著性差异，见表 1。

表 1　不同文本组织结构组被试的网络使用经验、

先前知识和认知风格的差异性检验（M ± SD）

| 非线性组 | 线性组 | t | p |
| --- | --- | --- | --- |
| 网络经验 | 13.14 ± 3.0612.95 ± 3.23 | 0.227 | 0.782 |
| 先前知识 | 12.69 ± 4.1513.32 ± 3.58 | − 0.735 | 0.464 |
| 认知风格 | 13.57 ± 5.6014.80 ± 4.59 | − 1.089 | 0.279 |

### （二）材料

采用人体血液循环知识的四篇短文《血液》《血管》《心脏》及《血液循环》。文章均选自正规的科普教材。每篇短文字数在 1464 到 1679 之间，总字数 6219 个。

短文通过两种结构组织——非线性结构和线性结构，分别代表超文本和线性文本。非线性结构下,将短文的标题《血液》《血管》《心脏》及《血液循环》设计为主页面上的四个按钮,点击任何一个标题即可进入相应短文的主页面。每篇短文均划分为 3~5 个相对独立的节点(段落),在打开文章的第一个页面,将这几个节点设计为以节点内容命名的按钮,点击该按钮就会自动打开一个包含该部分内容的窗口。在打开的每个页面上,有一个返回到当前短文主页面的按钮。短文都用层次结构为主的混合型结构组织。线性结构下,四篇短文按照原有顺序组织段落,阅读中可以拖动右边滑块查看前面或后面的内容,但不能在每篇短文的各段落之间随意跳转。超文本和线性文本的页面数、页面背景及文字排列等保持相同或一致。

每篇文章有 5~6 个细节题和 5-6 个推理题,都是四择一的单选题。测验题目通过率在 0.22 和 0.83 之间,各测试题目与其对应的每篇文章总得分的显著性相关系数在 0.20 到 0.63 之间。答对一题计 1 分,答错一题计 0 分,用答对题目的分数占满分的百分数代表测验成绩。

(三)实验设计

采用 2(文本组织结构:非线性结构 线性结构)×3(任务类型:理解评估 细节题成绩预测 推理题成绩预测)混合设计,文本组织结构为组间因素,任务类型为组内因素。

因变量包括元理解判断值,各元理解判断任务对应的相对准确性和绝对准确性。元理解判断值通过三种任务进行测量,分别代表元理解判断的三种形式:对整篇文章的理解评估(值),对细节记忆单项选择题的成绩预测(值),对理解推理单项选择题的成绩预测(值)。

(四)实验过程

实验开始后,指导语告诉被试要学习四篇短文,之后回答问题并做阅读理解测验。整个实验大约 50 分钟(预实验说明绝大部分人在该时间段内都能完成所有实验),每篇短文及短文各部分的阅读时间由被试自己分配,但是整个实验必须在 50 分钟内完成。

实验分为四个阶段:

第一阶段,实验指导语和被试性别、年龄等基本情况数据收集。

第二阶段,阅读文章。两组被试在线性和非线性文本呈现条件下阅读四篇短文。

第三阶段,元理解判断。阅读结束后,对每篇文章,被试完成三种元理解判断任务。比如对于文章《血液》,三个问题如下:第一,"你觉得自己读懂短文《血液》了吗?"

　　然后让被试在设置好的量尺上用鼠标拖动按钮做出回答,量尺最左边表示完全没有读懂(0%),最右边表示完全读懂(100%);第二个问题,"如果依据文章《血液》做记忆细节的单项选择题,你估计自己可以做对百分之多少?"第三个问题,"如果依据文章《血液》做理解推理的单项选择题,你估计自己可以做对百分之多少?"第一篇的元理解判断结束后,对后面三篇短文进行相同的实验任务。

　　第四阶段,阅读理解测验。元理解判断结束后,按照文章《血液》《血管》《心脏》及《血液循环》的先后顺序,依次呈现相应的细节题和推理题进行测验。做完题目后,点击"提交答案"按钮结束实验。

### 三、结果

（一）不同文本组织结构和任务类型条件下的判断值分析

　　对元理解判断值进行2(文本组织结构)×3(任务类型)的混合设计方差分析。结果表明,文本组织结构主效应不显著,$F(1,80)=0.87$,$p>0.05$,$\eta2=0.011$。任务类型主效应显著,$F(2,160)=22.38$,$p<0.001$,$\eta2=0.219$。事后比较发现,理解评估的判断值显著大于细节题成绩预测和推理题成绩预测的判断值,$p<0.001$;细节题成绩预测判断值和推理题成绩预测的判断值没有显著差异,$p>0.05$。文本组织结构和任务类型的交互作用显著,$F(2,160)=3.92$,$p<0.05$,$\eta2=0.047$。

　　简单效应分析发现,在非线性结构中,任务类型的简单效应显著,$F(2,160)=5.26$,$p<0.01$。多重比较发现,理解评估的判断值显著大于细节题成绩预测和推理题成绩预测的判断值,$p<0.05$;细节题成绩预测的判断值和推理题成绩预测的判断值差异不显著,$p>0.05$。在线性结构中,任务类型的简单效应显著,$F(2,160)=21.04$,$p<0.001$,多重比较发现,理解评估的判断值显著大于细节题成绩预测和推理题成绩预测的判断值,$p<0.001$,细节题成绩预测的判断值显著大于推理题成绩预测的判断值,$p<0.01$。（二)不同文本组织结构和任务类型条件下元理解判断的绝对准确性分析

　　对元理解判断的绝对准确性进行2(文本组织结构)×3(任务类型)的混合设计方差分析。结果表明,文本组织结构主效应不显著,$F(1,80)=0.27$,$p>0.05$,$\eta2=0.003$。任务类型主效应显著,$F(2,160)=51.84$,$p<0.001$,$\eta2=0.393$,多重比较发现,理解评估的绝对准确性显著大于细节题成绩预测的绝对准确性,$p<0.001$;理解评估的绝对准确性与推理题成绩预测的绝对准确性没有显著性差异,$p>0.05$;细节题成绩预测的绝对准确性显著小于推理题成绩预测的绝对准确性,$p<0.001$。文本组织结构和任务类型的交互作用不显著,$F(2,160)=1.47$,p

$> 0.05, \eta2 = 0.018$。

（三）不同文本组织结构和任务类型条件下的相对准确性分析

对元理解判断的相对准确性进行 2（文本组织结构）×3（任务类型）的混合设计方差分析。结果表明，文本组织结构的主效应显著，$F(1,77) = 4.14, p < 0.05$，$\eta2 = 0.051$，非线性结构组元理解判断的相对准确性低于线性组的相对准确性。任务类型的主效应不显著，$F(2,154) = 0.96, p > 0.05, \eta2 = 0.012$；文本组织结构和任务类型的交互作用不显著，$F(2,154) = 1.80, p > 0.05, \eta2 = 0.023$。

## 四、讨论

（一）文本组织结构对两种成绩预测值的调节

Kintsch（1998）的文本阅读理论指出，个体对文本材料的学习和理解具有不同的层次和水平，最低层次的表征是以具体的字、词、短语来进行的，涉及个体对具体信息的记忆和保持；第二层次是基于文本（text - base）的，读者用和文章意义相关的命题对文本进行记忆和理解（Kintsch,1998），因此这两个水平的加工可能与细节题成绩预测紧密相关。在最高层次水平，读者的先前知识和文本信息进行了整合，并建立了和文章描述的情境相一致的模型表征（Kintsch,1998）。在这个水平，读者能够进行更多的意义推断，涉及知识的迁移，因此可能和推理题成绩预测紧密相关。由实验结果可知，线性文本中，细节题成绩预测的判断值显著大于推理题成绩预测的判断值，说明被试对细节题的成绩预测更高。这些结果说明，相比较而言，在线性文本中，被试对和字词表征及文本表征相关的细节类知识更有把握。而超文本中非线性的、开放自由的环境往往会造成学习者的迷航、分心和认知超负荷（Scheiter & Gerjets,2007），并且超文本中的超链接数目越多，越不利于个体的有效阅读（DeStefano & LeFevre,2007）。因此在超文本环境中，和在线性文本下相比，个体学习和加工信息的认知资源相对减少，这样一来，对知识的字词表征、文本表征和模型表征难以有效区分甚至互相干扰。因此，个体进行细节题和推理题的元理解判断时，就很难区分哪种类型的知识（由细节题或推理题来测试）自己学得更好，所以他们对细节题和推理题的成绩预测大致是相当的，不会产生显著的差异。

（二）元理解判断的绝对准确性

实验结果显示，理解评估对应的绝对准确性和推理题成绩预测对应的绝对准确性都显著大于细节题成绩预测对应的绝对准确性，而理解评估对应的绝对准确性与推理题成绩预测对应的绝对准确性没有显著性差异。由此可见，相对而言，个体在推理题成绩预测和理解评估上保持高自信，而在细节题成绩预测方面反而不自信,这和在屏幕上学习与纸上学习的研究结果是一致的(Ackerman & Gold-smith,2011)。

元理解判断的双加工理论认为,元认知判断时有两个过程共同参与(Koriat,Bjork,Sheffer,& Bar,2004;Koriat & Levy - Sadot,1999):基于理论(theory - based)的加工过程和基于经验(experience - based)的加工过程。基于理论的加工主要是个体对自己某方面一般能力的信念和看法进行检查,这些信念可能受先前知识经验的影响。基于经验的加工主要涉及对自己认知经验的体验和看法,主要参照执行认知任务时的线索进行,比如会考虑自己能否轻松地进行信息处理和记忆。研究者认为,推理题成绩预测属于高级的理解判断,反映的是个体对自己一般能力的评估(Zhao & Linderholm,2008),因此这是基于理论的判断过程(Koriat et al.,2004;Koriat & Levy - Sadot,1999);而细节题成绩预测和个体阅读文章时知觉到的具体信息相联系,属于知觉经验,因此是基于经验(experience - based)的加工过程。另外,有人认为个体的元理解监测更多的是基于理论的判断过程进行的,而不是基于经验的加工过程(Zhao & Linderholm,2008)。所以,和在阅读文本时表现出的材料知觉能力相比,推理题成绩预测这种一般能力对元理解判断的影响更大,显示出更高的自信。同样,理解评估是对某段材料或短文理解程度的概括性评价,本质上也涉及个体关于自我阅读能力的主观判断,因此和推理题成绩预测相似,都属于基于理论的判断过程,所以理解评估时的自信水平也比细节题成绩预测的自信度更高。

(三)元理解判断的相对准确性

实验结果发现,元理解判断的相对准确性在超文本中比在线性文本中更低。超文本中的信息通常以非线性结构呈现,学习者可以按照自己的兴趣和需要对学习材料进行自由选择。然而,正是这种开放自由的环境特征往往会造成学习者的迷航、分心和认知超负荷(Scheiter & Gerjets,2007),使其在学习过程中产生诸多困难(Moos & Azevedo,2006)。在超文本情境中学习时,个体面对每个节点(按钮)都需要做出决定——是该阅读这个节点的内容,还是选择其他节点进行学习。这些决策都要耗费认知资源,而且超文本包含的链接数目越多,产生的认知负荷就越大(DeStefano & LeFevre,2007)。超文本学习中的菜单、按钮和鼠标等操作活动都和学习本身没有直接的关系,对材料的理解和学习效果没有任何直接的帮助(Deimann & Keller,2006)。所以,依据认知负荷学习理论,在认知资源总量一定的情况下,和线性文本环境下相比,个体用于和学习有直接关系活动的资源反而降低,比如进行信息处理和记忆,进行比较、推理、总结等。

从元理解判断的线索利用模型来看,个体元理解判断时要依赖相关的线索(Koriat,1997)。这些线索可能是基于记忆产生的,也可能是基于理解产生的,只要线索能够反映和测验题目有关的知识表征水平,它就有利于提高元理解判断的相对准确性(Thiede,Griffin,Wiley,& Anderson,2010)。然而如前所述,和线性文本环境相比,超文本中个体用于和学习有直接关系活动的认知资源降低,因此他们进行信息处理和记忆,或者进行比较、推理和总结等活动的效率下降,对学习材料的记忆或理解水平也随之降低。此时,不管是基于记忆的线索还是基于理解的线索自然就变少了,或者线索变得模糊不清,甚至可能相互干扰。在线性结构中,个体只能按照向前或向后的次序对学习材料进行翻阅,而不像超文本中那样面临多种阅读路径的选择,产生额外的认知负荷或认知迷航等问题。因此相对而言,线性文本中个体用于信息加工的认知资源就更多,产生的基于记忆的线索,或基于理解的线索也就更多、更清晰,有益于做出更准确的元理解判断。总之,结合认知负荷学习理论和线索利用模型的观点,超文本环境中,元理解判断的相对准确性比线性文本中更低就在情理之中了。

### 五、结论

1. 文本组织结构对细节题成绩预测和推理题成绩预测的判断值具有调节作用。

2. 个体在推理题成绩预测和理解评估上的自信度高于在细节题成绩预测上的自信度。

3. 超文本的非线性结构降低了元理解判断的相对准确性。

### 参考文献

[1]陈功香,傅小兰.学习判断及其准确性[J].心理科学进展,2004(12):176 – 184.

[2]李寿欣,徐增杰,陈慧媛.不同认知方式个体在语篇阅读中抑制外部干扰的眼动研究[J].心理学报,2010(42):539 – 546.

[3]李寿欣,周颖萍.个体认知方式与材料复杂性对视空间工作记忆的影响[J].心理学报,2005(38):523 – 531.

[4]连纯华.超媒体信息表征与网络课程信息结构设计[J].中国现代教育装备,2010,89:114 – 117.

[5]汪琼,缪蓉.超媒体神话的破灭?——相关研究述评[J].北京大学教育评论,2003,2:38 – 42.

[6]张智君,任衍具,宿芳.结构、任务类型和导航对超文本信息搜索的影响[J].心理学

报,2004,5:534 – 539.

[7]张智君,韩淼,朱祖祥,等. 文本结构和时间应激对网页阅读绩效的影响[J]. 心理科学,2002,4:422 – 424.

[8]张智君,江程铭,任衍具,等. 信息呈现方式、时间压力和认知风格对网上学习的影响[J]. 浙江大学学报(理学版),2004,2(31):228 – 231.

[9]Ackerman,R. , Goldsmith,M.. Metacognitive regulation of text learning:on screen versus on paper[J]. Journal of Experimental Psychology:Applied,2011,17(1):18 – 32.

[10]Ackerman,R. , Lauterman,T.. Taking reading comprehension exams on screen or on paper? A metacognitive analysis of learning texts under time pressure[J]. Computers in Human Behavior,2012,28(5):1816 – 1828.

[11]Azevedo,R. , Cromley,J. G. , Moos,D. C. , et al. Adaptive Content and Process Scaffolding:A key to facilitating students' self – rerulated learning with hypermedia[J]. Psychological Test and Assessment Modeling,2011,53(1):106 – 140.

[12]Azevedo,R. ,Moos,D. C. ,Johnson,A. M. , et al. Measuring cognitive and metacognitive regulatory processes during hypermedia learning:Issues and challenges[J]. Educational Psychologist,2010,45(4):210 – 223.

[13]Bellamy,C.. The Web,Hypertext and History:A Critical Introduction[J]. The electronic journal of Australian and Newzealand history,1999,11(3):15 – 19.

[14]Butler, D. L. , Winne, P. H.. Feedback and Self – Regulated Learning:A Theoretical Synthesis[J]. Review of Educational Research,1995,65(3):245 – 228.

[15]Deimann,M. , Keller,J.. Volitional aspects of multimedia learning[J]. Journal of Educational Multimedia and Hypermedia,2006,15(2):137 – 158.

[16]DeStefano. D. ,LeFevre. J.. Cognitive load in hypertext reading:A review[J]. Computers in Human Behavior,2007,23:1616 – 1641.

[17]Fredin,E.. Rethinking the news story for the internet:hyperstory prototypes and a model of the user[J]. Journalism and Mass Communication,1997,163:1 – 47.

[18]Graesser, A. , McNamara, D.. Self – regulated learning in learning environments with pedagogical agents that interact in natural language[J]. Educational Psychologist,2010,45(4):234 – 244.

[19]Jacobson,M. J. , Spiro,R. J.. Hypertext learning environments, cognitive flexibility, and the transfer of complex knowledge:An empirical investigation[J]. Journal of Educational Computing Research,1995,12(4):301 – 333.

[20]Khalifa,M. , Lam,R.. Web – based learning:effects on learning process and outcome [J]. Education,IEEE Transactions on,2002,45(4):350 – 356.

[21]Klois,S. S. ,Segers,E. , Verhoeven,L.. How hypertext fosters children's knowledge ac-

quisition:The roles of text structure and graphical overview[J]. Computers in Human Behavior, 2013,29:2047 – 2057.

[22]Kintsch, W.. Comprehension:A paradigm for cognition[M]. Cambridge University Press, 1998.

[23]Koriat, A.. Monitoring one's own knowledge during study:A cue – utilization approach to judgments of learning[J]. Journal of Experimental Psychology:General,1997,126(4):349.

[24]Koriat, A. , Bjork, R. A. , Sheffer, L. , et al. Predicting one's own forgetting:The role of experience – based and theory – based processes[J]. Journal of Experimental Psychology – General,2004,133(4):643 – 655.

[25]Koriat, A. , Levy – Sadot, R.. Processes underlying metacognitive judgments:Information – based and experience – based monitoring of one's own knowledge[M]// S. Chaiken, & Y. Trope (Eds. ). Dual – process theories in social psychology . New York, NY:Guiford,1999:483 – 502.

[26]Lauterman T. , Ackerman R.. Overcoming screen inferiority in learning and calibration [J]. Computers in Human Behavior,2014,35:455 – 463.

[27]Maki, Ruth H, Shields, et al. Individual differences in absolute and relative metacomprehension accuracy[J]. Journal of Educational Psychology,2005,97(4):723.

[28]Metcalfe, J.. Cognitive optimism:Self – deception or memory – based processing heuristics? [J]. Personality and Social Psychology Review,1998,2(2):100 – 110.

[29]Moos, D. , Azevedo, R.. The role of goal structure in undergraduates' use of self – regulatory variables in two hypermedia learning tasks[J]. Journal of Educational Multimedia and Hypermedia,2006,15(1):49 – 86.

[30]Nelson, T. , Narens, L. , Dunlosky, J.. A revised methodology for research on metamemory:Pre – judgment recall and monitoring (PRAM)[J]. Psychological Methods,2004,9(1):53 – 69

[31]Norman, E. , Furnes, B.. The relationship between metacognitive experiences and learning:Is there a difference between digital and non – digital study media? [J]. Computers in Human Behavior,2016,54:301 – 309.

[32]Scheiter, K. , Gerjets, P.. Learner control in hypermedia environments[J]. Educational Psychology Review,2007,19(3):285 – 307.

[33]Thiede, K. W. , Anderson, M. C. , Therriault, D.. Accuracy of metacognitive monitoring affects learning of texts[J]. Journal of educational psychology,2003,95(1):66 – 73.

[34]Thiede, K. W. , Griffin, T. D. , Wiley, J. , et al. Poor metacomprehension accuracy as a result of inappropriate cue use[J]. Discourse Processes,201047(4):331 – 362.

[35]Vörös, Z. , Rouet, J. , & Pléh, C.. Effect of high – level content organizers on hypertext learning[J]. Computers in Human Behavior,2011,27:2047 – 2055.

[36]Walhout, J. , Brand – Gruwel, S. , Jarodzka, H, et al. Learning and navigating in hyper-

text:Navigational support by hierarchical menu or tag cloud? [J] Computers in Human Behavior, 2015,46:218 –227.

［37］Winne,P. H.. Experimenting to bootstrap self – regulated learning[J]. Journal of educational Psychology,1997,89:397 –410.

［38］Zhao,Q. , Linderholm,T. . Adult Metacomprehension:Judgment Processes and Accuracy Constraints[J]. Educational Psychology Review,2008,20(2):191 –206.

注:本文曾发表在《心理学探新》2018 年第 1 期。

# 无意识目标追求的行为特征、机制及影响因素

谢继红　刘华山*

　　无意识目标追求是指个体自动地追求由情境线索激活的目标,而全然不知目标对自己行为的导向作用。无意识目标追求具有灵活性、抑制性和坚持性。无意识目标追求经由行动的无意识准备和目标价值的自动评估与努力过程实现。积极情绪、内隐态度和人际关系影响无意识目标追求。未来研究需要进一步探讨无意识目标追求的影响因素,完善无意识目标追求的机制,探究无意识目标追求结果对个体心理和行为的影响,提高研究结果的生态效度,拓展应用研究。

## 一、引言

　　目标(goal)是个体期望达到的某种状态或结果在大脑中的表征,它可能潜在地影响人的评价、情感和行为活动(Bargh,1990;Higgins& Kruglanski,2000)。许多理论,比如计划行为理论(theory of planned behavior)(Ajzen,1991),行动计划模型(action planning models)(Gollwitzer,1990),自我决定论(theory of selfdetermination)(Deci & Ryan,1985)及目标设置理论(goal setting theory)(Locke & Latham,2002),都强调目标采纳过程中的有意识选择作用,以及寻求各个子目标过程中的有意识指导作用。这些理论假定,不管是他人指定的目标,还是自己设定的目标,它们都伴随有意识地决定和对目标的追求(比如,目标导向行为的产生与保持),这些都以有意识的目的性和调控性为特征。因此,目标的设置和追求离不开人的意识。

　　近年来,目标作为行为的有意识调节的观点受到了挑战。目标可以被和目标密切相关的线索自动激活,并引导个体的注意、认知、行为倾向等从先前状态指向

---

*　作者简介:谢继红,出生于1976年,男,甘肃甘谷人,天水师范学院教师教育学院副教授、博士、主要从事发展与教育心理学研究。

将来的期望状态(结果),个体随之自动追求和实现该目标,但完全不知道目标对自己行为的导向作用(Aarts & Dijksterhuis,2000;Bargh,1990;Bargh,Gollwitzer,Lee – Chai,Barndollar,& Trötschel,2001),这就是无意识目标追求(nonconscious goal pursuit)。目标可以在人的意识之外激活和追求,与人们的日常经验和传统的目标理论完全不同,引起了目标领域研究者的极大关注。无意识目标追求在社会生活的诸多方面起着重要作用,比如道德行为、社会歧视、消费行为及健康行为(Bargh,2006)。文章从无意识目标追求的行为特征、机制及影响因素三个方面进行论述,梳理了近年来无意识目标追求研究的重要成果,最后展望该领域未来的研究方向。

### 二、无意识目标追求的行为特征

当情景线索激活目标表征之后,个体随之自动追求目标,完全不知道目标对自己行为的导向作用,但是在此过程中却能灵活应对环境或规则的变化,能够自动抑制与目标无关的干扰,还表现出目标追求的坚持性。

(一)灵活性

无意识目标追求在记忆、思维和行为特征等方面与有意识目标追求相似(Gollwitzer& Bargh,2005),能够适应外部环境或规则的变化,具有灵活性(flexibility)。人们对目标相关的各种状态很敏感,可以抓住适合的时机追求目标,当原有计划难以实现目标时,会自动地放弃先前的目标方案。比如在爱荷华赌博任务(Iowa Gambling Task,IGT)中,被试的任务是在电脑屏幕上任意选取标有 A、B、C、D 记号的四种扑克牌,每选一张牌,牌面上就出现两个数字,一个数字标明选取这张牌被试会得到多少钱(收益),另一数字标明被试会失去多少钱(损失),四种牌按照收益和损失分为两种类型:有利牌(good decks)和不利牌(bad decks)。电脑程序事先设定了每张牌收益和损失的多少,让有利牌的损失小,但随着选择次数的增加,不利牌的损失会越来越大,被试不知道牌的这种变化趋势。实验中,扑克牌会自动变换放置位置,比如有利牌从屏幕最左边换到了屏幕的最右边,但不告知被试这种变化。结果表明,启动了"高表现"目标(high – performance goal)的被试组,比未启动组在有利牌的位置发生改变后,更多的在改变后的新位置选取有利牌(Hassin,Bargh,& Zimernnan,2009)。也就是说,启动"高表现"目标后,个体会依据情境变化灵活地调整选择策略。

不仅如此,进行"成功"或"灵活"目标启动的被试组,比控制组在威斯康星州卡片分类测验(Wisconsin Card Sorting Test,WCST)中更能适应卡片分类规则的变化,具有更高的灵活性(Hassin & Bargh,2006)。此外,无意识目标追求的灵活性还表现在,一定条件下个体能够灵活地转换目标手段(goal means)来完成目标任务(Marien,Aarts,& Custers,2012);同时,无意识目标追求过程可能包含工作记忆和执行功能(Hassin,2008),其重要特征就是对环境变化的适应性。

另一方面,由于受原有行为模式(preexisting routine)的限制,无意识的自动化过程普遍被认为是刻板的、僵硬的。然而,无意识目标追求总是在特定的情境中进行,但情境不可能一成不变,要适应变化,需要个体具备灵活的应变能力,如此一来,无意识目标追求就陷入灵活性与刻板性困境(flexibility – rigidity paradox)。这时,就涉及工作记忆(working memory),因为目标激活后随即进入工作记忆,并获得一定的心理能量,如果获得的心理能量足够,且某种适当的认知结构或基模(schema,它们由目标、目标手段、与目标追寻相关的知识等组成)也随之启动,那么目标就可以按照基模的步骤实现(Hassin, Aarts, Eitam, Custers, & Kleiman,2007)。然而,另一种观点认为,自动化的目标导向行为是灵活的还是刻板的,取决于行为在个体大脑中被如何表征(represent),如果行为以目标来表征且与积极情绪相联结,目标追求就灵活进行,表现为转换到新的目标手段(goal means)的速度较快;如果行为以目标手段来表征并和积极情绪相联结,目标追求就表现出刻板性,转换到新目标手段的速度变慢(Marien et al. ,2012)。显然,无意识目标追求灵活性的这两种解释机制是不同的。

(二)抑制性

无意识目标追求过程中,个体能抑制与当前目标无关的其他目标和干扰信息,保证当前目标的顺利进行。目标屏蔽(goal shielding)首先说明了无意识目标追求的这种特征:激活个体当前关注的目标可以抑制备选目标(alternative goals)和无关信息的可及性(accessibility),这种抑制效应可以自动发生(Shah,Friedman,& Kruglanski,2002)。相关研究进一步表明,引导被试对某个具体的目标线索做出反应,在随后的词汇判断任务中,被试对干扰线索的反应时比对无关线索的反应时更长,对干扰线索的反应变慢(Veling & Knippenberg,2006)。也就是说,在无意识目标追求过程中,个体会自发地抑制可能干扰当前目标的信息或线索。此外,反应冲突(response conflicts)增强了冲突任务中的目标屏蔽和对干扰信息的抑制(Goschke & Dreisbach,2007),即在有反应冲突的任务中比在没有反应冲突的任务中对前瞻记忆线索的忽略程度更高(被抑制),也就是说反应冲突自动地保护(shielding)了目标追求。

目前社会心理学关于目标抑制的研究大都以目标系统理论(goals systems theory)作为出发点。该理论认为(Kruglanski et al. ,2002),目标手段(goal means)被运用的可能性取决于目标和目标手段之间的联结强度,在目标网络结构中,能量或者激活作用是一种有限的资源,所以和特定目标相关联的目标手段的数量决定了联结强度的大小,因此,如果某一目标有多种实现手段,那么每一手段被选择的机会就减少。目标系统理论得到了实验证据的支持,被试列举出的实现某一目标的手段数目越多,他们在随后的词汇判断任务上的反应越慢(Kruglanski et al.,2002);并且,当某一目标手段可以实现的目标数量增加时,个体对该目标手段能够实现各个目标的功效性的主观认可度随之降低(Zhang,Fishbach,& Kruglanski,2007)。

目标系统理论阐述的能量有限观点,也可以解释无意识目标追求对备选目标或干扰信息的抑制,因为无论是目标手段还是备选目标,或者是干扰刺激,都可以看作是目标追求过程中主体需要加工和处理的信息,都会耗费认知资源。

(三)坚持性

当目标激活后,个体不仅会自动地追求目标,而且这种目标导向行为能持续保持,表现出类似意识状态下动机行为的坚持性。Bargh 等人(2001)发现,激活了"成功"目标的被试组,与未激活"成功"目标组相比,在延迟 5 分钟后的词汇搜索任务中的成绩更好,并且即使告诉所有被试"停止"词汇搜索任务,"成功"目标组的被试中有 50% 以上的人会继续查找单词,而未激活"成功"目标组仅有 20% 多的被试继续坚持词汇搜索任务。有关目标蔓延(goal contagion,即当个体感知了他人的行为信息后,会自动接受和追求隐含在该行为中的目标)的研究也发现(Aarts,Gollwitzer,& Hassin,2004),激活被试"寻求性关系"的目标,对照组没有激活该目标,然后立刻在第二个无关任务中测量被试追求此目标的指标(给异性提供帮助),或者延迟 5 分钟后再次测量,结果发现,延迟和不延迟条件下因变量指标没有差异,都是激活了"寻求性关系"目标的被试组比未激活组给异性提供更多的帮助,显然,无意识目标追求在延迟 5 分钟后并未消失。此外,激活目标可以增加与目标相关的认知结构的可及性(accessibility),即使个体不知道自己被目标引导,只要目标没有实现,这种可及性就会继续保持(Liberman,Förster,& Higgins,2007)。

### 三、无意识目标追求的机制

无意识目标追求的行为特征并未揭示出其内在规律,学者们近年来致力于探讨无意识目标追求到底是如何进行的? 也就是说其运行机制是什么? 已有证据表明,个体能无意识(自动)地检查被激活目标的重要性,并采取行动追求目标(Custers & Aarts,2010)。无意识目标追求可以经由两个过程实现:行动的无意识准备与执行,无意识的价值评估与努力。

（一）行动的无意识准备与执行

依据无意识目标追求的含义，它的发生源自和目标密切相关的线索对目标表征的自动激活，这里隐含的条件是，目标表征及其与线索之间的联结预先存在于个体的认知结构中，它为无意识目标行为做好了准备，而这些表征及联结的形成可以通过个体的经验（历）、习惯行为的养成或学习（直接或间接的）等完成。比如，个体和重要他人的交往经历会形成共同目标的表征及其与他人表征的联结（Fitzsimons & Bargh, 2003）；用刻板的方式经常、反复地看待某群体成员，那么该群体成员就和这种刻板印象表征形成联结，当出现该群体成员信息时，就会激活其刻板印象（Bargh, 1989），引发符合刻板印象特征的目标行为（Aarts et al., 2005）；那些经常"骑自行车出行"的被试，相比"不骑自行车出行"的人，当启动了"出行"目标后，对"骑自行车"的反应更快（Aarts & Dijksterhuis, 2000）。可见，通过先前的学习与练习，肌肉的某种收缩放松模式与它可观察到的结果就紧密地联结在一起了，因此，不需要过多地思考，激活目标表征就可以为感知和行动做好准备（Goodale, Westwood, & Milner, 2004）。另外，神经科学的研究发现，在有意识决策前，与该行动相关的神经活动在额叶和顶叶皮层就开始了，比意识到决策结果提前了 10 秒钟（Soon, Brass, Heinze, & Haynes, 2008），这从另一角度有力地证明，在行动前，个体完全能够进行无意识地准备或选择。

由于行为和它的结果在觉察、知觉和运动水平上的联结（Hommel, Müsseler, Aschersleben, & Prinz, 2001），激活行为活动或其结果的相关观念就可以使人开始行动，而不需要意识的参与。有证据表明（Pulvermuller, 2005），仅仅看到或读到行为活动或其结果的信息，就可以立刻提高个体实现目标的倾向，即使这种活动和结果的相关观念是在被试的意识之外被激活。Lau 和 Passingham（2007）让被试进行词汇读音或含义的判断任务（有意识目标），判断的依据是呈现在词汇之前的视觉线索，实验过程中，一些备选任务（alternative task）的线索在被试不知道的情况下呈现。结果表明，这种阈下启动的目标线索增强了某些大脑皮质区域的活动，而意识状态下目标线索的相关大脑活动反而降低。也就是说，被试实际上参与到了备选任务中，而不仅仅只受备选任务的干扰。这说明对于阈下启动的目标，人的认知控制系统可以积极地做出回应，并对其进行选择和追求。

由此看来，无意识目标追求是预先准备和自动执行的：当预存在认知结构中的目标表征及其线索的联结被激活后，人们会自动从自己的脚本程序中选择和执行目标行为（Custers & Aart, 2007a）。因此，激活目标就做好了行动准备，并直接执行目标行为。

（二）无意识的价值评估与努力

　　环境总是变化的,为了保证目标追求的顺利进行,需要个体灵活应对新的情境或者及时地转换目标,因此目标追求不只包含适当行为的准备和执行,还需要考虑目标具有多大的价值,这样个体才知道是否值得投入精力和资源保持行动、克服困难,最后实现目标。所以,虽然无意识目标启动做好了行动准备和计划,但是目标是否能引导行动持续进行,取决于目标的价值大小。研究发现,人们可以在无意识状态下判断目标是否有足够的价值,进而努力去实现它。有关功能核磁共振成像(fMRI)的研究表明,伏隔核(nucleus accumbens)和腹侧纹状体(ventral striatum)等大脑部位可以加工奖赏线索(Pessiglione et al. ,2007),这些区域在确认目标的奖赏价值方面起着重要作用。并且,加工奖赏线索的大脑中心区域能对生物进化性质的奖赏(比如食物和性刺激)做出反应,也可以对习得的奖赏线索(比如金钱、地位)做出反应,还能对与赞赏和奖励密切相关的符号刺激(比如good,nice)做出反应(Schultz,2006)。不仅如此,个体可以自动评估奖赏的价值大小,继而促进任务的顺利完成。有证据显示,阈下呈现的高额奖赏信息比低额奖赏信息更能提高被试在注意瞬脱(attentional blink,一种目标后刺激识别缺失的注意盲现象)任务上的成绩(Bijleveld,Custers,& Aarts,2011),该任务可以考察个体对短时呈现目标的觉察和注意能力;阈下呈现的高额奖赏信息还可以提高个体的数字运算与记忆成绩(Capa,Bustin,Cleeremans,& Hansenne,2011)。如此看来,不管刺激是何种形式,积极的刺激线索都会引发奖赏信息,而大脑可以自动地加工和评估这些信息。

　　不仅如此,采用阈下方式启动与奖赏相关的刺激后,可以促使人们提高行为的努力程度(Pessiglione et al. ,2007)。研究中被试通过抓握手柄可以获得现金奖励。在抓握手柄前,被试可以看见(呈现在电脑屏幕上)自己能够获得一英镑或一便士的奖赏。为了比较有意识和无意识奖赏线索的不同效果,奖赏信息要么让被试完全看见,要么以阈下方式呈现。结果表明,被试在高额奖赏下的抓握力度比低额奖赏下的大,但是与这些奖赏信息是否可以看见(意识状态)没有关系。该效应还伴随着大脑相关区域的激活,而这些区域在加工奖赏线索和促发行为的努力程度方面具有重要作用。另外,在需要灵活应对情境变化的任务中,奖赏线索的无意识启动和在有意识知觉状态下相似,也可以增强行为的努力程度(Bijleveld,Custers,& Aarts,2009;2010)。而在无意识目标追求中,如果目标和奖赏信息相联系,或目标激活了更强的积极奖赏信号,个体对目标的无意识追求更加努力(Custer & Arts,2007b;Ferguson,2007)。所以,无意识奖赏线索和有意识的奖赏线索在激发行为的努力程度方面作用相同,目标追求的持续进行不一定需要意识的参与。

因此,与结果(目标)相关的积极奖赏线索在无意识目标追求中起着重要作用,当期望结果(目标)的心理表征激活后,相关的积极情感标签随之被启动,它对目标追求就是一种奖赏线索。所以,与目标联系的积极奖赏线索有助于目标的选择和随后的努力行为,从而实现目标。这种情感激发的动机过程依赖于目标表征和积极奖赏信息之间的联结(或两种信息的共同激活)(Custers & Aarts,2010),该联结是个体在自己的过去经历中形成的,比如,当人们赚了钱或者工作表现出色时就感到快乐。总之,目标作为一种期待状态的表征预先存在于大脑中,激活目标表征就会准备好适合的执行程序(行动准备),并经由对目标及奖赏线索的价值评估,进而完成无意识目标追求(如图1所示)。

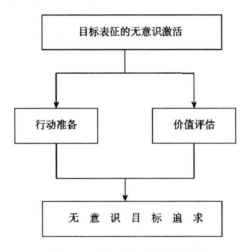

图1 无意识目标追求的机制

(资料来源:**Custers & Aarts,2010**)

**四、无意识目标追求的影响因素**

以上论述了无意识目标追求的行为特征和机制,接下来值得探讨的是,哪些因素影响无意识目标追求? 研究发现,积极情绪、内隐态度和人际关系对其有重要影响。

(一)积极情绪

情感在激发人类的行为活动中具有最基本的作用,这种激发过程可以快速地在人的意识之外进行(Dijksterhuis& Aarts,2003;Zajonc,1980),并且通过积极情绪来完成。当目标与积极情感效价词被共同激活时,个体更乐意追求目标,对目标相关的物体(goal - related objects)的形状(尺寸大小)知觉变大,而且延迟了两分半钟后这种知觉效应仍然存在(Aarts,Custers,& Veltkamp,2008)。另外,在较低的生理需求剥夺情境下,阈下启动的积极情绪可以增强目标导向的消费行为(Veltkamp,Custers,& Aarts,2011)。这说明,如果目标与积极情感相联系,那么目标的无意识追求或个体期望的行为活动就可能产生,并引导有机体产生追求目标的愿望,开始追求目标的计划,坚持完成目标任务(Custers & Aarts,2005),也可能影响目标追求的灵活性或刻板性(Marien et al.,2012)。

此外,在 Fishbach 和 Labroo(2007)的研究中,先让被试描写他们最高兴和最不高兴的一天所发生的事件及当时的感受,以此引发被试的积极情绪和消极情绪,然后再完成另一个不相关的任务,该任务是让被试对某些目标的接受程度做出评价。结果发现,不管目标内容是什么,积极情绪组的被试对目标的采纳和认可度更高。实际上,激励理论(incentive theory)也认为(Bindra,1974),与积极情感相关的刺激会成为激发有机体行为的刺激源,而且积极情绪和最初行为目标的联结会引发目标导向行为,因此,当个体有机会实现目标时,就表现出高动机完成目标任务。神经科学研究也提供了这方面的证据:目标导向的、动机驱使的行为过程,包含有多巴胺(mesolimbic dopamine)系统的激活(McFarland & Kalivas,2003),因此,当个体从事可以引起积极情感的活动时,比如用餐、做爱或者赚钱,多巴胺系统就会处于活动状态,而且与这些积极状态相关的线索也会触发该系统的活动。

(二)内隐态度

评价信息是目标认知结构的重要组成部分(Custers& Aarts,2005)。内隐态度作为个体评价事物的有力指标,对目标追求具有预测作用,和个体对目标的意识状态没有关系(Ferguson,2007),主要包括对目标相关的意图、判断、行为等的预测,也就是说,与目标相关的评价信息反映了知觉者想要达到目标的倾向。另一项研究中(Ferguson,2008),测量了被试对"合作"目标的内隐态度,然后告诉他们填写一个与当前实验任务无关的问卷,并让被试输入愿意填写该问卷花费的时间。分析数据表明,当被试对"合作"目标的态度越积极,他们就越愿意花更长的时间完成问卷调查。不仅如此,与不追求目标的个体相比,追求目标的个体对目标相关事物的评价,比对目标无关事物的评价更积极(Ferguson,2008)。

不难看出,对目标的内隐态度可以作为目标影响行为的潜在指标。当个体感知到与目标相关的刺激信息之后,对目标的积极性概念就会激活,而人的自我调节能力和积极的目标记忆是密切相关的(Ferguson,2007)。这就说明了两种可能性(两者之间并不相互排斥):一是那些擅长实现某种目标的人,相对于不擅长的人来说,具有更多与目标相关的积极和成功的记忆,这说明,内隐态度可以预测目标行为,是因为它反映了一个人可以到达该目标的技能水平;另外一种可能性是,目标和积极属性的固有联系说明了个体想实现目标的承诺程度或动机较高(Ferguson,2007),这说明,指向目标的内隐态度可以预测以后的行为,是因为它反映了个体在多大程度上被动机驱使去追求目标,这和实现目标的技能水平可能是独立的、互不干扰的。

(三)人际关系

人们的许多重要目标和愿望都与自己关系密切的家人、朋友、同事等有关,个体在和这些重要他人深入交往过程中会形成许多关系图式(Fitzsimons& Bargh,2003)。关系图式中包含自我图式、他人图式以及关系脚本,也包含与重要他人共同追求的目标,激活个体的关系图式就可以激活相应的人际关系目标,进而引导个体自动地追求该目标。比如用"朋友"和"同事"激活"帮助"目标,发现用"朋友"启动的被试组比用"同事"启动的被试组更愿意参加后续的实验(Fitzsimons & Bargh,2003)。如果启动"母亲"或者"父亲"心理表征,并与控制组做比较,那么"母亲"或者"父亲"启动组被试在目标承诺、目标相关词汇的判断任务及目标坚持性等指标上都显著高于控制组(Shah,2003a)。此外,用阈下方式激活被试依恋对象的心理表征后,被试的自我暴露愿望和寻求支持倾向显著增强(Gillath et al. ,2006),这种增强效应说明了个体对亲密关系目标的无意识追求。不仅如此,个体如何选择目标追求方式、如何感知目标价值和难度也受重要他人的影响(Shah,2003b)。

然而,重要他人不是在任何情况下都会促进个体的无意识目标追求。当个体认为重要他人具有控制性,则会自动选择与重要他人设定的相反目标,并追求此目标(Chartrand, Dalton, & Fitzsimons, 2007)。这种情况下,个体的特质性逆反(trait reactance)起着调节作用:特质性逆反高的个体更倾向于自动追求与重要他人所设目标相反的目标,而特质性逆反低的个体则更可能自动追求重要他人为自己设定的目标。事实上,关系不密切的他人也会影响无意识目标追求,当感知了自己不熟悉的人的行为后,个体会自动接受和追求隐含在该行为中的目标(Aarts et al. ,2004)。不过,这种现象更容易在同一群体的人之间发生(Loersch, Aarts, Payne,& Jefferis,2008),研究者让被试观看包含有"竞争"目标的球赛录像,一组被试观看的球赛标有和他们属于同一群体的标语,另外一组被试观看的球赛标有和他们不是同一个群体的标语,结果显示,同一群体中的被试表现出更多的运用竞争性策略的倾向。

总之,由于目标追求者主体和他人之间关系的多样性和复杂性,其对无意识目标追求的影响不是单一的,未来研究可以考虑目标追求者的不同个性特征所起的调节作用或中介作用。

### 五、评价与展望

文章对无意识目标追求的行为特征、机制和影响因素做了较为深入的探讨，从一个新的视角剖析了人类行为的奥秘，但是，该研究领域的许多方面还有待进一步深入。

首先，在已有研究的基础上，进一步探讨无意识目标追求的影响因素。比如，大量研究表明积极情绪可以促进无意目标追求的顺利进行，而当消极效价信息和目标同时激活时，目标激活程度或动机强度就会减弱（Aarts，Custers，& Holland，2007）。然而，在目标追求过程中予以反馈信息，如果个体认为自己的情绪状态是反馈信息引起的，那么人们在消极情绪下反而会坚持追求目标（Fishbach，Eyal，& Finkelstein，2010）。因此，消极情绪对无意识目标追求的影响需要继续探讨。另外，基于目标激活的持续性和抑制性的研究证据，有学者假设，目标经由注意引导无意识行为（Dijksterhuis & Aarts，2010），说明了注意在无意行为中可能的重要作用。然而，提供无意识目标持续性和抑制性证据的研究，并没有把注意作为自变量进行直接验证，因此，（无意识）注意对无意识目标追求的影响需要更多强有力的证据来支持。此外，目标技能和动机水平影响有意识的目标追求，比如，打乒乓技能和比赛动机会影响乒乓球比赛能否取胜；而对目标相关事物的积极内隐态度可能反映了个体达到目标的技能水平，也可能代表个体实现目标的承诺程度或动机水平（Ferguson，2007），基于此，未来研究可以进一步探讨目标技能和动机水平对无意识目标追求的影响。

其次，无意识目标追求的运行机制有待进一步完善和扩展。Custers 和 Aarts（2010）的无意识目标追求模型指出，无意识目标追求的持续进行依赖于对目标的价值评估，进而灵活地应对情境变化，自动抑制无关线索的干扰，那么这些评估和控制涉及哪些具体的心理（认知）结构或过程？这些过程到底是如何进行的？无意识目标追求机制和有意识目标追求机理的异同表现在什么地方？这些问题该模型均未做出解释，有待后续研究的探讨。另一方面，作为补充和扩展，可以从另外的视角解释无意识目标追求。比如，目标自动引导行为，可以通过影响个体对目标相关线索（goal - relevant stimuli）的内隐情感反应实现（Moore，Ferguson，& Chartrand，2011），即激活目标会引起对目标相关线索的内隐积极情感，或者说激活目标让个体对目标追求做好了评价性准备（evaluatively ready），进而完成无意识目标追求；次外，无意识目标追求过程可能包含工作记忆（Hassin，2008），或内隐工作记忆（implicit working memory）（Hassin，Bargh，Engell，& McCulloch，2009），即没有目的、发生在在个体意识之外的工作记忆。将来可以从这些视角出发,进一步扩展对无意识目标追求发生机制的探索思路。

再次,继续深入探讨无意识目标追求结果对个体心理和行为的影响。无意识目标追求和有意识目标行为相似,最后的结果要么成功,要么失败,进而影响个体的心理和行为反应。已有研究表明,无意识目标追求成功会提高自尊,失败则降低自尊(Bongers,Dijksterhuis,& Spears,2009)。我们知道,成败经历对个体具有重要作用,可以影响自尊、自信、自我效能感、成就动机等,这些成败经验大都是个体能意识到的,既然无意识目标追求的成败能影响自尊,那么这种无意识经历影响自我效能感、自信和成就动机吗? 如果有影响,会不会进一步影响后续的行为呢?此外,无意识目标追求的失败可以增加自我提升(self - enhancement)(Chartrand,Cheng,Dalton,& Tesser,2010),即个体肯定自我、追求积极自我意象的趋力。然而,人们追求积极自我意象可以有多种形式(Paulhus & Holden,2010),比如,自利归因偏向(self - serving attribution bias),即认为成功是自己的功劳,失败是他人或环境造成的;控制错觉(illusions of control),即高估自己对结果和偶发事件的控制力,那么它们也会受无意识目标追求成败的影响吗? 最后,现有的探讨无意识目标追求结果影响作用的研究,大多是激活"成功"或"形成印象"目标,而没有检验其他目标成败的作用,未来研究可以考察其他目标(比如"公平""赚钱"和"助人"等)追求结果对个体心理和行为是否也有影响。

最后,提高研究结果的生态效度,拓展应用研究。国外无意识目标追求研究大多在严格控制的实验室进行,且主要用语义启动、工具启动和人际启动来激活无意识目标(马丽丽,郭永玉,2008),这些实际上都是概念启动,和现实生活中人们的目标追求还有差别,其生态效度还有待提高,需要更有效的方法技术弥补这一缺憾。比如有学者在研究中让被试观察人们行为活动的录像,然后测量相关的行为反应(Loersch et al.,2008),这比用计算机屏幕呈现字词启动目标具有更好的生态效度。另外,拓展该领域的应用研究也是将来的重要趋势。比如,基于无意识和有意识目标的启动效果,有人建议,为了提高员工的工作绩效,管理者可在电脑屏幕、鼠标垫及办公设备上放置与成就相关的图片(Shantz & Latham,2009)。但是,要让这些举措有效,许多问题还需要探索:(1)什么类型的图片能真正激活成就目标?(2)激活目标的图片数量有没有最佳值? 是 1 张、10 张还是其他数量?(3)是持续不断地呈现图片,还是按一定的时间间隔呈现? 哪种效果更好?总之,从理论的验证到实际应用的拓展,不仅需要提高研究的生态效度,还有许多具体的操作性问题亟待解决。

## 参考文献

[1]马丽丽,郭永玉. 无意识目标:激活与追求[J]. 心理科学进展,2008,16:919 – 925.

[2] Aarts, H. , Chartrand, T. L. , Custers, R. , Danner, U. , Dik, G. , Jefferis, V. E. , et al. . Social stereotypes and automatic goal pursuit[J]. Social Cognition,2005,23:465 – 490.

[3]Aarts,H. ,Custers,R. , Holland,R. W. . The nonconscious cessation of goal pursuit:When goals and negative affect are coactivated[J]. Journal of Personality and Social Psychology,2007, 92:165 – 178.

[4]Aarts,H. ,Custers,R. , Veltkamp,M. . Goal priming and the affective – motivational route to nonconscious goal pursuit[J]. Social Cognition,2008,26:555 – 577.

[5]Aarts,H. , Dijksterhuis,A. . Habits as knowledge structures:Automaticity in goal – directed behavior[J]. Journal of Personality and Social Psychology,2000,78:53 – 63.

[6]Aarts, H. ,Gollwitzer,P. , Hassin, R. R. . Goal contagion:Perceiving is for pursuing[J] . Journal of Personality and Social Psychology,2004,87:23 – 27.

[7]Ajzen,I. . The theory of planned behavior[J]. Organizational Behavior and Human Decision Processes,1991,50:179 – 211.

[8]Bargh,J. A. . Conditional automaticity:Varieties of automatic influence in social perception and cognition [ M ]//J. S. Uleman J. A. Bargh ( Eds. ). Unintended thought. New York:Guilford Press,1989:3 – 51.

[9]Bargh,J. A. . Auto – motives:Preconscious determinants of thought and behavior[M]//E-. T. Higgins R. M. Sorrentino (Eds. ). Handbook of motivation and cognition (Vol. 2). New York: Guilford Press,1990:93 – 130.

[10]Bargh,J. A.. What have we been priming all these years? On the development, mechanisms, and ecology of nonconscious social behavior[J]. European Journal of Social Psychology, 2006,36:147 – 168.

[11]Bargh,J. A. ,Gollwitzer,P. M. ,Lee – Chai,et al. The automated will:Nonconscious activation and pursuit of behavioral goals[J]. Journal of Personality and Social Psychology,2001,81: 1014 – 1027.

[12]Bijleveld,E. ,Custers,R. , Aarts,H. . The unconscious rye opener:Pupil dilation reveals strategic recruitment of resources upon presentation of Subliminal Reward Cues[J]. Psychological Science,2009,20:1313.

[13]Bijleveld,E. ,Custers,R. , Aarts,H. . Unconscious reward cues increase invested effort, but do not change speed – accuracy tradeoffs[J]. Cognition,2010,115:330 – 335.

[14]Bijleveld, E. ,Custers,R. , Aarts,H. . Once the money is in sight:Distinctive effects of conscious and unconscious rewards on task performance[J]. Journal of Experimental Social Psychology,2011,47:865 – 869.

[15] Bindra, D.. Motivational view of learning, performance, and behavior modification [ J ]. Psychological Review, 1974, 81:199 – 213.

[16] Bongers, K. C. A., Dijksterhuis, A., Spears, R.. Self – esteem regulation after success and failure to attain unconsciously activated goals [ J ]. Journal of Experimental Social Psychology, 2009, 45:468 – 477.

[17] Capa, R. L, Bustin, G. M., Cleeremans, A., et al. Conscious and unconscious reward cues can affect acritical component of executive control: (Un) conscious updating? [ J ]. Experimental Psychology, 2011(1):16.

[18] Chartrand, T. L., Dalton A, N., Fitzsimons, G. J.. Nonconscious relationship reactance: When significant others prime opposing goals [ J ]. Journal of Experimental Social Psychology, 2007, 43: 719 – 726.

[19] Chartrand, T. L, Cheng, C. M., Dalton, A. N., et al. Nonconscious goal pursuit: Isolated incidents or adaptive self – regulatory tool? [ J ]. Social Cognition, 2010, 28:569 – 588.

[20] Custers, R., Aarts, H.. Positive affect as implicit motivator: On the nonconscious operation of behavioral goals [ J ]. Journal of Social Psychology, 2005, 89:129 – 142.

[21] Custers, R., Aarts, H.. Goal – Discrepant situations prime Goal – Directed actions if goals are temporarily or chronically accessible [ J ]. Personality and Social Psychology Bulletin, 2007, 33:623 – 633.

[22] Custers, R., Aarts, H.. In search of the nonconscious sources of goal pursuit: Accessibility and positive affective valence of the goal state [ J ]. Journal of Experimental Social Psychology, 2007, 43:312 – 318.

[23] Custers, R., Aart, S. H.. The unconscious will: How the pursuit of goals operates outside of conscious awareness [ J ]. Science, 2010, 329:47 – 50.

[24] Dijksterhuis, A., Aarts, H.. On wildebeests and humans: The referential detection of negative stimuli [ J ]. Psychological Science, 2003, 4:14 – 18.

[25] Dijksterhuis, A., Aarts, H.. Goals, attention, and (un) consciousness [ J ]. Annual Review of Psychology, 2010, 61:467 – 490.

[26] Deci, E. L., Ryan, R. M.. Intrinsic motivation and self determinationin human behavior [ M ]. New York: Plenum Press, 1985.

[27] Ferguson, M. J.. On the automatic evaluation of End – States [ J ]. Journal of Personality and Social Psychology, 2007, 92:596 – 611.

[28] Ferguson, M. J.. On becoming ready to pursue a goal you don't know you have: Effects of nonconscious goals on evaluative readiness [ J ]. Journal of Personality and Social Psychology, 2008, 95:1268 – 1294.

[29] Fishbach, A., Labroo, A. A.. Be better or be merry: How mood affects self – control [ J ]. Journal of Personality and Social Psychology, 2007, 93:158 – 173.

[30] Fishbach, A. , Eyal, T. , Finkelstein, S. R. . How positive and negative feedback motivate goal pursuit[J]. Social and Personality Psychology Compass, 2010, 4:517 - 530.

[31] Fitzsimons, G. M. , Bargh, J. A. . Thinking of you: Nonconscious pursuit of interpersonal goals associated with relationship partners[J]. Journal of Personality and Social Psychology, 2003, 84:148 - 164.

[32] Gillath, O. , Mikulincer M. , Fitzsimons G. M. , Shaver P. R. , Schachner D. A. , & Bargh, J. A. . Automatic activation of attachment - related goals[J]. Personality and Social Psychology Bulletin, 2006, 32:1375 - 1388.

[33] Goschke, T. , Dreisbach, G. . Conflict - Triggered goal shielding: Response conflicts attenuate background monitoring for prospective memory cues[J]. Psychological Science, 2007, 19:25 - 32.

[34] Gollwitzer, P. M. . Action phases and mind - sets[M]//E. T. Higgins ( Ed. ). Handbook of motivation and cognition: Foundations of social behavior ( Vol. 2 ). New York: Guilford Press, 1990:53 - 92.

[35] Gollwitzer, P. M. , Bargh, J. A. . Automaticity in goal pursuit[M]// A. Eliot C. Dweck ( Eds. ). Handbook of compence and motivation . New York: Guilford Press, 2005:624 - 626.

[36] Goodale, M. A. , Westwood, D. A. , & Milner A. D. ( 2004 ). Two distinct modes of control for object - directed action[J]. Progress in Brain Research, 144:131 - 144.

[37] Hassin, R. R. . Being open minded without knowing why: Evidence from nonconscious goal pursuit[J]. Social Cognition, 2008, 26:578 - 592.

[38] Hassin, R. R. , Aarts, H. , Eitam, B. , et al. Non - conscious goal pursuit and the effortful control of behavior[M]//The Psychology of Action ( vol. II ). NY: Oxford University Press, 2007.

[39] Hassin, R. R. , Bargh, J. A. . Flexibility and rigidity in automatic goal pursuit. Under Invited Revision for JPSP, 2006.

[40] Hassin, R. R. , Bargh, J. A. , Zimernnan, S. . Automatic and flexible: The case of nonconscious goal pursuit[J]. Social Cognition, 2009, 27:20 - 36.

[41] Hassin, R. R. , Bargh, J. A. , Engell, A. D. , et al. Implicit working memory[J]. Consciousness and Cognition, 2009, 18:665 - 678.

[42] Higgins, E. T. , Kruglanski, A. W. . Motivational science: Social and personality perspectives[M]. Philadelphia, PA: Psychology Press, 2000.

[43] Hommel, B. , Müsseler, J. , Aschersleben, G. , et al. The theory of event coding ( TEC ): A framework for perception and action planning[J]. Behavioral and Brain Sciences, 2001, 24:849 - 937.

[44] Kruglanski, A. W. , Shah, J. Y. , Fishbach, A. , et al. A theory of goal - systems[M]// M. Zanna ( Ed. ). Advances in experimental social psycholog ( vol. 34 ). New York: Academic Press, 2002:331 - 376.

[45] Lau, H. C. , Passingham, R. E. . Unconscious activation of the cognitive control system in the Human prefrontal cortex[J]. The Journal of Neuroscience, 2007, 27:5805 – 5811.

[46] Locke, E. A. , Latham, G. P. . Building a practically useful theory of goal setting and task motivation: A 35 – year odyssey[J]. American Psychologist, 2002, 57:705 – 717.

[47] Loersch, C. , Aarts, H. , Payne, B. K. , et al. The influence of social groups on goal contagion[J]. Journal of Experimental Social Psychology, 2008, 44:1555 – 1558.

[48] Liberman, N. , Förster, J. , Higgins, T. E. . Completed vs. interrupted priming reduced accessibility[J]. Journal of Experimental Social Psychology, 2007, 43:258 – 264.

[49] Marien, H. , Aarts, H. , Custers, R. . Being flexible or rigid in goal – directed behavior: When positive affect implicitly motivates the pursuit of goals or means[J]. Journal of Experimental Social Psychology, 2012, 48:277 – 283.

[50] McFarland, K. , Kalivas, P. W. . Motivational systems[M]// M. Gallagher & R. J. Nelson (Eds. ). Handbook of psychology: Biological psychology (Vol 3) New York: Wiley, 2003:379 – 403.

[51] Moore, S. G. , Ferguson, M. J. , Chartrand, T. L. . Affect in the aftermath: How goal pursuit influences implicit evaluations[J]. Cognition and Emotion, 2011, 25:453 – 465.

[52] Pessiglione, M. , Liane, S. , Draganski, B. , et al. . How the brain translates money into force: A neuroimaging study of subliminal motivation[J]. Science, 2007, 316:904 – 906.

[53] Pulvermuller, F. . Brain mechanisms linking language and action[J]. Nature Reviews Neuroscience, 2005, 6:576 – 582.

[54] Paulhus, D. L. , Holden, R. R. . Measuring self – enhancement: From self – report to concrete behavior[M]//C. R. Agnew, D. E. Carlston, W. G. Graziano, J. R. Kelly (Eds. ). Then a miracle occurs: Focusing on behavior in social psychological theory and research. New York: Oxford University Press, 2010:227 – 246.

[55] Schultz, W. . Behavioral theories and the neurophysiology of reward[J]. Annual Review of Psychology, 2006, 57:87 – 115.

[56] Shantz, A. , Latham, G. P. . An exploratory field experiment of the effect of subconscious and conscious goals on employee performance[J]. Organizational Behavior and Human Decision Processes, 2009, 109:9 – 17.

[57] Shah, J. Y. , Friedman, R. , Kruglanski, A. W. . Forgetting all else: On the antecedents and consequences of goal shielding[J]. Journal of Personality and Social Psychology, 2002, 83:1261 – 1280.

[58] Shah, J. Y. . Automatic for the people: How representations of significant others implicitly affect goal pursuit[J]. Journal of Personality and Social Psychology, 2003, 84:661 – 681.

[59] Shah, J. Y. . The motivational looking glass: How significant others implicitly affect goal appraisals[J]. Journal of Personality and Social Psychology, 2003, 85:424 – 439.

［60］Soon,C. S. ,Brass,M. ,Heinze,H. J. ,et al. Unconscious determinants of free decisions in the human brain［J］. Nature Neuroscience,2008,11:43 – 45.

［61］Veling,H. , Knippenberg,A. . Shielding intentions from distraction:Forming an intention induces inhibition of distracting stimuli［J］. Social Cognition,2006,24:409 – 425.

［62］Veltkamp,M. ,Custers,R. , Aarts,H. . Motivating consumer behavior by subliminal conditioning in the absence of basic needs:Striking even while the iron is cold［J］. Journal of Consumer Psychology,2011,21:49 – 56.

［63］Zajonc,R. B. . Feeling and thinking:Preferences need no inferences［J］. American Psychologist,1980,5:151 – 175.

［64］Zhang Y,Fishbach,A. , Kruglanski,A. W. . The dilution model:How additional goals undermine the perceived instrumentality of a shared path［J］. Journal of Personality and Social Psychology,2007,92:389 – 401.

注:本文曾发表在 2012 年《心理科学进展》第 12 期。

# 英语教师专业发展的文化向度及未来路径

邵晓霞*

教育的社会性决定了其对所处地域文化的敏感性,故全球多元文化背景下教师专业发展需要尊重文化多元的差异,并从中保持必要的张力,是当下时代对教师专业发展的应然影响。从文化向度来讲,全球多元文化背景下英语教师专业发展体现在文化适应性、文化融合性、文化自觉性等方面。未来其专业发展,需要经由寻求理论知识学习与文化体验之间的协调、通过"全球"与"地域"文化间的对话保持本民族文化与他民族文化间必要的张力、于教学实践与反思间形成动态的发展,以培养具有多元文化意识且能适应不同语言和文化背景学生的英语教师。

伴随着"全球化"一词成为用来描述新时期不同形态的国际关系、市场的国际化标签,其在文化领域表现出的多元倾向尤为突出。在此背景下,教师专业发展也获得了全球性的意义,那就是超越地域文化及其背景差异。这也使得教师专业发展陷入了"地域文化"对"全球文化"的张力中。因为作为大的社会文化环境中的主要组成部分,人本身就是一种文化性存在,总是生活在特定的文化环境中并受其影响。由此可以说,教师专业发展是教师与文化环境双向互动的文化化过程。[1]与其他学科教师相比,因语言与文化的密切关系,英语教师专业发展的文化向度更加突显。然而,一直以来,由于我国英语教师培养过程中知识结构主要集中于语言知识、技能的提高上,其专业发展未能很好地关注其文化维度的诉求。故以往的教师专业发展模式很有必要进行重建。本文拟通过对英语教师专业发展已有模式的梳理,分析全球多元文化背景下英语教师专业发展的文化向度,并尝试探究新时期我国英语教师专业发展的未来路径。

---

* 作者简介:邵晓霞,出生于1975年,女,甘肃天水人,教育学博士,天水师范学院外语学院教授,主要从事英语教育、多元文化教育等研究。

### 一、英语教师专业发展的三种模式

纵观国内外英语教师发展历程,大致经历了三种模式的演变,即从匠才(学徒)模式(the craft model)、应用科学模式(the applied science model),到反思模式(the reflective model)的发展过程。[2]具体如下:

(一)匠才/学徒培养模式

此模式强调实践智慧,认为专业技艺出自经验丰富的实践者,并指出在师傅的建议与指导下,学徒通过模仿学习技能是唯一的途径。也正是这种模仿和实践过程,使得技能代代相传。同理,在英语教育教学过程中,通过现场演示,在专家教师的指导下,新手教师通过观察、模仿进行学习,如图1所示。

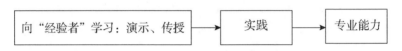

**图1 匠才/学徒培养模式**

匠才模式一直是传统教学实践的主要组织方式,即专家教师告诉学生做什么,向学生展示如何做,学生则通过模仿专家教师进行学习。这种专业培训方法就如同工厂工人的流水作业,其在本质上是保守的,从属于一个基本静止的社会。[3]换而言之,匠才观本质上是静止的,重视的是知识的获得,所遵循的模式是整齐划一的,拥有固定框架的模板,且知识体系是单一的、线性的,根本没有触及人类如何思维和行动的最基础的科学知识,更未曾涉及教师教学专业领域内的发展前景。随着时代的发展,处于动态社会中的学校教育随之也发生着变化,即使经验再丰富的专家教师,其理念若不随时代的变迁而更新,在新的情境下是很难维持的。

(二)应用科学培养模式

随着时代与社会的发展,相关的心理语言学、社会语言学等新兴学科的快速发展使得教师培养的"应用科学"模式产生。此模式的理论基础是行为主义和实证主义,其认为把教育理念传递给教师,教师就自然会将相关理论付诸于教学实践。具体流程如图2所示。

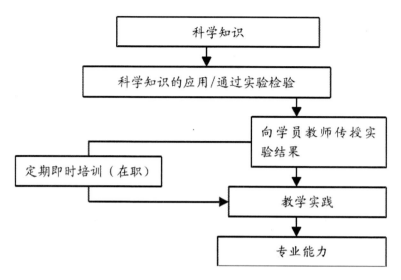

**图2　应用科学模式**

可以看出,应用科学模式所显示的是"单向性"(one‑way)的培养模式,是一种自上而下的传递模式。其遵循的思想是"机械式原理",即教师在掌握相关理论知识后,会自然将其运用于教学实践之中。此模式的缺陷之一是理论和实践的分离。正如西昂所指出的,创造基本理论是科学家和学者们的事情,而技术人员则负责将其应用于实践。[4] 换而言之,应用科学模式是一种自上而下、从理论到实践的线性模式,由专家向学员教师传授科学知识和实验结果,学员教师把教育教学的理论付诸实践,若无法达到预期的效果,处于实践地位的教师往往是人们归咎责任的对象,而不是从理论层面分析问题产生的原因。[2]

(三)反思型培养模式

反思性培养模式试图解决应用科学模式的不足。此模式认为:优秀的教学活动在课堂管理、教学组织和教学活动等方面不同于一般的教学活动,[5] 因为理想的教育活动是无法量化的。此模式关注属人领域的教育活动其复杂性、多样性。即是说,该模式强调教师既应该具备能够量化的教学行为规律知识,也应该具备那些不可量化的教学理论知识与教学智慧。根据这一模式,文化知识、语言学、心理语言学及英语教学法等相关理论知识,与教师的教学实践能力知识相互作用,指向教师的实践和反思,而实践和反思在循环往复中互相促进,并在动态发展中促成英语教师专业能力的形成与提升。具体见图3。

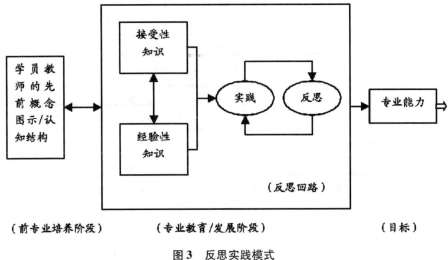

图3　反思实践模式

综上可知,既有的三种英语教师专业发展模式中,匠才模式主要强调模仿、示范的作用,是经验层面的技能训练,其在本质上是静止的,因仅强调模仿性,故而无法成功应对社会和科技的快速发展;应用科学模式虽然主张"科学知识"的应用,弥补了前一种培养模式所存在的缺陷,其缺点则是理论提升与实践训练的分离,强调科学理论的重要性,忽视了教师的课堂实践经验。反思型发展模式则在前两种模式的基础上,重视理论与实践的结合,强调接受性知识与经验知识是教师实践与反思的源泉,两者在英语教师专业发展中起着同等重要的作用。[6] 这种模式重视教师参与体验及反思性教育行为,因为教育说到底还是属人的活动,而人的活动一定带有主观性,其为多样的、具体的、动态的活动,需要教师的参与、反思方可见效。这是对传统教师发展模式的补充与更新。

然而,对于英语教师而言,由于所教对象(即语言)与文化的密切关系,其专业发展更是与文化息息相关。美国著名人类学家、语言学家萨丕尔(Sapir)和沃尔夫(Whorf)曾经指出,特定的语言在很大程度上不仅影响不同文化背景下人们的思维,亦会影响他们认识客观事物的方式。因为特定文化背景下的人们,其认知世界与承载思维的语言编码方式会受特定的民族文化、民族历史、民族心理等因素的影响,也因此伴随着特定文化史的发展进程,其在时间的模塑中形成了独特的语言和思维方式。故而,全球多元文化背景下,英语教师专业发展有了更多的文化诉求,需要置其于多元文化视域中予以重新审视与建构。

**二、英语教师专业发展的文化向度**

我们深知,人总是生存、发展于特定社会之中的,是社会文化的生成物,其价值观念、思想方法、道德追求,无不反映着这一时代的文化特征,且受制于特定的文化环境。教师的主要职责之一是传递社会文化,保持文化的连续性,因此其专业发展与文化有着天然的联系。利伯曼曾指出,理想的教师专业发展应该是一个文化建设的过程。[7]哈格里夫斯和富兰则将教师发展理解为"生态变革",强调教师发展的过程及其成功非常依赖其所发生的文化环境,例如教师文化环境、学校文化环境等。[8]一言蔽之,教师专业发展是一个教师与所置身的特定文化环境双向互动的"文化化"过程。全球多元文化背景下,任何人所置身的文化环境都不再是单一的、封闭的,而是多元的、开放的。故而,不论是来自哪个国家、哪个民族的个体或者群体,其"本土文化价值不再能有效地活化并彰显于其身上",[9]而需依托由本土文化、民族文化、全球文化等交织的多元文化土壤,找寻助其发展的有利因素。这凸显了全球多元文化背景下的英语教师专业发展的文化指向性。事实上,英语教师专业发展的文化向度思考将"教师"——这一教育主体的发展指向了文化,也是对英语教育教学的文化追问与文化回归,具体表现在以下几个方面:

(一)英语教师专业发展的文化适应性

一直以来,由于英语学科的学习与研究对象是语言,因此英语教学内容主要集中于英语知识与英语技能的训练上,故语言教师培养过程中知识结构主要集中于语言知识与技能的提高上,而忽视了其多元文化意识的培养与提升。可以说,这种惯用的教学与评价方式限制了英语教师的专业发展能力,尤其是阻滞了多民族国家英语教师在民族文化、主流文化、西方文化交织环境中多元文化意识与能力的发展空间。从很大程度上说,英语学科的特质直接影响了英语教学的特点,从而也在日积月累的教学中模塑着英语教师的思维方式。[10]因而,全球多元文化背景下,英语教师专业发展需要适应全球多元文化的新诉求。由于英语教师是目的语文化的引介者、观察者与鉴定者,故其需要留意避免用既有的行为规范与价值体系而去理解不同的文化行为。同时,又因英语教师身处地域文化亦面临全球多元文化环境。这就要求他们一方面掌握本民族文化,另一方面还需熟悉目的语文化,以适应其中所富含的多元价值观念及其思维方式、表达方式等。即是说,全球多元文化背景下的英语教师专业发展需要培育其文化适应能力。

(二)英语教师专业发展的文化融合性

全球多元文化背景下,英语教师专业发展须当"立足本民族、面向全国、放眼全球"。一方面,英语教师专业发展需要应对全球文化的影响;另一方面,其也需当依托本国深厚的文化(包括中华传统文化与民族文化)土壤,进行自我提升与发展。面向全球,即是将英语教师专业发展置于全球文化视域,打破以往的疆域壁垒,以一种开放的、容纳的思维去发展,从而转变英语教师专业发展中只关注英语教学知识与技能的封闭视角,既需要英语教师自身专业能力的提高,亦需要文化层面的关注与提升。即是说,新时期我国英语教师专业发展,既需要关注其所教的目的语及相应文化的回应上,也需要依托底蕴深厚的本土文化—中华传统文化、民族文化中寻求发展。这一过程需要英语教师在理解、接纳、欣赏目的语文化的同时,将自己所置身环境的本土文化——包括中华民族传统文化、各民族文化进行比较、辨别,且通过对本土文化的实践体验中,寻求西方文化与本土文化相融的契合点。

（三）英语教师专业发展的文化自觉性

全球多元化的发展,使得文化理解、文化传播、文化生成、文化发展等过程都有了颠覆性的变革。也因此,作为负载着文化传承、文化传播使命的英语教师,其自身须当是具备多元文化意识的人,唯有具备文化自觉能力,才能在全球多元化时代、于民族文化、汉族文化、西方文化等多文化交织的环境中胜任。这也意味着,英语教师一方面需要能够认同并传承所接触到的多种文化,同时也要具备理解、欣赏、接纳多元文化的能力,即文化自觉性。当然,文化自觉是一个艰巨且漫长的过程。于任何文化主体而言,其文化自觉性的形成,首先要认识、了解自己所属民族的文化,并能理解、接纳且欣赏所接触到的他文化,才能够在多元文化的世界里对自己有适切的定位,并经由自主适应,客观、公正地看待他文化,取长补短,形成客观的文化立场,从而构建起不同文化主体共同认可的基本秩序与和谐与共的共处守则。于全球多元化背景下的英语教师而言,因本族语、通用语、目的语等的不同所产生的思维模式的相异,使得其专业发展在应对这种模式转换问题的同时,亦面临着主流文化与非主流文化、全球文化与地域文化、多元文化与一体文化等的协调问题,需要留意避免用既有的行为规范与价值体系去理解不同的文化行为,即具备文化自觉能力。

三、英语教师专业发展的未来路径架构

如前文所述,(英语)教师专业发展本就是教师与其所置身的文化环境互动的过程,这一过程是双向的。故而,其专业发展既需着眼于全球文化视域,亦需植根于本民族与国家文化"土壤"中。即是说,全球多元文化背景下的英语教师专业发展指向文化追问与文化回归,具体表现为:文化适应性、文化融合性、文化自觉性。这一切需要通过英语教师进行理论知识学习和文化体验、依托"全球"与"地域"

文化间的对话、经由教学实践中的反思等过程来实现。具体如图 4 所示。

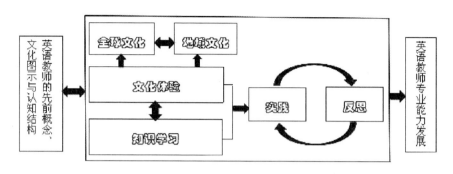

**图 4　文化指向的英语教师专业发展模式构建**

由上图可知,全球多元文化背景下文化指向的英语教师专业发展的未来路径体现在:其一,寻求理论知识学习与文化体验之间的协调;其二,保持"地域"文化与"全球"文化间必要的张力;其三,于教学实践与反思之间形成动态的发展。当然,这几种途径共同作用于英语教师专业能力的形成,且在与英语教师的先前概念、文化图示、认知结构的相互建构中促进英语教师专业发展。具体如下:

(一)寻求理论知识学习与文化体验之间的协调,以促进英语教师的文化适应能力

杜威早在其著作《教育中理论与实践之关系》中,探讨了如何调整教师教育中的理论与实践的结构性关系。他指出,"实践性学习"是教师专业成长中更直接、更自发的途径。当然,他进一步指出,真正的教师专业成长不止是从"实践立场"(如表现为仅仅观察资深教师如何上课,如何引导出良好的教学效果等教学实践技能),也应当从"心理学立场"(如观察、洞察与反思等心理性体验活动)来进行。杜威认为,教师专业发展中的理论知识学习与实践体验应当是一个整体,教师在学习与体验中使自己的个人经验得到发展与提高。否则,教师个人的经验是不会得到提升的。[11] 这就要求全球多元文化背景下的英语教师专业发展模式必须超越"匠才/学徒培养模式"中"向'经验者'学习(即演示→实践→专业能力)"的线性模式。而且,英语教师教育中所涉及的文化这一特征表现得尤为明显。因为全球多元文化背景下英语教育中文化无处不在,涉及全球文化,也指向地域文化,并包括主流文化、亚文化等。有关文化的理论知识需要通过实践、亲身参与才会真正了解。作为全球多元文化背景下的中国英语教师,其专业发展需要经由理论知识学习与文化体验间的协调,发展其跨文化能力,进而提升其文化适应能力。

置身全球多元文化背景下,处于多元文化交织环境中的英语教师,其跨文化

能力的形成是一个包括不同阶段的动态过程。比默尔认为,跨文化学习实际就是辨识和解读文化标志符号的过程,需经历以下五个阶段:(1)了解多样性(Acknowledging Diversity)。跨文化学习的首要阶段是具备文化觉察力,也就是接受声音、形态、姿态等指涉方式存在的差异,继而才有接受和理解语言系统及其意义的可能性。(2)根据刻板印象组织信息(Organizing Information According to Stereotypes)。一般而言,在觉察差异的同时往往会形成选择性的特性归类,即刻板印象,比如,阿拉伯人在交谈时会离得很近;拉裔美国人喜欢与重视家庭的人做生意。特性归类可以使我们熟悉陌生文化,但是刻板印象会限制我们对文化的洞察,有可能成为跨文化学习的障碍。因此,第二阶段的文化标志辩识就是根据刻板印象来重组信息。(3)质疑刻板印象(Posing Questions to Challenge the Stereotypes)。经过逐渐对差异的觉察并形成刻板印象后,便对刻板印象提出质疑,探寻文化的世界观、价值取向(如对于人性、时间、自然及活动等的认识),目的是增加总体的文化认知,以及对特定文化内容的理解。(4)分析沟通片段(Analyzing Communication Episodes)。本阶段的文化学习注重的是深度的文化理解与运用,并扩展对于跨文化信息的编码和解码能力。从而借由特定情境中成功或失败的沟通案例,去理解、学习跨文化沟通行为在特定的文化情境中所产生的新意义。(5)建立"他文化"信息(Generating "Other-Culture" Messages)。最后一个文化学习阶段是在陌生文化中逐步了解和调试,构建起一个适宜于跨文化沟通的"他文化",意味着文化之间达到了真正的相互理解与沟通。通过以上五个阶段,英语教师在理论知识的学习中,在实践体验中获悉了跨文化信息,完成了文化编码与解码能力的形成过程,[12]提升了其多元文化意识,形成了跨文化能力。本尼特也认为,认知、情感层面文化内容的传递,则通过对文化内容的讲授,辅之以特定文化情境的认知与情感层面的体验,可以使教学者掌握跨文化学习中的人、事、时、地、过程及其存在,并且将纯理论性的文化知识与实际所感受到的文化情境予以整合。[13]从而,促进全球多元文化背景下英语教师的文化适应能力提升。

(二)保持"地域"文化与"全球"文化间必要的张力,以形成英语教师的文化通融能力

置身全球多元文化背景下的英语教师,任教于我国多民族文化环境中,时代呼唤其专业发展需要经由对话,保持"地域"文化与"全球"文化间必要的张力,进行不同文化视界的通融。

中国自古以来就是一个多民族、多文化的国家。56个民族,孕育于不同的民族文化;同时,不同民族世世代代同呼吸、共命运,又缔造了伟大的、统一的中华民族文化,即融凝于多元一体的显在与潜在交替中发展的中华民族文化。置身于有

着如此深厚的民族文化底蕴氛围之中的英语教师,又要面对全球多元文化的影响,其专业发展模式该何去何从呢?我们深知,在一个多元文化的异质社会,教育的发展必定受文化多元的影响,若一味地强调国家教育不但不是社会凝聚的处方,反而会引发反抗以及歧异的再生。因为教育总是依赖于它自身的文化基础,它必须认识到自己在文化、历史和社会利益中的"根',它正是生长于此的。[14]全球多元化背景下,一方面,全球文化呈"多元"特点;而另一方面,世界文化也正趋于"一体",同时不同国家又有各自的"多元"与"一体"文化之矛盾。作为文化传承工具的英语教育以及作为主要文化传递者的英语教师其专业发展,必然要对这一矛盾和困惑作出回应。所以说,全球多元文化背景下的学校教育之"根"应该植于民族文化之"土壤",英语教师专业发展也须当以时代变迁中不断演进的地域文化与全球文化之泉为活水源头。[15][16]从文化视角观之,多元文化交织的环境中,英语教师专业发展的理念、实践经验的传播与全球多元文化推进中多元文化的传播,与其交流相一致,且在不同文化间传播、交流。对于全球多元文化背景下多民族国家的外语教师而言,既面临来自"全球"与"地域"双重文化协调问题,又有由语言差异所产生的思维模式的转换问题,亦须应对因民族文化、民族问题可能导致的冲突问题。事实上,对于一些教师而言,讲授关于遥远地区的知识,较之讲授本国群体种族文化、种族问题和他们自己所在社区的冲突问题,对教师们而言显然危险更小。[17]比如,我国少数民族地区的英语教师,他们面临更大的多元文化挑战。一来要应对民族语言、汉语言及各自所属文化之差异问题;同时,还需考虑与前者差异交织的英语语言及全球多元文化之间的协调问题。因而,他们需要一方面了解少数民族文化及其价值观念,也要了解汉族文化、中华民族文化、目的语文化及其所富含的多元价值观念与所体现的独特思维方式、表达方式等。另外,从学习者的角度来看,作为全球多元文化背景下的未来民族人,来自不同民族,成长于不同的文化背景,他们除了应该掌握自己所属文化共同体和超越其文化之外发挥作用的知识、态度和技能之外,同样要获得那些能够使他们成为全球共同体的有效公民所需要的知识和技能。[17]即是说,全球多元文化背景下的青少年,仅仅获取本民族文化知识、态度和技能是远远不够的,还需要超越本民族文化之外,掌握其它兄弟民族文化所属的内容。同时,也需要通过外语学习获悉全球多元文化的知识和技能,也才能发展为未来合格的全球人。由是观之,全球多元文化背景下、全球文化与地域文化交织的多元文化环境中的英语教师专业发展,须得保持不同文化的间必要的张力,才能顺应时代对英语教育的新诉求。

(三)提供教学实践与反思的机会,以培育英语教师的文化自觉意识

为了避免教育活动降格为空话或行为主义,所有好的教育活动应与反思及行

动理论联结。这便是保罗·费莱雷所定义的"实践",即对世界做出反思与行动,以改造世界。[18]全球多元文化背景下英语教师的专业发展,也是符合"反思—行动"这一联结的。事实上,传统的"匠才/学徒培养模式""应用科学培养模式"中,对与既定的教学理论、教学方法相关的概念所进行的解释、阐释,并不能解决英语教师对其教学对象——"英语教学",这一过程的真正理解和把握。因为它是一个相当复杂的过程,涉及诸多维度,包括语言、思维、文化等。当然,更谈不上能够提升并内化为英语教师的教学实践能力。究其原因,对于语言教学专业能力的获得,需要英语教师通过周而复始、循环往复的学习、实践、反思活动,在这种不断修正、不断完善的活动中,英语教师必然会创造更多继续教育、自我提升的机会。[19]由是观之,反思与实践、自我反思与自我更新是英语教师专业成长的必由之路。

这一观点渐次被学术界所普遍认可、接受。与之全球多元文化背景下的英语教师专业发展而言,不仅要解决语言的问题,而且转向对教育原理、多元文化背景等深层次问题的关注。英语教师对多元文化教育的关注,也意味着其需要持以更包容、更宽广的方式来思考,对所学习的东西加以反思,并将之应用到真实情境中,以协调来自全球文化与地域文化间的差异,来调整自己的知识结构。一方面,英语教师需要从自我审视中反思自己的知识、信仰、思想和行为,了解知识与权力、文化与政治的关系,认识到知识的建构性及其受多元文化影响的现实;另一方面,英语教师还需具有文化审视意识,了解文化差异的形成过程与方式是源于不同的文化背景,并以积极且灵活的态度正视蕴涵于文化差异之中的冲突。因而,英语教师的专业成长关乎对全球与地域文化间差异的尊重,在这种差异间寻找平衡点,这也是全球多元文化背景对教师专业发展的应然文化影响。如此,英语教师在拓展其观察、解释、分析以及决策能力的同时,其思维能力也不断得到发展与提高。这无疑也是新时期教育目的实现的前提:全球多元文化背景下需要培养出具有反思能力的未来民族人。这需要英语教师自身须得具备反思能力、具有文化自觉意识。这一能力形成于"实践—反思"这一动态过程中。

## 四、结语

全球多元文化格局不仅使英语教师置身其中的文化环境变得更加纷繁交错、复杂多样,而且全球多元文化的社会背景和多元文化环境同时要求英语教师在其教育观念、课程内容、教学方式和手段等方面都要适应多元文化的要求。这意味着未来英语教师专业发展,需要通过"理论知识学习与文化体验相协同、文化反思与实践行动相促进、全球文化与地域文化相平衡"等路径才能实现。因为"多元文化教育的最终目的绝非一味地促使文化的日趋多样化,却是试图使'多元'与'一体'之间协调起来。即是说,在保持文化差异的前提下,力图将'个体文化'与'共同文化'有机地统一起来"。[20]事实上,全球多元文化背景下的英语教师如何在全球与地域文化间进行协调或保持必要的张力,将是英语教师专业发展面临的永恒问题与追求。这就要求处于全球多元文化背景下、置身于中国多元一体环境下的中国英语教师,绝非仅是掌握语言教学技能的专业语言教学人员,而是须了解不同民族文化的专业人员,应深知语言与文化的密切关系、懂得中国学生所置身的文化环境对他们学习目的语的影响,并会对这种影响加以充分利用,让其成为提升学生跨文化能力及综合语言运用能力的驱动力。与此同时,时代要求他们亦须是具备多元文化意识的人,需要掌握多元文化课程和教学的知识,这些知识能够适应来自世界各地不同文化背景、不同种族、不同社会阶层全体学生的各类特殊需求。由是观之,全球化背景下多元文化视域中的英语教师专业发展,需要体现文化适应性、文化融合性、文化自觉性等特征,且需要在既有的三种模式,即匠才模式、应用科学模式和反思模式的基础上,将"理论知识学习"与"文化体验""文化实践"与"文化反思""全球文化"与"地域文化"有机统一,整体协调,方可达成。

## 参考文献

[1]李纯. 教师专业发展的多元文化意蕴[J]. 教育理论与实践,2013(13):41-45.

[2]Wallace, M., J.. Training Foreign Language Teachers: A Reflective Approach[M]. Cambridge: Cambridge university press, 1991.

[3]Stones, E., Morris, S.. Teaching Practice: Problems and Perspectives[M]. London: Methuen, 1972.

[4]Schon, D. A.. The Reflective Practitioner: How Professionals Think in Action[M]. NewYork: Basic Books,1983.

[5]Richards, J. C.. The language teaching matrix [M]. New York: Cambridge University Press, 1990.

[6]魏立明,等. 国外外语教学文献述评—当今外语教师自身发展的三大模式[J]. 国外外语教学,1996(4):38-40.

[7]Lieberman A., Miller L.. Professional development of teachers[J]. Encyclopedia of educational research, 1992(3): 1045-1051.

[8]Hargreaves, A., Fullan, M. G. Induction [A]. in Hargreaves, A. Fullan, M. G. (eds). Understandulg Teacher Development[C]. New York:Teachers College Press, 1992:1-2.

[9]章光洁. 多元文化社会中的教师角色及其对教师教育的启示[J]. 西南师大学报(社会科学版),2002(11):68-72.

[10]贾爱武. 外语教师专业发展的理论与实证研究[D]. 上海:华东师范大学,2003.

[11]佐藤学. 课程与教师[M]. 钟启泉,译. 北京:教育科学出版社,2003.

[12] Beamer,L.. Learning Intercultural Communication Competence[J]. The Journal of Business Communication, 1992(29): 285 –303.

[13] Bennett,M. J.. A developmental approach to training for intercultural sensitivity[J]. International Journal of Intercultural Relations, 1986( 10):179 –196.

[14] 阿普尔. 文化政治与教育[M]. 北京:教育科学出版社,2005.

[15]邵晓霞. 从民族团结教育课程看我国多元文化教育[J]. 云南民族大学学报,2011 (4):19 –24.

[16]邵晓霞. 试论课程的对话意蕴[J]. 西北师大学报,2012(2):117 –122.

[17]班克斯. 文化多样性与教育:基本原理、课程与教学[M]. 荀渊,等译. 上海:华东师范大学出版社,2010.

[18]弗莱雷. 被压迫者教育学(30 周年纪念版)[M]. 顾建新,等译. 上海:华东师范大学出版社,2001.

[19]Crandall, JoAnn (Jodi). Language teacher education [J]. Annual Review of Applied Linguistics, Cambridge University Press, 2000(20):34 –55.

[20]郑金洲. 多元文化教育[M]. 天津:天津教育出版社,2004.

注:本文曾发表在《兰州大学学报(社会科学版)》2017 年第 45 卷第 4 期期刊上。

# 社会变迁中的已婚东乡族女教师
# 工作家庭冲突研究

李艳红 *

本文通过对四位不同年龄、教龄、学校类型的东乡族女教师的田野调查,呈现了她们在面对急剧的社会转型与文化变迁,面对历经传统积淀、伊斯兰文化氛围浓厚、封闭性较强的社会环境时,在职业与家庭角色转换中所遇到的冲突、压力及应对策略。

东乡族是甘肃省特有的三个少数民族之一。千百年来,在不断的文化融合中,东乡族人十分智慧地平衡了社会的开放进步与追寻民族认同之间的冲突,为东乡族社会带来了既有鲜明的民族特点,又积极进取的群体个性。在今天面对全球化冲击的背景下,东乡族女教师是关切东乡族社会现代化进程的知识分子,是民族教育的核心力量,走进女教师的生活世界,对她们所处的家庭、家族、社会关系现状进行研究,将有着超越教育层面的特殊意义。

## 一、研究对象与方法
（一）研究对象所访谈东乡族女教师基本情况表

---

\* 作者简介:李艳红,出生于 1969 年,女,甘肃天水人,天水师范学院教师教育学院教授,博士,主要从事农村基础教育研究。

基金:2007 年甘肃省社科规划项目"社会变迁中的农村教师发展研究";2007 年甘肃省教育厅项目 (0708 - 05) 阶段性成果之一。

| 姓名 | 年龄（岁） | 学校类型 | 学历 | 参加工作时间（年） | 子女（个） |
|------|----------|---------|------|-----------------|----------|
| A 老师 | 46 | 村小 | 中专 | 1985 | 3 |
| B 老师 | 39 | 中学 | 大专 | 1990 | 1 |
| C 老师 | 36 | 小学 | 中专 | 1996 | 2 |
| D 老师 | 34 | 村小 | 中专 | 1998 | 1 |

（二）研究方法

本研究主要运用田野调查的方法，对四位不同年龄、教龄、学历等的东乡族女教师进行了深入访谈。

## 二、已婚东乡族女教师工作家庭冲突的深描

（一）分秒必争的每一天

东乡族的中小学女教师相对于其他职业女性，最大的差别在于上下班的时间不同。小学是 7 点 20 分上学，中学的早读是 7 点，因此，要安顿好家里所有的人和事以后，整整齐齐去上班，对于多数女教师来说，时间上的运用是个很大的挑战。在一个下午的自习时间，我见到了坐在一堆学生作业旁的 D 老师，她说：

> 不好意思，每天一堆本子……在没课的时间改，回家孩子、家务一大堆，什么事也做不了。我和掌柜的（丈夫）一直在两地工作，生活很不方便，一间办公室就是家。我们学校老师少，学生多，一边上班，一边带孩子，工作量大，很辛苦。孩子小的时候，我们有时要抱着孩子上操，个别的女老师的话，可以不上操，但我们大多数是女老师，困难只能自己想办法克服。老师的孩子受的苦多，孩子哭着，叫着，不能按时吃，裤子尿湿也不能及时换，下操以后就抱着他送到保姆家，我早饭基本上没吃过。早操，早读，上午四节课，连续性的，根本没有闲时间。（2005 - 12 - 18）

一日之计在于晨，D 老师的描述颇能反映已婚女教师们每天一睁眼睛，必须面对的时间压力。

> 如果我没工作，或在别的单位、机关单位，闲着没事儿，可以自己带孩子。有事打电话才去，有时间啊！我自己照顾他不会是这样的。但是我们当老师的一天都不能坐呀！一天也不能耽搁！一节（课）也不能耽误！如果我为了

自己的孩子耽搁工作,耽搁的是四五十个孩子。损失我自己的孩子只是一个,但是他们四五十个,那个损失就太大了。(2006 - 03 - 30)

C 老师说自己就像一个上紧发条的闹钟,不停地在转动。面对每天上班前混乱而匆忙的状况,面临家庭生活与工作的多重角色,老师们的情绪也常常会难以控制:

> 家里两个孩子一个在幼儿园,一个已上中学,每天早上 6 点半就要赶往学校。每天早上像打仗,我早早起来,自己先收拾好,再给孩子滚(热)奶子。大的自己起床,吃了就走,小的我还要穿衣服,睡不醒还要哄。有时候,哭着就领出门……
>
> 当老师太累了,每天都要早起,跟自习,跟早操。有时候看到快要迟到了,家里也不收拾,带着孩子就要出门,可他们还是慢腾腾的,这时候我就会忍不住发火。人累了心情就不好,脾气也不好了,把气就出在孩子身上。(2006 - 04 - 02)

A 老师回忆起自己刚结婚丈夫不在家,她与婆家生活在一起的那段日子:

> 我先结婚,后来有了工作。全家有 17 口人,早饭、晚饭都是我做。早上给家里人做好饭,洗过碗锅后,我才能来学校,学校就在村子里,放学后赶紧回家做饭。我在上课的时候,遇上农忙,一般要先顾工作,但是家里婆婆不同意。当时我的小叔子和小姑子也在这个学校上学,家里忙不过来的时候,我到校长那儿去请假,校长说:"我可以给你小叔子和小姑子请假,他们到家里干活去,不给老师请假,老师请假耽误了一班学生的学习。"这样慢慢地家里人也不去请假了。(2006 - 04 - 06)

女教师虽然同丈夫一样有自己的工作,但是在整个家庭的运作过程中,她们仍然扮演重要的角色。为了能够协调好工作与家庭,通常是自我要求,自己付出更多。上班时间在学校里忙,下班之后,女教师们的另一个挑战又开始了,角色的转换似乎让女教师们仍旧没有稍稍喘息的时间。D 老师说:

> 女老师们家务事多,掌柜的连被子都不叠,一进家就要吃饭,孩子也回来了,买菜、做饭、洗碗、洗衣服、看孩子,这些都干完了,已经累得不行了,还抓

什么业务呢。我第四节课下了累啊! 回家掌柜的说你别生气,外面吃去,可经济收入不行,一顿几十、上百块,不能天天出去吃。男人可以,女人不行,女人细,花钱省,自己舍不得。(2006 - 03 - 27)

访谈中我们还见到了 D 老师的丈夫。说到做家务,他有自己的道理:

> 单位上是外面一套,家里还要按宗教来。东乡的男人一般不干家务,她们也不争取,嘴上也怨,家务活还是干。生活中有许多闹剧,是奋争,但归根结底是争不到的。孩子大部分是她带,以前晚上要给孩子冲奶粉,是她冲,一半次要我冲,我也去,如果天天让我晚上起来冲奶,我不干。反正,女的就应该操心孩子。
>
> 我的愿望是我挣很多钱,把工作调到一起,帮她做家务(苦些的活,买东西、买煤等),不让她操心。丈夫挣大钱,当个大领导,为家、孩子多出力,妻子当个老师,这样,她也轻松些。(2006 - 03 - 27)

B 老师在谈到繁忙的工作与家务时,讲到了自己和身边看到的情景,显得有些愤愤不平:

> 我丈夫是我大学同学,但家务几乎是我一个人的。在东乡,男尊女卑是根深蒂固的,他根本意识不到。学校里有个男老师把女人伺候得特别好,做饭、洗锅、带孩子,什么都干,有的女老师反而说:"看看这个男人一天围着媳妇转,给媳妇做饭,像个什么男人,真没出息。"我心里想,做饭是给两个人,怎么说给媳妇一个人呢? 我希望我男人这样,可他不是。她男人那样,她是幸福的,你们怎么看不惯? 后来其他男人也不和他交往了,在大环境下,慢慢他也不敢做了,同化了,大男子主义了。也有坚持的,太少了。如果有人坚持,他马上就被孤立了,融不到这个人群中,男的瞧不起他,女人也瞧不起他。说要争取男女平等,可真正到了平等的那一天,所有人都接受不了。(2005 - 12 - 13)

一天的生活虽然简单,可以用起床、上班、下班、睡觉这样的模式一语带过,但在这样的模式中,女教师的角色转换也是千变万化的。随着角色的转换,可以看到,女教师仍然负责大部分的家务,始终在为家人忙碌,而非为自己。但她们大多毫无抱怨,还是尽自己最大的努力更好地照顾家庭、照顾孩子。丈夫对妻子的期望首先也是贤妻良母,认为所有这些都是女教师们应该做的。

(二)夫妻感情的经营

在传统家庭中,父母与子女之间的互动所依据的是严格的伦理规范,而不是个人感情,家庭关系的主体也不是独具人格的个人,而是规定好了的某种特殊关系。在这样的家庭制度中,儿童社会化和年轻人择偶过程中的个性屈服于家庭制度和传统习惯的情形尤为突出。我曾经访谈了 C 老师的丈夫,他说父亲是村子里唯一念过书的,有威信,他上学、结婚都是父亲做主的:

> 我如果谈了对象,也不敢给父亲说,我的婚姻是父亲定的。我们对伊斯兰教看得很神圣,不能改变,从小受到的环境影响,慢慢内化成了自己的准则。男人牺牲自己的婚姻,找个对家庭好,孝敬父母的好呗。结婚是为了传宗接代,性福是罪恶的。包办的婚姻稳定,应该说,这些包办婚姻的人本身是懦弱的,不敢对抗家族,双方对习俗都有认同,也算是门当户对吧。长期在一起生活矛盾少,更和睦。也许东乡族的婚姻一般比较稳定,离婚现象不多,就是这个原因吧。
>
> 我们结婚两年,我都一直心里痛。不是她人不好,她在家里什么都做,也不和我生气。我也是大男子主义了,什么也不干。我觉得家庭是一个秩序,要维持秩序,就必须牺牲许多。我结婚似乎是家里娶媳妇,而不是我结婚。我们家很传统,我始终处于一种矛盾状态,我从小受到的教育是这样的,教义的要求也是这样的。(2006 - 04 - 05)

传统"男主外、女主内"的文化压力与价值观念仍深植于人们的内心,虽然是"双职工家庭",但家务重担大多落在女性身上,如果对方不懂得分担,那么,家务事将会成为女教师在婚姻中最沉重的负担。访谈中,D 老师虽然生气地述说丈夫的种种不是,可内心里仍以丈夫为主,"男尊女卑"的传统观念根深蒂固,偶而也想为自己的权利"奋争",但仅仅是内心的激荡,无法付之于行动。她说:

> 我病了,让他自己和面,他说,你死下了再说。做个饭吗,我从小就做惯了,不想跟他吵,男人硬不做就不做吧,我不想有矛盾。有时候我也想这不平等,可他顽固得很,没意思,我斗不过,天天打仗吗?是为打仗结合的吗?两个都不做,饭吃不上,像啥家。
>
> 这是一种风俗,男的做饭别人看了笑话,男的没面子,伤了自尊,所以我们觉得我们应该干,处在这种环境没办法。环境能够改变人……工作要干

呢,东乡当老师就是女人的好工作嘛。(2006 - 03 - 27)

与 D 老师谈话时不知不觉已临近放学时间,她匆忙回到自己屋里去做饭。我们在办公室跟周围住校的几个老师寒暄了几句,起身向 D 老师道别的时候,发现他丈夫刚进家门。D 老师很勉强地给我们简单介绍之后,就再也不和我们搭话,头也不抬,忙着做饭了。D 老师丈夫说:

> 我在乡上工作,考虑过她的辛苦吗? 考虑着呢,很可怜,作为男人我帮着呢,到外面挣钱,家里垫补一下。她是老师,我出去也有面子,但回到家里还是伊斯兰教的妇女。我周围农村的女老师还不如家庭妇女,她们每天要上班,还要回家啥都干。家庭妇女不操心,不担责任,男人把什么都拿回来了,做就成呢……其实,这样的家庭是幸福的,两个人要民主平等、争吵不断是不幸福的。

是女人"傻",还是"天赋本能",家务事总是与女性角色联系在一起,不论是家人的期待、自我的要求还是无可奈何地接受,女性总要默默承担家务,而家务又总是没完没了,日复一日。虽然"男女平等"是当今时代潮流,但东乡族女教师因受到传统道德教化与社会习俗规范的影响,除了职业角色外,也认同自己应该扮演"贤妻良母"的角色,而工作与家庭之间的冲突所引发的夫妻之间的不和睦更是女教师们必须面临的挑战。

(三) 对长辈的照顾

赡养孝敬双亲是东乡族最看重的美德。孝者,顺为先,要与长辈和睦相处,敬老爱老是子女们必不可少的。D 老师也是这样做的:

> 我婆家家里还有几个嫂子,地里我不去,但其他家务都干。公公婆婆年龄大,公公有文化,比较开明,我很幸运,结婚 11 年了,从没闹过矛盾。他们从不要求,但我回去会自觉去干,我像做本职工作一样,默默去干。家里院子特大,老人说天天扫也没必要,可我还是扫,然后做饭,帮她们洗床单、被套。家里还有羊,我也喂。东乡族传统家庭里,儿媳妇和公公之间是非常拘谨的,我们家也一样,夏天我们在厨房吃饭,冬天他们在炕上吃,我们在下边吃。(2005 - 12 - 12)

在赡养老人的过程中,婆媳关系是家庭中最微妙与最难处理的一种关系。因教育、观念、个人经历、生活习惯、家庭背景等因素不尽相同,在与长辈相处的过程中常会有意见、看法不一致的时候,尤其接触的都是生活中的琐碎小事,比如穿着打扮。C 老师述说了身边的一件事:

> 我结婚以后头发就没露出来,戴帽子和头巾都行,不戴的话压力很大,主要是家庭影响。娘家父亲念经,说不戴不好,外面的群众也会有反映,当面不可能指着你骂,但叽里咕噜地说得也多。我老公也说你裙子别穿,再好的裤子买都行,我要是穿裙子,他好像丢了面子。其实,我们自己也战胜不了自己,要是真穿了,自己也羞得不成。曾经有一位同事结婚了,戴的白帽子,可村里人说:"你是明媒正娶来的,要戴盖头,把头发盖住。可你好像是别人从外地领回来的,跟不懂规矩的外来人一样。"(2006 - 04 - 02)

饭菜各有不同的口味和做法,只要一疏忽,没有按照婆婆的习惯来做,就会引来她的一番唠叨。B 老师说:

> 有一点你永远要承认,媳妇的地位在揭不开锅的家庭和富有家庭永远都是一样,逆来顺受,任劳任怨,而且你不能表达自己的主张、想法。如果婆婆不喜欢吃味精,你也永远不能吃,你吃了就不行。洋芋切多大就是多大,不然的话,她会每一次都念叨,你面对的就是和她的冲突,丈夫不会说什么,什么时候都这样。我爱人有文化,接触外面的人多,也一样,只是尊重我,不强迫。(2005 - 12 - 13)

同住在一个屋檐下,在婆媳冲突中男人却学不会如何当桥梁,他们认为孝顺父母是子女理所当然的,所以,一味要求妻子要"顺从"父母,因为"儿女的恩,母亲更大"。B 老师的丈夫曾经是一所学校的校长,访谈中他这样说:

> 女老师更多的是受婆婆和丈夫的双重压力。她们到学校也抱怨:"哎呀,累死了,又是家务,又是工作。"但是她们回到家里也愿意忍受,家庭矛盾一般不会扩大。在她们眼中丈夫就是高人一等,我是个女的,我应该做,我比他低吗,丈夫发火,一般也很少顶嘴。伊斯兰教教你必须忍辱负重,家庭从小的影响就是这样。如果结婚后,和婆婆分开过,加上丈夫比较支持,情况会好一些。都是工作的就好一点,如果是在农村坐家,不管你多忙,首先是媳妇,必须做饭。加班不行,人家都下班了,你为啥不下班? 婆婆会唠叨。"儿女的

恩,母亲更大。"儿子也通常听母亲的话。(2005 - 12 - 15)

　　婆媳之间的冲突总是让夹在中间的丈夫感到为难,一边是自己的妻子,一边是自己的母亲,所以,他通常采用的方法是"两边哄"。B老师丈夫说:

　　　　婆婆和媳妇肯定有矛盾,我经常不在家,一星期回来一两趟,不是这个不高兴,就是那个不高兴。你说媳妇,媳妇有一大堆苦,你说母亲,母亲也有一大堆苦。你说我能说谁?我谁也不管,我真管不了。母亲人老了,嘴碎,眼里看到的多了,什么都要说,我只能两边哄。(2005 - 12 - 15)
　　　　我以前家务做得少,父母虽没要求,但我进不惯厨房。现在自己买了房子,我也做家务。我以前做了,父母会变脸,不高兴,我认为自己是他们的儿子,应该顺着他们,厨房的事儿应该是女人的事。父亲就是这样,生活中形成了这种习惯。现在改变多了,主要是电视影响大,交通方便,出去也能看见。(2006 - 04 - 05)

　　无论是过去还是现在,媳妇一样难为,"孝"与"顺"是相提并论的,婆媳之间也需要情义的维系。冲突的发生常常是因生活中的琐碎家务事,而多数应该扮演沟通桥梁的男人又是眼不见为净,能躲即躲。所以,身为教师的媳妇大多也是默默承受,不管内心不悦或是委屈。

　　(四)繁重的人情
　　"地方传统是延绵地展开的社区历史的一部分,它的构成不单纯是'落后的集体符号体系',而是由一定的社会交往规则、空间分布和行动领域、社会—经济模式,以及人对社会生活的解释所组合。"村落中的礼仪行为既体现了传统的保守性,也随着时代的变迁呈现出不同的形态。村落也是女教师们生活的一个重要场所,她们的生活离不开与村落之间的交往和互动,正是这些丰富的人际交往构成了她们的生活。女教师们在人际交往中,常常还要为繁重的"人情"所累。访谈中,C老师说起生活中的人情:

　　　　问:你说生活中有很多大事,都是什么呢?
　　　　答:生孩子、搬家、升学、婚礼、送人(丧事)、祭祀活动等等。比如掌门人的纪念日,老人的祭日。
　　　　问:做大事的时候,你们去干什么?
　　　　答:搭人情,帮忙。大多数亲戚都去,女的做饭,进厨房帮忙的一定是自家人,其他人去也是听阿訇念经,然后吃饭。女人在生活中的角色排序,家庭角色肯定在前。对工作的期望,不要排在最后就行。

问:这么多的活动会耽误工作吗?

答:有时候放在双休日,每学期学校有八天假,基本够了,工作可能不会耽误。只是活动多,工资紧张,人也累。

问:这些活动必须参加吗?

答:自己家有事好像是庄子的事,教们的事就是全庄的事。要是你一家人搞,别人也有看法,一家人也做不了。这里人对社区的看法看重,你不去,也不送"人情",别人会说的。农村生活要依赖他人,别人要帮助;互相帮忙,下雨了,收麦大家也帮,人情味浓。你要是惹了庄子上的人,你以后有事儿,也没人管了。(2006 - 06 - 12)

### 三、东乡族女教师工作与家庭生活状况的诠释

(一) 家务事是女人事

我们访谈的女教师大多出生于农村并工作、生活在当地,落后的经济发展水平致使当地农村与城市在生活水平、生活方式等方面存在较大差异,特别是在东乡县农村,根本就没有相应的服务保障机构(如幼儿园、养老院等)。这些农村女教师既要遵守城市化的作息时间,保证正常的工作,又要为自己带有农村生活特点的家庭生活付出更多的时间和精力,因此,在家庭与工作的劳动时间分配之间必然存在冲突。

社会生活中,个人在特定的情境下所面对的互动对象不同,其表现就会有相应的变化。在"工作场所"和"家"这两个不同场合,个人会有不同的角色定位,与他互动的人也对他有不同的角色期待。在"工作场所"这个情境下,女教师们常常被要求以工作人员的言行、仪表出现在同事的面前,而在"家"这个场合下,她们又被要求以"妻子"(或其他)的角色出现。在这两个场合,她们都要扮演与场景符合的角色,如 D 老师的丈夫所说:"单位上是外面一套,家里还要按宗教来。"而今,东乡族家庭中仍存在着明显的性别劳动分工,"男主外,女主内"依然是东乡族夫妻分工的主要模式。访谈中的东乡族女教师对这种夫妻分工模式的认同度比较高,多数女教师的意识中没有家务劳动应该有分工或男性成员应该分担家务的概念,认为家务是自己的事。在解决工作与家庭的矛盾时,男性多选择"家庭让位于工作",而女性则不得不选择"工作让位于家庭",这说明要在事业上有所成就的女教师们经常面临着双重压力,困难更大,要付出多倍的努力,需要坚韧的毅力,身心俱累。人生就是不断上演不同剧目的舞台,哪有什么终极意义的舞台角色?以

这样的观点来关照女教师,便能体会她们在家庭生活中扮演多重角色时的种种心甘情愿的无奈。

(二)丈夫与权力相伴

在东乡族传统的社会结构中,家庭居于特殊重要的位置,它是社会分化的结果,又是社会整合的基础。传统的东乡族农业社会是以家庭和家族为中心展开的,生产的主要运作单位是家庭,家、族、国同构的格局给予家庭关系以浓厚的伦理意义,东乡族男性长辈对家庭具有绝对的权威。从访谈中得知,C 老师的婚姻最初是听从了父亲的安排,父亲有文化,在家族中受人尊重,他的成婚似乎是家里娶媳妇,为了传宗接代,所以他的心里一直在痛。但是,包办婚姻又是相当稳定的,正如有的学者所说:"受到经济条件的支配,不怎么注重精神生活的婚姻关系,但是双方出自对社会的责任,仍能和睦相处,尽其抚养子女、尊敬和赡养老人的义务,它在低文化水平的城市家庭中占一定的比重,在农村的婚姻关系中占主导地位。"东乡族人在婚姻中过多地关注理智的宗教义务和社会义务,建立或维持没有感情基础的婚姻是为了尽家庭责任和义务,而以感情为核心的精神生活的需求则在其次。这种出于责任和义务而维持的婚姻关系,会随着支配它的经济条件的改变而改变。特别是一些接受过教育的青年人,他们的思想比较活跃,善于反思,容易接受男女平等、婚姻自由的思想,家庭中的夫妻关系也会因此而有大的改观。C 老师的丈夫可以说即是其中的一位:

在好多年平静的夫妻生活中,慢慢也受到大众文化的熏陶,也渐渐在变。我们自己买了房子,和父母分开住以后,我偶而也进厨房了,两个人有了感情,开始理解她了……(2006 - 04 - 05)

传统的东乡族女性一直在家庭中扮演着"主内"的角色,社会性别分工决定了这种家庭分工,而社会性别制度造就了女性的生活模式。正如 B 老师所分析的:"丈夫回家媳妇啥都干,媳妇回家丈夫啥都干,各自理解都是幸福的。家庭夫妻关系是动态平衡,这种平衡一旦被打破,双方反倒认为不适应,平等不一定是非要帮干家务,平等应该是尊重、信任。"所以站在这个角度去理解,女教师们自愿承担起所有家庭事务也是幸福的,"夫妻间更强调义务与和谐的关系,而不是权力和平等",这可能是对东乡族女教师家庭中某种夫妻关系的论断。

(三)婆媳相处不容易

伊斯兰教的伦理观认为,善待父母,孝敬双亲应是每个穆斯林必有的道德修养内容之一,伊斯兰教的经典《古兰经》就把孝敬父母提高到天命的高度来对待,甚至与拜主相提并论："你们当崇拜真主，不要以任何物配他，当孝敬父母。"在伊斯兰教孝顺观的强大影响和控制下，赡养功能在现代东乡族家庭中一直得到最坚决、最彻底和最完善的执行。然而家庭中婆媳之间难免会有冲突，因为她们本是路人，却靠着另一个家庭成员（婆婆的儿子，儿媳的丈夫）作为中介互相联系着，朝夕相处，难解难分。年龄悬殊、生活习惯各异、文化教养不同，两人之间自然容易出现许多纠纷，而是非曲直又因为裹挟着亲情、爱情，很难简单地用理性的标准来加以评判。从文化传统来看，百善孝为先，父母即便在对待儿媳的事情上有不对之处，做晚辈的也不能耿耿于怀。特别是母亲，为家庭付出了许多牺牲，养育儿女，操持家务，是爱与无私的象征，长期的文化积淀在人们心中形成了明显的崇母倾向，如 B 老师的丈夫所说，"儿女的恩，母亲更大"。当母亲与妻子发生了摩擦时，哪怕责任不在妻子，夫妻感情再深，舆论和孝道都要求做儿子的必须站在母亲一边。

现今男女两性是以自由恋爱缔结成婚，这与从前男女听从"父母之命"的情况是完全不同的。自由恋爱使得男子对妻子感情的依恋程度高于对父母的依恋，而且新时期东乡族婚后居住方式的变迁在某种程度上对夫妻关系的改变有着一定的影响，居住方式的多样化及可变性，为家庭带来了更大的生活选择空间，从传统大家庭中剥离出来，使人们有了更多的私人领域和夫妻独处的时间，也就有了更多体现夫妻关系的场域与氛围。这一点上，B、C 老师丈夫的做法即是很好的印证。

（四）为人情所累不得已

同中国广大农村地区一样，东乡族主要的社会、文化、经济活动都是在家庭合作的基础上展开的。这使人们必然"将维系家族血缘与情感的孝悌观念作为最基本的伦理道德规范，并把这种观念推及至邻里乡亲"，决定其乡土伦理道德观必然是讲人情。东乡族村落有较强的亲族观念，构成了十分紧密的集体，显示出很强的凝聚力和认同感，因而组织互助协力成为代代相传的惯制，人情也自然体现其中。传统习俗的集体性对个人行为具有强大的制约力量，尤其在乡村社会中，个人身处由血缘关系和地缘关系织成的网内，长期与族人和乡邻以共同的节奏和方式生活，思想、行为方式都形成了较为稳定的模式，不易打破。即便像女教师们这样受过教育、感受过外面世界的生活气息的人，再回到乡村后，在这些传统性的大事中也依然要按照乡村社会的生活逻辑行事。在 C 老师所提到的各种仪式活动中，饮食服务、待客、仪式活动使用的工具以及仪式活动的其他非专职性的服务工作基本上都是由村落的邻里和亲戚提供的。在仪式活动中，邻里和亲朋之间发生了大量的联结。同时，还有一种互助关系的重要情愫，即民族的和宗教的情愫。

然而,作为物化(物或金钱)行为体现手段的"人情",一方面,具有加强民众间相互联系及互助互动的客观效果,它为民众提供了建构自己关系网络的机会;另一方面,随着社会及经济活动的分化及细化,"人情"的流动自然会脱离它最初仅仅是情感性表达的本意,而附加上种种强化社会关系的功利性内容。因此,在这种关系网中的女教师们虽有苦衷,也无力挣脱。

## 四、结语

婚姻家庭是一个人生涯发展的重要方面,大社会的变动必然会引起家庭各个方面的变动,由于家庭是每个人最亲密的团体,它的变动也会引起大社会的变动。社会变动与家庭变化间存在辩证关系,社会变动,尤其是重大的社会变动,往往会改变婚姻家庭的某些局部特征,造成婚姻家庭的变化。在社会变迁的过程中,神圣的教法、社会传统习俗和现代观念相互交融,决定着东乡族女教师婚姻家庭价值观念的转变。在这样的文化氛围中,在女教师的生涯发展中所出现的冲突与挣扎是必然的,这体现了女教师文化自觉后所出现的传统观念和现代观念的冲突,它既是文化培育的结果,也是文化冲突的结果。

**参考文献**

[1]郝苏民. 甘青特有民族文化形态研究[M]. 北京:民族出版社,1999.

[2]费孝通. 乡土中国·生育制度[M]. 北京:北京大学出版社,2003.

[3]邓伟志,徐榕. 家庭社会学[M]. 北京:中国社会科学出版社,2002. 98.

[4]王铭铭. 村落视野中的文化与权力 ——闽台三村五论[M]. 北京:生活·读书·新知三联书店,1997. 148.

[5]程继隆. 中国婚姻文化大潮 ——关于中国婚姻状况的社会学反思[M]. 长春:吉林人民出版社,1991. 14.

[6]清华大学社会学系. 清华社会学评论[C]. 北京:社会科学文献出版社,2003. 44.

[7]马坚译. 古兰经[M]. 北京:中国社会科学出版社,2003. 209.

[8]李国均. 中国书院史[M]. 长沙:湖南教育出版社,1994. 147.

[9]费孝通. 论中国家庭结构的变动[J]. 天津社会科学,1982,(3):4 - 8.

注:本文曾发表在《西北民族研究》2009 年 2 月 15 日

# 交往理性视域下民族团结实现之源起、理据及路径

邵晓霞*

民族国家的民族团结问题是一个很值得关注的研究课题,目前学界大多从工具理性的视角进行探讨,而缺乏从交往理性视域的审视。民族团结是民族国家构建中不同民族主体之间交往实践的结果。因而,从交往理性视域探究民族国家的民族团结实现问题很有必要。中国的民族团结建立在56个民族交往的基础关系之上,故交往行为构成民族团结实现的生成点。通过选择恰当的话语进行对话形成民族团结实现的媒介、经由承认和重视共同的规范标准确立民族团结实现的规则、凭借改变生活世界重建民族团结实现的场域,从而夯实民族国家民族团结实现的坚实基础。

追根溯源,中国历史上便是一个多民族国家,民族团结历来为各朝政府、学界所重视。全球化背景下多民族国家"国家一体、民族多元"的特点决定了民族团结问题是民族国家的核心问题。民族团结本质上是人类生存方式的一种文化映射,[1]是特定的文化主体、民族主体间往来互动的内在行为。人的行为可以分为工具理性行为和交往理性行为,前者是基于经验知识的技术规则,往往表现为方法、手段的理性选择,抑或目的合理性的确定,有时亦是两者的综合表现,它是一种策略性行为。[2]而后者则表现为对有效性规范的遵守与服从,被遵守与服从的规范,规定了活动中两个或以上的行为主体所理解且认可的相关行为期待,它是一种发自内心的主体行为。犹如施莱辛格(P. Schlesinger)所言:"民族国家之感觉,乃是由内向外的审察。"[3]然而,目前有关民族国家民族团结方面的研究,学界大多从工具理性视角进行探讨,而缺乏从民族主体交往理性视界的审视。因此,与之中华民族,这一民族国家的民族团结而言,从构成民族国家56个民族主体的

---

* 作者简介:邵晓霞,出生于1975年,女,甘肃天水人,教育学博士,天水师范学院外语学院教授,主要从事英语教育、多元文化教育等研究。

交往理性视域进行探讨,在全球化的日益推进中有着深远的意义。

## 一、交往理性视域下民族国家民族团结实现的源起探究

### (一)民族国家建构中的交往理性

"民族"这一概念,是随着作为人类国家形态演进过程中形态之一的民族国家其构建和普遍化,才渐次成为描述、分析人类群体的基本概念的。[4]中华人民共和国成立,标志着中国民族国家建构的完成。[5]这意味着,中国,这一现代民族国家伴随着"多元"(56个民族)与"一体"(中华民族)之显在与潜在的交替发展,于不同民族主体在经济、文化等诸领域的交流、融合中建构而成。事实上,纵观历来国家的朝代更迭、历史变迁,不同类型的民族、族群的历史渊源,正是现代多民族国家建构过程中确立民族、族群政治模式,以及作为其重要话语的亚层次民族身份及概念的重要基础。[6]可见,民族国家的建构,是在漫长的历史发展中伴随着不同民族、族群的发展、变迁过程的。在古代,由于国家所有制,以土地为共同财产的劳动共同体,土地是为共同体的基础,劳动共同体以血缘关系为纽带、以共同所有的土地为空间,进行着相互交往活动,也因此形成了基于血缘的或地缘的自然关系纽带的国家。随着社会分工,劳动者联合契约的形成,现代国家逐渐产生。现代国家是通过一套制度体制,它将特定区域的人们整合成一个可以共享制度安排的统一共同体,其基于特定的制度性安排而成。[7]据此建构逻辑,同一国家中,同一民族的人们或不同民族的人们,他们因认同能够代表其共同意志产物的主权而汇集在一起,其在接触往来、交往互动中共同维护作为一个统一共同体所属国家主权,渐次形成特定国家制度;反过来,形成的国家制度亦成为维护、保障特定国家制度维护者个体及整个社会的有效力量与坚强后盾。在国家建构逻辑中,因认同、维护代表自己所属国家主权而汇聚在一起的全体人民,便形成了民族(nation),[8]而由此建构而成的现代国家,则被称为民族国家(nation - state)。[6]由此推及,民族国家的建构基于劳动共同体,离不开"汇聚在一起的全体人民",正是经由其间的社会交往,于共同的劳动、社会交往活动中,以及对代表其共同意志之国家主权的认同中,民族国家建构而成,"交往性"是不可或缺的。

### (二)民族团结实现中的交往理性

团结,是一种建立在置身于特定社会中的单个有机体基础上的社会事实。从最初形成来看,团结产生于社会的劳动分工,是社会分工加快了人类社会整体向前的步伐。因为这种分工提高了工作效率,不同的人们可以从事不同类型的活动。当然,它需要从事不同劳动活动的全体成员团结合作,方可确保任务的顺利

完成。正是由于这种团结合作,使得各自为阵、散漫无定的劳动个体归属于特定群体,也使其劳动行为相互协调、齐心协力,为了共同的目标而奋斗。毋庸置疑,这一过程,是劳动者个体通过交往活动实现的。事实上,在这种合作、团结的社会交往活动中,统一的活动目标使得特定社会的成员逐渐形成了一致的、共同的团结意识。因为在任何活动中,一旦团结产生作用,所有成员的意志就会不约而同地同归一处。而作为一种特殊社会团结形式的民族团结,有着自己的特殊性质,其唯有适应自身的生理及心理机制,尚可具备在特定社会环境中的某种生存能力。[9]事实上,一个社会实体其凝聚力、团结性的产生,首要条件是,组成该实体的各个组成部分之间和谐与共、彼此依赖,而非相互冲突、彼此纷扰。因为真正的凝聚、团结,源自内部的一致,而外在的核心并不能够带来凝聚力。[10]因此说,具有特定社会类型、心理机制的社会实体内部的协作、一致,通力合作是社会凝聚的主要内驱力,亦是民族团结实现的本真。在我国,作为一个多民族国家社会凝聚、民族团结的存在,确是因为56个民族成员具有特定的一致性,且在特定的生活环境中历经了时间的模塑,成就了具有特定民族(56个民族)与特定社会(多元一体的中华民族)心理的某种共同类型。故而,从全球范围来看,具有特定民族心理的56个民族全体成员之间相互吸引不只因为形似,且因为具有专属的包括56个民族在内的中华民族这一集体特定类型的生活方式、生活环境、生活条件而交往互动、相互依存。即是说,构成中华民族这一社会实体的全体民族人,正是因其朝夕相处、彼此依赖、和谐与共的交往互动,成就了多民族国家的社会凝聚、民族团结的社会愿景。

**二、交往理性视域下民族国家民族团结实现的理据解析**

(一)交往理性视域下民族团结实现的媒介:恰当的语言

语言乃最基本的交往媒介,而语言行为则是最基本的交往行为。因语言以达至理解为目的,而交往行为以话语为基本单位,属于意义沟通的行为,故可推知,交谈、对话是最基本的交往形式。[11]在特定的社会交往活动过程中,行为主体之间需要经由语言交谈,达成其对行为活动的理解,以及行为主体间的相互理解,从而使交往活动成为可能。即是说,为了达成行为上的一致,不同行为主体以语言为媒介,理解对方的思想状态和行为计划,进而达成行为上的一致。事实上,在从事不同活动过程中,不同的行为主体经由特定的语言互动,促成了社会个体的发展,亦促进了特定社会群体的认同感。这极其有利于民族团结的实现。因为民族团结本就是一个历史范畴,是不同民族在互动交往过程中相互认同的一种整合关系,故而这种整合关系的内涵实质即为民族团结本质属性之综合,而整合、互动与和谐便是其本质属性之具体体现。[12]事实上,作为一种特殊的社会团结形式,民族团结是由置身于特定社会的民族成员,借由特定的中介手段(如适切的语言符号系统等),在社会交往的实践活动中实现的。在这一过程中,语言无疑起着核心作用。因为交往行为本质上是一种言语行为,[13]是一种对话。人们只有通过无拘无束、没有任何压力的情境下,架起双方沟通的桥梁,自由畅谈、随意对话,方可弥合横亘于你我之间的鸿沟,亦才可以消除彼此间的误解与冲突,进而达至人与人之间的"谅解与宽容""理解与团结"。[14]置身于民族国家、特定社会领域实践活动中的不同民族主体,以语言为媒介,互相理解、彼此接纳、共同发展,并通过文化传承、社会整合、个体特性提升等一体化活动,使得特定社会动态的整体性得以维护。这便是特定民族国家民族团结形成的过程。纵向来看,自中华民族现代意义的形成之始,56个民族以特定的语言为媒介,在往来互动的实践活动中,传承与发展着中华民族文化,在"多元"与"一体"的交替中发展向前,从而推动着整个国家在社会凝聚、民族团结中前行。

(二)交往理性视域下民族团结实现的规则:共同遵守的规范标准

从"民族"概念的演变及"民族国家"的建构过程来看,需要来自同一民族或不同民族的人们,其认同、维护代表其共同意志产物的国家主权,遵从国家制度来实现。这一群体的汇聚,形成了特定民族,进而形成特定的民族国家。事实上,这一群体,彼时"已经相互结合成立社会",已然形成了联合体契约,即通过承认并遵守共同的仪式、共同的价值观、一致接受的规范将其成员置于同一水平线上、同一利益链上,也使得他们具有相似的性质与功能。[15]如此,在特定社会,承认并遵守共同的仪式、共同的价值观、一致接受的规范与秩序,对于维护社会稳定、民族团结有着至关重要的作用。犹如哈贝马斯所指出的,在公共交往活动过程中,活动主体对于一种公共意见的形成而言,那种共同进行中、交往时间内的规则具有很重要的意义。[16]因为在公共交往活动中,只有形成共同的规范标准、共同的仪式、共同的规则,为活动主体双方所承认、所遵守,活动主体在承认、遵守共同的规约中相互理解,逐渐形成公共交往活动的道德意识,交往活动才得以顺利进行,达到预期的计划目标。因为交往的目的是理解,而理解是为了友好、和睦,故而培育并提升作为"交往的生产力"的"道德意识",在交往过程中倾注"理解""同情"等,便可以使交往理性化。[14]交往理性属于接纳性理性,它既包括人与人之间的相互接纳,也涵盖不同合理性之间的相互接纳。因此可以说,理性化的交往,必然会带来有利于交往主体共同发展的行为举动。而在多民族国家,来自不同民族之间不同合理性之间的相互接纳,正是社会凝聚、民族团结的核心之所在。

(三)交往理性视域下民族团结实现的场域:生活世界

不论何如,民族团结最终需要实现场域的,那便是,认同国家主权而汇聚在一起的全体民族人置身的生活世界。中国作为一个多民族国家,它的成立,为 56 个民族主体的交往互动提供了一个理想的生活世界。根据哈贝马斯的观点,文化、社会与个体构成了生活世界,它们体现于各自不同的基础中:文化知识以符号的形式体现于使用对象与工艺、理论与格言、文化与书籍之中,亦有部分见于行为中;社会,往往体现于制度化的秩序、法律规范调整的实践活动中;而个性结构则体现于人的有机体之根基之中。[17]与之相一致,交往行为使三个一体化的活动在生活世界同时实现,即文化传承、社会整合以及个性人格的形成。[18]正是文化传承、社会整合、个性人格形成这三个活动的内在统一,构成了特定社会的动态的整体性。由此可以推及,新中国作为一个民族国家,56 个民族同胞们的交往行为,在传承与发展着各自的民族文化、中华民族文化的过程中,提升了不同民族主体的个性人格,促进了社会的团结与凝聚,从而使其置身的生活世界充满活力、正常运行,即是维护并推动了民族国家的发展。

总之,全球多元文化背景下,尽管人们的价值观各异,相互冲突,但是社会需要整合、民族需要团结。新形势下,增进民族间的共同性,促进国家同质化的发展,是中国族际整合的大方向。[19]而社会整合,恰是在自发的人际交往和社会关系中,通过置身于特定生活世界的人们凭借日常语言互动而获得群体认同感及个体的发展,从而为人们提供生活的意义和个人的自由。[20]由是观之,中国作为一个多民族国家,其团结、进步与发展,需要 56 个民族相扶相携于所置身的生活世界,全体民族人于置身的生活世界,以特定的语言为媒介,经由传承文化(包括中华民族文化、不同民族各自的文化)、整合社会、发展个体等社会互动活动,获得了民族认同与民族个体的发展,也为社会凝聚、民族团结打下坚实的基础。

### 三、交往理性视域下民族国家民族团结实现的路径架构

由上可知,从"民族"的发展、民族国家的建构历程来看,民族团结是不同民族主体以恰当的语言为媒介,通过遵守全体民族共同承认与重视的规范标准,在交往主体所置身的生活世界,建立起不同民族主体间的理解与认同的社会交往行为中实现的。一言蔽之,选择恰当的语言进行对话、承认和重视共同的规范与秩序、重建生活世界,是交往行为合理化实现的途径,亦是经由交往行为实现民族团结的必然路径。

（一）交往行为中民族团结实现媒介的形成：选择恰当的语言进行对话

民族团结需要特定的民族主体通过社会交往活动，经由特定的日常语言互动方可实现。因为处于交往活动中的双方需要选择彼此均能理解的、正确的表达方式，即是说，说者需要能够真诚地表达自己的目的和计划，以便能够和听者达到信息共享的目的。此处提及所谓"正确的"，即指讲话者所陈述的话语能够为听者充分理解并接受，如此方可使交流的双方在以公认的规范为背景的话语中达到认同，进而使得双方的交往行为真正实现。因为就其真，交往行为是一种言语行为，也因此总是与言语行为的三个有效性要求相关联，即真实性、正确性和真诚性。[21]具体而言，在社会交往活动中，不同的民族主体在面对客观世界的陈述中，所采用的语言须当是客观的、真实的；在论及其所置身的社会世界时，所选用的语言必须是正确的；而当其谈及主观世界时，所运用的语言理当是真诚的。因此，以恰当的语言为媒介，不同交往主体之间的交往才可能达成，也才可能实现其间的理性交往，是为多民族国家民族团结实现的基本前提。

在中华民族形成的历史进程中，"多元一体"的发展模式是史实。在这一过程中，生息于中国境内的 56 个民族实体，由多元文化融凝而成的中华民族，其中 56 个民族单位是多元，中华民族是一体。[22]"一"与"多"两者矛盾与辩证关系中发展向前，且几千年以来中华民族的演进史，正是伴随着这种多元与一体显在与潜在的交替发展互动历程，促进了 56 个民族在经济、政治、文化教育等诸多领域的交流与融合。当然，在中华民族这一多元一体民族实体的形成中，汉族起到过更重要的凝聚作用。但并非说孰轻孰重，而是指于民族国家而言，在特定的时期，不同民族主体承担着自身所能、所应担负的不同历史使命而已。事实上，任何一个民族国家的存在，须得依赖于生活在国土内部的所有民族个体及其全体的认同和忠诚。[23]犹如安德森所言，民族国家是想象的政治共同体，且被想象为本质上有限但享有主权的共同体。[24]故而，由 56 个民族组成的共同体，在交往活动中需要选择恰当的话语进行对话。此处的"恰当"即指，在不同民族的交往行为中，所选择的话语于 56 个民族而言，均需体现真实性、正当性（正确性）和真诚性。这需要我们摒弃以往"民族团结是少数民族的事情"的不当论断，亦需除却"'少数民族''落后者''被援助者'"等标签的区别对待，且不可有主体民族话语权、非主体民族话语权之分。在全球多元化的当下世界，我们唯有选择恰当的语言进行对话，不论是在客观世界、社会世界抑或主观世界，让主体民族、非主体民族享有平等的话语权，在公共活动中选择既有利于主体民族的话语也有利于非主体民族的话语，为其预留话语权让其发声，使 56 个民族在全球多元文化背景下能够厘清身份、明晰所属,共同承担起社会凝聚、民族团结的时代使命。

(二)交往行为中民族团结实现规则的确立:承认和重视共同的规范与秩序

民族团结,需以恰当的语言为中介,并在不同民族主体遵守、顺从特定社会秩序、法律规范等的前提下,在社会实践活动的参与中通过交往互动而实现。根据哈贝马斯的观点,实现交往行为合理的基本途径之一,便是承认并尊重一定的规范标准。这与美国社会学家塔尔科特·帕森斯(Talcott Parsons)的观点相一致。在帕森斯看来,必须认可社会中存在的共同的标准,因为特定社会的共同标准不论与之社会中的任何领域,比如市场上、疆域领土等领域,人与人之间正常秩序的建立都是不可或缺的。由此可知,在特定的社会公共活动中,认可不同的活动主体所置身的环境中存在的共同的规范标准,是维持活动主体之间正常活动所必须的。即是说,在任何社会交往活动中,不同活动主体之间的交往活动须由共同的、普遍的规范标准来指导。当然,这一共同的"规范标准",须得承认和尊重能够反应大多数人的意志且能为全体人们所普遍接受、遵从。此即为哈贝马斯所提出的交往伦理学。这一学说所体现的核心理念为,现代社会的交往,需要一个为交往共同体全体成员相互理解、承认并遵从的道德规范体系。[21]这一道德规范体系,即指不同民族主体在社会交往活动中,所服从与遵守的、自己所属的民族国家的相关规范与秩序,亦即民族团结实现的规则。随着不同民族主体的交往互动,其会凝结成一条积极的社会纽带,促进民族团结的实现。

中华民族漫长的演进过程中,由于历史发展的局限性、阶级性,民族间的关系是不平等的。随着社会的发展与时代的进步,民族关系在彻底性的革命变革中,逐步实现了民族平等,不同民族的共同繁荣、共同发展。然而,从绝对意义上讲,这种共同繁荣、共同发展一定是同向却不同步的。一方面,作为主体民族的汉族,在走向现代化的行进过程中,其较早接触商品经济、西方社会,故较之而言更早地走向现代化。这势必造成汉族与其他非主体民族在不同领域发展中的差异。再者,中华民族"多元"源起的特点,注定了不同民族各个领域之间的差异。追根溯源,经由漫长的历史演变,生息于中华民族大地上的不同民族,其文化在不断的交融汇聚中,渐次形成多区域发展的方向,不断汇聚为中华民族之河,且不断辐射四方,带动、促进周边地区民族的发展。也因此,回溯纵向历史发展的时间轴,不同民族之间这种"客观的"不平等,势必成为不同民族交往活动的阻滞。故而,为适应全球多元文化背景下民族国家发展的新诉求,需要定制符合当下社会与时代发展的新秩序、新规则、新标准来规范不同民族之间的交往活动,摒弃一直以来形成的制度、技术层面的二元分治的民族政策与标准。这需要全体民族人以主人翁的态度,以平等的、互相尊重的姿态,共同构建有利于不同民族自身,也有利于中华民族共同发展、共同进步的新格局,确立起为不同民族共同体所理解、所承认并遵从的道德规范体系,包括共同的仪式、共同的价值观、一致接受的规范等,方可实现民族民族主体之间理性的交往行为。一言蔽之,全球多元文化背景下中国民族团结的实现,需要全体民族成员认同、维护代表其共同意志产物的国家主权、社会制度、文化特征,即在承认、遵守共同的仪式、共同的价值观、一致接受的规范标准等的前提下,不同民族主体进行社会交往活动,渐次增进其相互理解、彼此信任,从而保证并加强了其共同认可的行为规范、行事标准、处世秩序;而反过来,规范、有序的社会交往活动愈加促进了民族主体间的交往理性,进一步确立了民族团结实现的规则,更有利于社会凝聚、民族团结的实现。

(三)交往行为中民族团结实现场域的重建:改变生活世界

民族团结是以语言为媒介,民族主体在承认、重视共同的规范与秩序的前提下在社会交往活动中实现的。这种以理解、尊重为目的社会交往活动,需要实现于具体的场域。而生活世界,正是这种交往行动实现的具体场景。因为生活世界乃是为"行为主体角色的创造性活动提供相互理解的、可能的建构性范围等因素的综合"[20]。它是交往行为始终运行于其中的境域,交往行动者总是在自己所在的生活世界的视野内交往活动,他们无法脱离这种视野。因为生活世界在交往活动中既作为交往行为的"背景假设",又作为行为主体间相互理解的"信息储蓄库"来支撑交往行为的。"背景假设",为交往活动主体提供了其相互理解的基地范围,它是由不同的交往活动主体的生活世界所交叉的、共同熟悉的背景信息构成的动态环境,为活动主体提供即时的指导与帮助,让交往活动能够得以顺利进行。而所谓"信息储蓄库",则是指生活世界,能够为行为主体提供创造思想、形成见解的源泉,从而满足交往主体之间相互理解的需要,[20]其在交往主体所置身的生活世界为活动主体的交往互动提供信息源,是交往主体的思想与行为所依赖的某种力量源泉、精神依据。可以说,作为一种有"文化传播和语言组织起来的解释性范式的存储"[21],生活世界的交往职能是凭借藉人类所存储的语言和文化的再生、社会的整合以及个性人格的提升,使得人与人之间的互动关系成为可能。民族团结,作为特殊的社会团结形式,正是凭借语言这一交往媒介,不同民族主体在所置身的生活世界,通过遵守共同的仪式、共同的价值观、一致接受的规范标准等,经由文化交流、信息共享等社会交往活动,他们互相理解、彼此信任,相互依赖、互为依存。而达到理解、信任的目的恰是未来走向认同与团结。故而,要实现民族团结,就需要改变生活世界。因为以理解为目的的交往活动实现的关键还在于改善对话环境,[14]即改变56个民族置身的生活世界。

在我国,由于历史的、客观的原因,56个民族置身的生活世界是"不平等"的。作为主体民族的汉族较早进入现代化,其经济、教育、文化等各个领域相对较为发达。而较之而言,因历史、自然等客观原因,其他55个非主体民族在现代化进程中相对滞后,也因此为其"创造性活动提供相互理解可能的建构性范围因素之总和"的生活世界,也相对不甚理想。尽管国家为在现代化发展中处于后发地位的少数民族量身制定了经济、行政等诸方面的优惠、倾斜政策,助其发展。但因其生存环境、语言文字、宗教信仰、风俗习惯等方面的不同,横亘于汉族、少数民族间的鸿沟并未得到有效的弥合。也因此,民族团结问题依然是全球化时期我国面临的主要挑战。很显然,经济、行政等政策并不完全适合于生活世界的改造。由是观之,在现代化推进中,生活世界的改变,除了经济、政治、法律等外在的策略与手段方面的改进之外,更需要秉持理解异文化、欣赏以文化的跨文化心态,承认拥有不同文化背景、宗教信仰的民族主体有权利和自由选择体现其民族性的生活方式、信仰模式等,并为不同民族间的理解、交流搭建对话的桥梁,即为其生活世界增值。因为真正的合理性绝非外在于最优化、最高效的策略与手段,而是内在于活动主体的交往行为之中。这也意味着,通过社会整合实现社会凝聚、民族团结,需要摒弃以往诉之于政策、规定的行为,从国家层面建构不同民族共同认可的规范标准,在普通公民的生活世界也形成理性交往的常规活动。惟其如此,方可构建一个有利于不同民族互动交往的理想境域,置身其中的不同民族在文化传播中提升个性人格,也增强了人际和谐,进而实现社会凝聚、民族团结的愿景。

## 四、结语

综上所述,民族国家民族团结实现的路径在于:选择恰当的语言作为媒介,民族主体在交往行为中通过承认和重视共同的规范标准确立民族团结实现的规则,并通过改变生活世界重建民族团结实现的境域。一方面,从交往理性视域观之,作为特定社会的主体,只有通过从事不同类别活动,彼此团结合作,目标一致、齐心协力,才可达到共同发展的目的。全球多元文化背景下,中国作为一个由56个民族组成的多民族国家,需要具有不同民族文化传统、风俗习惯、宗教信仰等的民族相互尊重、彼此理解,以理解、包容的态度接纳、欣赏异文化,从而达至社会凝聚、民族团结的目的。当然,在这一过程中,需要基于民族国家的特征,以恰当的语言为媒介,进行不同民族之间信息的交流与转换,实现不同民族主体在思想、信息上的沟通和对不同民族间交往活动本身目的、意义的理解,以协调彼此的行为;

也需要不同民族主体承认、重视并遵从交往活动中共同的规范标准,并通过改变生活世界,为不同民族间的团结重建更适切的境域。另一方面,就工具理性视角而言,由于基于经验知识的技术规则在很大程度上表现为方法、手段的理性选择,抑或特定活动目的合理性的确定,是一种策略性行为,故而难以真正促进不同民族主体间的理解、沟通、交流,弥合不同民族文化间的鸿沟。故而,仅凭经济、行政的策略手段、理念诉求不能够促进中国民族团结的真正现实。由是观之,全球多元文化背景下的民族团结的实现,唯有从不同民族交往理性出发,激发其内部的一致,方能够触及民族团结的本质。即是说,只有通过包含着民族主体间相互接纳的"接纳型"的交往理性,才可以消弭不同民族文化间的误解与冲突,在以共同认可的标准规范为背景的语境中达成谅解与宽容、理解和团结,构筑并加强中华民族凝聚力与向心力,亦才可以实现民族团结的社会愿景。

### 参考文献

[1]邵晓霞.文化视角下的民族团结教育实现问题[J].甘肃社会科学,2012(2):15-18.

[2]哈贝马斯.交往行为理论[M].曹卫东,译.上海:上海人民出版社,2005:8.

[3]汤林森.文化帝国主义[M].冯建三,译.上海:上海人民出版社1999:155.

[4]周平.民族国家时代的民族与国家[J].云南民族大学学报(哲学社会科学版),2013(9):5-11.

[5]周平.论中华民族建设[J].思想战线,2011(5):16-22.

[6]马俊毅.论现代多民族国家建构中民族身份的形成[J].民族研究,2014(4):1-12.

[7]林尚立.现代国家认同建构的政治逻辑[J].中国社会科学,2013(8):22-46.

[8]埃里克·霍布斯鲍姆.民族与民族主义[M].李金梅,译.上海:上海人民出版社,2006:10.

[9][10][15]埃米尔·涂尔干.社会分工论[M].渠东,译.生活·读书·新知三联书店,2013:26,68,67-85.

[11][18]韩红.交往的合理化与现代性的重建[M].北京:人民出版社,2005:44,276.

[12]许宪隆.民族文化发展与保护研究[M].北京:民族出版社,2007:352.

[13]李佃来.哈贝马斯与交往理性[J].湖北行政学院学报,2002(5):28-33.

[14]哈贝马斯.交往与生产[M].重庆:重庆出版社,1989:26.

[16]哈贝马斯.在事实与规范之间——关于法律和民主法治国的商谈理论[M].童世骏,译.生活·读书·新知三联书店,2003:447.

[17]哈贝马斯.后形而上学思想[M].曹卫东,译.南京:译林出版社,2012:69.

[19]管彦波.当代中国民族问题的基本走向[J].西南民族大学学报,2016(9):27-31.

[20]李佃来. 公共领域与生活世界—哈贝马斯市民社会理论研究[M]. 北京:人民出版社,2006:263.

[21]韩红. 论交往行动合理化的实现途径—哈贝马斯的交往行动理论的核心问题[J]. 学术研究,2001(2):45-50.

[22]费孝通. 中华民族的多元一体格局[J],北京大学学报,1989(4):1-19.

[23]张雪雁. 主体性视域下少数民族的国家认同建构逻辑[J]. 民族研究,2014(6):22-34.

[24]本尼迪克特·安德森. 想象的共同体:民族主义的起源与散布[M]. 吴叡人,译. 上海:上海人民出版社,2003:6.

注:本文曾发表在《中央民族大学学报(哲学社会科学版)》2017 年第 44 卷第 5 期期刊上。

# 关于农村小学英语教师专业素质的研究述评

张亚兰*

在我国农村地区,小学阶段开设英语课程面临的一个最大问题就是师资问题,农村小学英语教师大多存在学历低、非英语专业、英语口语水平有待提高、教学理念有待更新等专业素质问题。这些问题正逐渐受到英语教育界和研究界的广泛关注。回顾和评析关于农村小学英语教师专业素质的研究现状,有助于我们进一步认清研究的形式和需要,为后续的研究找准基点。

## 一、问题的提出

小学开设英语课程,是 21 世纪初我国基础教育课程改革的一项重要举措。2001 年,国家教育部明确指出:从 2001 年秋季起,在全国城市和县城小学开设英语课程。在这一背景下,2002 年秋季,各地乡镇小学逐步落实该项政策,我国小学从三年级起广泛开设英语课程。然而,我国农村地区在小学开设英语课程却面临着许多问题,其中师资问题尤为突出,具体表现在:任课教师大多非英语专业毕业,学历起点低,专业知识基础薄弱,没有接受过正规的语言教学训练,英语教龄短,实践少,缺乏英语教学经验,且全校只有一名英语教师兼任各年级所有班级英语课的现象也很普遍。可想而知,这样的师资最终势必导致英语教学的质量难以保证。新课程的全面实施,无疑对从事基础教育的英语教学工作者提出了前所未有的挑战。对农村小学英语教师的专业素质研究情况进行回顾和梳理,有助于了解国内外学者对该课题的研究现状,为后续研究找准研究的基点,探索提高农村小学英语教师专业素质的新路子。

---

* 作者简介:张亚兰,出生于 1966 年,女,甘肃清水人,天水师范学院外国语学院教授,主要从事英语教学级英语教师教育研究。

**二、关于农村小学英语教师专业素质现状的研究**

(一)小学英语教师专业素质构成

林崇德(1996)认为:"所谓教师素质就是教师在教育教学活动中表现出来的、决定其教育教学效果、对学生身心发展有直接而显著影响的心理品质的总和。"他指出:"教师素质是一个系统的结构,其内容包含着复杂的成分。教师素质在结构上,至少应包括以下成分:教师的职业理想、教师的知识水平、教师的教育观念、教师的教学监控能力以及教师的教学行为与策略。"叶澜(1998)认为:"教师的专业素质是当代教师质量的集中体现,它应以承认教师职业是一种专业性的职业为前提,作为当代中国基础教育事业的实践者和创造者,作为一名专业工作人员的教师,其专业素质的组成是多方面和多层面的,主要包括:与时代精神相通的教育理念(教育观、学生观、教育活动观)、多层复合的专业知识(科学与人文的基本知识、一门学科知识与技能、教育学科知识)以及履行责任和权力的各种能力(理解他人和与他人交往的能力、管理能力、教育研究能力)。"还有许多教育专家和学者对此做过比较全面的论述,可见教师的专业素质的内涵非常丰富。

英语教师首先是个教师,他首先要具备一个普通教师最基本的素质;在具备教师的基本能力的基础上,还必须具备英语教师所具备的学科技能。鉴于此,小学英语教师的专业素质主要指专业态度、专业知识、专业能力三个方面(王凯,2007)。教师的专业态度主要包括职业态度和英语教师的教育观念两个方面;专业知识主要包括教育理论知识和英语专业知识;专业能力是指教师进行教学活动,完成教学任务所需要的各种能力的综合。主要是基础能力、教育能力、教学能力、发展能力等。

(二)国外相关研究

世界上颇具影响力的两位第二语言(英语)教学的研究者和实践者理查兹与纽南(Richards & Nunan,1990:4)在《第二语言教师教育》一书中曾概括道:在第二语言或外语教学领域中对外语教师专业素质的研究相对来说很少有人问律,语言教学中有关教师素质的文献资料在数量上大大少于对课堂教学的方法及技巧等问题的研究成果。蓝格(Lange,1990:279)也认为,无论是概念上的探讨还是具体研究,学者们很少将注意力指向第二语言教师自身专业素质的发展。英国文化委员会(British Council)曾于1999—2000年在世界范围内开展了一项涉及42个国家的把英语作为外语学习的儿童(11岁以下)英语学习状况的大规模调查。张海龙、栾福瑾在《世界各国小学英语外语教学概况》(2002)中介绍了此次调查情况。调查显示,包括法国、荷兰、韩国、以色列、香港、阿根廷、巴基斯坦、印度等许多国家和地区规定在公立学校将英语作为小学的一门正式课程开设;课程设置普遍从小学三年级开始;课时安排受各国师资、财力、文化等不同因素的影响;各国根据实际情况培养、招聘师资,其中师范院校毕业生、接受过地方教育部门英语教学法等课程培训的人员或非师范毕业生、愿意在小学任教的中学英语教师等是各国公立小学英语师资的主要来源。美国外语教学委员会(American Council on the Teaching of Foreign Languages)在2002年推出的《外语教师准备计划标准》(*Program Standards for the Preparation of Foreign Language Teachers*)概括了一名合格的外语教师所应具备的六个方面的素质:语言能力、语言学知识、目的语和其他语言的对比;对文化、文学价值的理解、跨学科概念;语言习得理论和课堂教学实践;学习标准与课程和教学的融合能力;教学评估能力;专业发展能力。

截至目前,世界范围内的小学英语外语教育在不断发展完善,但对于农村小学英语外语教育特别是教师专业素质情况的调查和研究还相对较少,尤其缺少具体数据和相关的分析。

(三)国内相关研究

英语教学作为外语教学,在我国当代学校教育中历史并不很长(陈俊,2005)。就在不长的历史当中,英语教学始终不能很好地满足国家发展的需要,因此国内学者一直称其为"费时低效"。为扭转这种被动局面,教育部基础教育司相继推出了《全日制义务教育普通高级中学英语课程标准》(实验稿,2001)和《普通高中英语课程标准》(实验稿,2003)。随着新课程标准的不断推广深入和教育领域教师专业化运动的推动,近些年来国内外语界也越来越关注英语教师专业素质及发展的研究。笔者经过文献搜索,梳理国内有关英语教师专业素质的研究文献,发现国内的知名学者对教师专业素质的研究较多,叶澜(2004:226)、王少非(2005:117)、王道俊(1999:566)、柳海民(2000:523)等都曾有过这方面研究的著书或撰文。英语教师的专业素质及发展问题也颇受国内教育界和学术界的关注,束定芳(1996:128)、刘润清(1999:89)、陆谷孙(2003:5)、吴宗杰(2008:55)、夏纪梅(2009)等知名教授和学者都曾涉猎过这方面的研究。但相比而言,"小学英语教师"尤其是"农村小学英语教师"这个弱势群体,似乎是一个被中外知名研究家和学者们"遗忘的角落"。所以在能找到的有限的以小学英语教师的专业素质为研究专题的大都是从事基础教育的教师、教育管理者或在读硕士或博士研究生,文献资料多呈学术论文形式且主题比较分散,以专著的形式对农村小学英语教师专业素质进行系统研究的并不多见。在这些研究中,有部分学者首先对农村小学英语教师的现状进行了调查研究。杨中华(2007)认为农村小学教师普遍存在教师年龄年轻化,缺少中坚力量,且转岗英语教师占比例较大,这些教师普遍缺乏基本的英语专业知识和应有的英语教学经验。马桂霞(2004)认为,师资力量薄弱是农村小学英语教育的主要困难之一。许林麟(2006)、吕京(2008)、张小情(2008)、李晓莉(2009)等在其相关研究中均提到了教师的专业素质不达标,影响教学质量这一问题,并指出农村小学英语教师队伍建设问题已迫在眉睫。黄锐(2007)、谢莹莹(2009)、王凯(2010)等的研究表明农村小学英语教师来源复杂多样,部分英语教师只经过了短期的转岗培训就从事英语教学;部分兼职英语教师也只掌握一些最基本的英语知识。郭佳(2007)经过对所在地区农村小学英语教师的语音情况进行调查后发现,大部分教师因为专业不对口,英语语音及口语水平令人堪忧,不具备专业教师应有的语言基本功等问题。

### 三、国内关于如何提高农村小学英语教师专业素质的研究

从国内关于农村小学英语教师素质现状的研究来看,目前我国农村小学英语教师的专业素质情况普遍存在的问题是:教师数量短缺,受过正规教育的专业教师少,转岗教师和兼职教师占比例大;年轻化、女性化的矛盾凸显;教师语言基本功不过关,语用能力差,不能用英语进行课堂教学;教学方法单一陈旧,无法实现新课标的要求,充分利用教学资源,采用听、说、做、唱、演等方式,鼓励学生积极参与,大胆表达,提高小学生对语言的感受和初步用英语进行听、说、唱、演的能力。

针对这一现状,部分学者和英语教学工作者积极探讨对农村小学英语教师进行培训以提高其专业水平的途径,涌现出大量的相关研究。刘玉娟(2008)在《河北省农村小学英语教师培训策略的探索》一文中,针对农村小学英语教师中转岗教师多,英语综合能力低,教学方法单一以及教师本人对培训的期待,提出对农村小学英语教师的培训应着眼于提高转岗教师的学历层次,结合教学案例进行理论培训,并以理论指导教学实践。同时还应建立教师培训档案,促使教师进行自我学习和发展等。贺林茂和肖胜文(2008)曾指出了建立相对稳定的培训机制的重要性,并提出一条切实可行的农村小学英语教师培训途径,即集中培训、自我提高与以乡镇中心小学为基础的校本培训相结合的培训模式。倪丹英(2006)认为,农村小学英语教师的培训不但应重视教育理念的培训、教师语言基本功和教学基本功的培训,还应将如何备课作为培训的内容之一,并实施培训后的考核。王智(2008)在《新课标下农村小学英语教师培训策略》中提出:应转变农村小学英语教师的观念,提高农村小学英语教师终生学习的意识和能力,激发他们的进取精神和热情,给他们一种强烈的自主学习的心理暗示,让他们在今后工作中不断提高自身素质。类似的研究还有贺林茂和何智的《农村小学英语教师培训的微观策略》(2006),谢晓东的《关于农村小学英语教师培训后续服务的调研与思考》

（2008）、曲铁华，朱永坤的《论我国农村基础教育教师队伍建设策略》（2007）、马之成的《城乡小学英语教师培训差异研究》（2008）、邹娟的《关于重庆市农村小学英语教师专业化发展的思考》（2008）、钟守国的《对开好小学英语课程的意见》（2002）等等。

　　从上述研究来看，大家共同关注的问题就是如何提高农村小学英语教师的专业素质和能力，建设一支合格的农村小学英语师资队伍，以保证农村小学英语教学的质量，为初中英语教学奠定良好的基础，并实现小学英语教学和初中英语教学的有效衔接。概括起来，共同关注的问题主要有以下几个方面：（1）建立培训管理主体，保证培训经费；（2）确立并完善长效的培训机制，切实保证培训效果；（3）明确培训内容，合理设置培训课程；（4）制定有针对性的具体培训计划，建立培训考核机制；（5）寻求多元化的培训策略，充分认识到校本培训的重要性；（6）提高教师的自我反思意识，不断提高自身的专业素质。

### 四、研究评析

　　从上述研究综述中我们可以看出，在国外，除了以英语为母语的国家外，很多国家包括亚洲的一些国家也都是将英语作为第二语言进行学习的，且城乡差别又小，农村小学英语师资方面的问题并不及我国凸显，所以研究者们关注的问题更多的是外语教师的专业素质及发展，对"农村小学英语教师"这个概念关注相对较少，所以在能找到的有限的研究中，大多是关于第二语言教师的素质教育和专业发展的。

　　而在我国，由于英语是作为外语来进行教学的，英语课程的开设在早年并未受到重视。直到2001年，国家教育部才明确指出：从2001年秋季起，在全国城市和县城小学开设英语课程。2002年秋季，各地乡镇小学逐步落实这项工作，从三年级起广泛开设英语课程，但是农村地区开设英语课程起步还要更晚一些。所以，对农村小学英语教师专业素质情况的研究还存在以下问题：

　　（1）在英语教学和研究界中，以英语教师专业素质为专题的研究还相对较少，且这些研究大多以外语教师这个宽泛的概念为主题，以中小学，尤其是以农村小学英语教师为主题的研究更似乎是被那些知名学者遗忘的角落，在能检索到的有限的研究文献中，对农村小学英语教师专业素质情况进行研究的，大都是从事基础教育的一线教师或在读硕士或博士。

　　（2）外语教师专业发展的研究从20世纪90年代开始逐渐受到学术领域的重视，但对农村小学英语教师专业素质的研究起步较晚，且并未受到知名学者的关注。

（3）对如何提高英语教师专业素质的途径,研究者们所共同关注的大多还只局限于各种形式的培训,且培训的内容停留在专业知识结构、专业能力、教学方法等层面,还没有上升到英语教师所应具备的全面素质,包括语言技能和教学技能以及文化素质。

（4）在能找到的文献中,关于"英语教师教育""教师培训"的字眼出现频率很高,但就如何全面提高农村小学英语教师的专业素质这个问题,系统的研究相对较少,这或多或少地说明人们在观念上仍倾向于认为英语教师的培养更多的是外部信息的灌输和自上而下的行政干预行为,而没有提升到探索出一条从教师自身发展的角度出发,以满足教师本人内在的需求和不断自我完善的愿望并不断焕发生命活力的长期有效的培养途径。

（5）有关"农村小学英语教师"的研究文献资料非常匮乏,且几乎都呈学术论文形式,目前尚未找到相关学术专著。

### 五、提高农村小学英语教师专业素质的对策

综合上述文献评析以及目前相关研究存在的问题,笔者认为,要切实提高农村小学英语教师的专业素质,紧靠各种形式的培训还远远不够。相关部门及英语教师本身都应采取相应对策,多管齐下,切实关注农村小学英语教师的专业成长,为我国的基础教育建立一支高素质的英语教师队伍。鉴于此,笔者以为后续的研究也应从以下几个方面入手:

1. 加强对农村小学英语教师的职业道德培养

农村小学英语教师应该发自内心来完善自我专业素质,进而更加注重英语专业素质的提升。英语课程在小学全面开设才刚刚开始,有的农村小学因为缺少英语教师而没有开设英语课程,有的农村小学因为师资力量薄弱而造成英语教学水平低下。因此,农村小学英语教师面对这些英语基础薄弱且水平参差不齐的学生,必须用一腔爱心去感化他们、鼓励他们,使他们树立信心,乐于花更多的时间和精力来学习英语,为将来初中英语的学习打下良好基础。

2. 转变教师的教育教学观念

提高农村小学英语教师的专业素质,教育观念的转变是关键。新课程实施强调学生学习方式的改变,而学生学习方式的改变取决于教师行为的改变,而教师教学行为的改变取决于教师教育观念的改变和更新（吴丽芳,2007）。正确的教育观念是教师对教育所持的信念和态度,是教师对教育的理性认识、理想追求,它内化在教师的日常教育教学活动中,直接指导教师的行为（赵相斌、李佳孝,2007）。正确的教育理念能让教师按照科学的方式组织合理的教育资源来引导和影响学

生完成知识的内化和能力的提升。在新课程改革推进的六年中,许多新的教育理念不断涌现,为我国基础教育的发展注入了新的活力,尽快地将新的教育理念内化和延伸到农村教师教学活动中是实现城乡教育均衡发展的一个重要内容,也是提高小学英语教师专业态度素质的好机会。

3. 教师应建立终身学习的理念

我们要清醒地认识到在广大农村地区推进的素质教育不是能随着基础教育阶段的一次性学习的结束而彻底完成,是有其一定的过程性的。所以教师必须要树立起终身学习的理念(孙琨懿,2005)。也要使农村教师意识到他们有责任按照终身学习的要求,帮助学生学会学习,使其获得终身学习的能力,并把终身学习的理念传承下去。这样农村教师才能从学生的经验出发,开发符合学生身心特点和农村教学实际的英语课程,组织多种教育资源来引导和指导学生。

4. 学校层面开展多种多样的教研活动

各个学校的英语教研组可以根据自己学校的实际情况,开展多种旨在提高教师能力素质的教研活动形式,促进小学英语教学质量的不断提高,加强小学英语师资队伍的建设,如组织观看有关教学录像、开展教学基本功竞赛,开展单元集体备课、课堂研讨、教学案例研究和组织教师开发利用英语课程资源,以提高农村小学英语教师专业素质,提高农村小学英语教学质量。同时也要着重对小学英语教师所必需的能力素质进行培训。

5. 建立城市与农村英语教师定期轮换的制度

采取多种形式,鼓励城市学校与农村学校、发达地区的学校与欠发达地区的学校建立合作关系,包括校长、教师之间的交流任职,定期组织专题研讨,有条件的还可进行学生之间的交流,实际上这种做法不仅对农村学校,同时对城市学校都会有帮助。在城乡学校、教师交流方面,不仅是教育资源的合理使用,而且从现代化的进程而言,应该看作是现代教育与现代文明的传播过程,因为农村教育的现代化不仅需要现代校舍和教学设施的建设,更需要现代教育思想与教育模式的传播与实施。因此,人员的交流在某种程度上更为重要。建立城乡之间合作机制。城乡之间的教育交流应该是双向的、互助的,而不是单向的。市里的专家可组团到农村学校讲学、做课、指导;除了从事教育工作外,可以运用自己的专业知识培训教师,提高教师业务水平,因为造就一支高素质的教师队伍是农村教育持续发展的根本条件。农村学校的骨干教师也可以到城里学校学习工作,形成城乡之间资源共享和交流的长效机制(谈松华,2003)。

## 六、结语

"国运兴衰,系于教育;教育大计,教师为本"(许林麟,2006)。我国是一个农业大国,可以说农村也是全国基础教育的主阵地,农村中小学教师便是这个主阵地的生力军,英语教师就是这支生力军队伍的一个重要组成部分,如何发挥好生力军的作用取决于他们的专业能力。目前的研究现状虽已表明这方面的研究正从不被重视到逐渐被重视,但笔者认为只靠那些基础英语教育工作者以及只是部分地了解一些农村小学英语教师专业情况的硕士或博士研究生,研究还缺乏应有的广度和深度,也不能形成大的研究气候。因此,农村小学英语教师的专业发展应该受到外语教育与研究界的广泛关注,并将它作为外语教育研究领域的一个亘古不变的主题。只有这样,我们才能期望切实提高农村小学英语教师的专业水平,改善农村小学英语师资现状,并进一步提高农村乃至全国大范围的基础教育英语教学质量,保证小学英语和初中英语教学的有效衔接,彻底改变我国英语教学"费时低效"的现状,为培养合格的英语人才奠定良好的基础。

### 参考文献

[1] 林崇德. 教师素质的构成及其培养[J]. 中国教育学刊, 1996(16):23 - 25.

[2] 叶澜. 新世纪教师专业素养初探[J]. 教育研究与实验,1998(1):43 - 45.

[3] 王凯. 农村小学英语教师专业素质现状调查与研究——以兰州市红古区为例[D]. 西安:西北师范大学,2007.

[4] Jack C. Richards & David Nunan. Second Language Teacher Education[M]. 北京:人民教育出版社,,2004:3 - 4.

[5] Lange, D. L. , Sims, W. R. . Minnesota Foreign Language Teachers´ Perceptions of Their Preprofessional Preparation [J]. MLJ,1990(74):279 - 310.

[6] 张海龙,栾福瑾. 世界各国小学英语外语教育概况(上)[J]. 基础教育外语教学研究,2002(6):52 - 56.

[7] 张海龙,栾福瑾. 世界各国小学英语外语教育概况(中)[J]. 基础教育外语教学研究,2002(7):53 - 57.

[8] 张海龙,栾福瑾. 世界各国小学英语外语教育概况(下)[J]. 基础教育外语教学研究,2002(8):49 - 55.

[9] 美国外语教学委员会. 外语教师准备计划标准 [DB/OL]. http://www. yearoflanguages. org/files/public/ACTFLNCATE standards Revised 713. pdf,2002 - 01 - 08.

[10] 陈俊. 加强师资队伍建设,为农村小学英语教学护航[J]. 基础教育外语教学研究,2005(7):28.

[11] 教育部基础教育司. 全日制义务教育普通高级中学英语课程标准(实验稿)[Z]. 北京：北京师范大学出版社, 2001.

[12] 教育部基础教育司. 普通高中英语课程标准(实验稿)[S]. 北京：人民教育出版社, 2003.

[13] 叶澜. 教师角色与教师发展新探[M]. 北京：教育科学出版社, 2004：226.

[14] 王少非. 新课程背景下的教师专业发展[M]. 上海：华东师范大学出版社, 2005：117.

[15] 王道俊, 王汉澜. 教育学(新编本)[M]. 北京：人民教育出版社, 1999：566 – 571.

[16] 柳海民. 教育原理[M]. 长春：东北师范大学出版社, 2000：523 – 534.

[17] 束定芳, 庄智象. 现代外语教学—理论、实践与方法[M]. 上海：上海外语教育出版社, 1996：128 – 130.

[18] 刘润清, 胡壮麟. 外语教学中的科研方法[M]. 北京：外语教学与研究出版社, 1999：89 – 91.

[19] 陆谷孙. 英语教师的各种素养[J]. 外语界, 2003 (2)：2 – 6.

[20] 吴宗杰. 外语教师发展的研究范式[J]. 外语教学理论与实践, 2008 (3)：55 – 60.

[21] 夏纪梅. 论教师教育范式的多样性、适当性和长效性[J]. 外语界, 2009 (1)：16 – 22.

[21] 杨中华. 农村小学英语教师素质的现状及建构对策[J]. 中国校外教育, 2007 (3)：111 – 113.

[23] 马桂霞. 农村小学英语教育难在何处？[J]. 广东教育, 2004 (2)：63 – 65.

[24] 许林麟. 加强师资队伍建设, 促进农村小学英语教学发展[J]. 九江职业技术学院学报, 2006 (3)：45 – 46.

[25] 吕京, 等. 西部农村小学英语教育现状调查[J]. 新课程研究(基础教育), 2008 (9)：151 – 152.

[26] 张小情. 重庆市农村地区小学英语教师专业素质现状调查分析[J]. 重庆教育学院学报, 2008 (5)：130 – 133.

[27] 李晓莉, 杨国燕. 关于河北省农村小学英语教师素质的调查[J]. 教学与管理, 2009 (10)：73 – 75.

[28] 黄锐. 农村英语教师专业成长的困境与对策[J]. 陕西教育(教学版), 2007 (2)：20 – 22.

[29] 谢莹莹. 贫困县农村小学英语教师素质调查——以莲花县为例[J]. 萍乡高等专科学校学报, 2009 (1)：105 – 108.

[30] 郭佳, 等. 上党地区农村小学英语教师语音现状调查分析[J]. 长治学院学报, 2007 (3)：83 – 85.

[31] 贺林茂, 肖胜文. 农村小学英语教师培训的宏观策略[J]. 九江学院学报, 2008 (2)：125.

［32］王智.新课标下农村小学英语教师培训策略［J］.中国成人教育,2008（5）:82
－84.

［33］谢晓东.关于农村小学英语教师培训后续服务的调研与思考［J］.江苏教育研究
（理论版）,2008（12）:59－60.

［34］马之成.城乡小学英语教师培训差异研究［J］.重庆教育学院学报,2008（2）:35－
37.

［35］邹娟.关于重庆市农村小学英语教师专业化发展的思考［J］.继续教育研究,2008
（12）:116－118.

［36］钟守国.对开好小学英语课程的意见［J］.基础教育外语教学研究,2002（11）:50
－51.

［37］吴丽芳.新课改背景下农村高中英语教师素质调查研究［D］.武汉:华中师范大
学,2007.

［38］赵相斌,李佳孝.更新农村教师教育理念提高农村教师教学能力［J］.新课程研
究:教师教育,2007（3）.

［39］孙琨懿.从教师职业素质反思我国教师资格制度［J］.教育探索,2005（12）:34
－36.

［40］范先佐.农村中小学教师队伍建设刍议［J］.当代教育论坛（宏观教育研究）,
2008（4）:12－13.

［41］谈松华.农村教育:现状、困难与对策［J］.北京大学教育评论,2003（1）:3－5.

注:本文曾发表在《基础教育外语教学研究》2012 年第 5 期,被人大复印资料 2012 年第
9 期《小学英语教与学》期刊全文转载。

# 基于"学生需求"的外语教师学习研究

柳淑瑛 *

基于"学生需求"的教师学习是一种识知(knowing)的过程,学生不仅对教师的学习起着刺激和鼓励的作用,同时也决定着外语教师学习的内容和方式。本研究从学生的视角来审视外语教师的日常学习,采用观察、访谈、实物收集、叙事研究等质性研究方法,以8位英语老师及其所带班级的学生为研究对象。结果表明:基于"学习者需求"的外语教师学习不但有明确的目的性和延伸性,也是教师自主学习的动力;教师的行动学习既能激发学习者的学习兴趣,又能予其榜样的力量。

学习过程是一个识知的过程,"学"蕴涵着"知"的发生与发展。但明确"知什么"更能促进"学"的发生。学生是教学的对象,是教师在课堂上直接的对话者。从表面上看,教师在教学中是"教育者",学生是"被教育者"。但事实上,教学中教师的思维、决策和行为都是针对学生的学习需求展开的。因此,学生是教师学习与成长中真正的教育者。朱晓燕(2004)通过质的研究,发现教师"关于学生的知识"的变化是带动其他知识变化的关键[1]。因此,将外语教师的学习和发展置于"回应学习者需求"这个最主要的活动对象进行考量,才能揭示其学习的本质。如果说对教师培训的研究回答的是"教师学到了什么"的问题,那么对回应学习者需求的教师学习的研究则是回答"教师是怎样学习的",这是本研究的主题。

## 一、教师学习

"教师学习"概念的出现,是人们更加关注教师学习的主动性、日常性和教师知识内生性的结果(Fullan[2];Easton[3];Lieberman[4])。首先,教师的专业从"被

---

\* 作者简介:柳淑瑛,出生于1963年,女,甘肃庄浪人,天水师范学院外国语学院教授,主要从事英语教学法、教师教育发展研究。

发展"转入主动学习和发展,他们必须变成主动学习者。其次,"教师学习"也意味着突出教师学习的日常性,以加拿大的迈克尔·富兰(Michael Fullan)等为首的学者开创了具有国际性的教师学习研究模式,即研究教师的日常学习甚于教师的正式培训。弗兰指出,要了解教师未来十年的发展方向,必须弄清"'在他工作的场景中学会做正确的事情''必须每天都扎扎实实地学习''突出教师知识的内生性'"。美国知名学者安·利巴门(Anne Lieberman)在《教师教育杂志》(*Journal of Teacher Education*)中发表了题为《教师学习:教育改革的关键》的一封信,指出,"尽管专业发展的意图很好,但在教师们看来,专业发展是零散的、不连贯的,并且与课堂教学的现实问题相脱节"。

事实上,外语教师已经认识到了学习的重要性。这种认识基于学生的需求和教师的生存需求。2012年外语教师国培项目(短期或长期、置换培训和集中培训)前期需求调研结果显示:满足学习者的需求已成了外语教师继续学习的动力源泉。①正如Thoma(2002)所言:"当有人给老师提供一个信息,表明他们想要做的与正在做的之间存在着不一致时,老师极有可能会改变自己的行为。"[5]

但教师在职培训效果似乎差强人意。随着阶段性培训的结束,教师学习也随之就结束。富兰(2007)认为,教师培训只能解决30%的问题,另外的70%则涉及教师是否每天在学习,他们是否在一起不断地提高自己的水平。学习习惯只有在他们日复一日地进行学习时才可能出现。根据社会建构主义理论,学习不仅仅是个人的认知活动,更是主体通过中介工具与环境对话的结果。[6]

鉴于此,本研究拟从两个维度进行。第一个维度,从学生的视角来考察外语教师"行动中的学习":在课程、教材等的中介作用下,是如何实现教学目标的? 进行了哪些思考? 是否发生了学习? 学到了什么? 如何学习的? 学习的动因是什么? 第二个维度,基于教师知识的研究成果(Shulman[7];Grossman[8];Elbaz[9]),从学生和教师自身的感受出发考察教师通过"回应学习者需求"所获得的学习结果:实践性知识是否发生了变化? 发生了哪些变化? 是否在教学中形成了新的教学观? 教师的教学行为是否发生了变化? 发生了哪些变化? 教师的实践知识、教学观或教学行为的变化怎样促进教师的专业成长?

**二、理论依据与研究方法**

(一)理论依据

根据教师的专业特性,如在场性、不确定性和价值性等特征[10],教师学习更

———————

① (来自作者自己的调查数据)

适合于以建构主义的方式进行。建构主义教师学习是教师主动发现、探究的过程,在拓展和提升原有知识和经验基础上获得专业知识、教育教学知识、增强专业理解和技能,不断更新自我。教师学习是在其与环境互动中建构的,教师所处的环境决定教师能够学到什么;教师与他人之间的互动则是影响教师如何学习的决定性因素。[11]

（二）研究方法

本研究主要采用质性研究(qualitative research)方法,因为质性研究能挖掘出鲜活的"私人叙事"(private narrative)[12],回应学习者需求的教师学习扎根于教学实践,多为隐性学习,属于一种个人学习方式。本研究主要是从学生的视角,审视外语教师如何通过回应学习者的需求促进学习者的学习的;并透过学习者的体验视角,来审视外语教师学习的有效性。因此,我们主要使用了观察、访谈、实物收集(教学日志)、叙事探究等质性研究方法。

（三）研究对象

参与本研究的是8位中学英语教师和所带班级的学生。为了研究的实效性和方便性,8位被试都参加过短期或长期国培的教师①。首先,他们主观上非常愿意参加;其次家庭负担轻,有足够时间。因为本研究为期一年,需要被试花较多的课外时间来搜集学习资源、记录学习者的需求问题;而且他们必须记录自己的反思日记,部分教学课例以及所获得经验、教学技能改革的事例。

（四）研究问题

基于上文的两个维度,本研究主要回答以下几个问题:

（1）学习者对外语教师的需求及回应的主观感受和看法是什么？（学习者的需求与教师的回应）

（2）从学生的视角审视,这种学习有什么作用,会产生什么样的影响？

（3）外语教师学习怎样促进其专业成长？

（五）研究前的准备

国培项目期间,就如何实施这个项目,怎样撰写备课笔记和教学反思笔记,对所有教师做过培训和说明,并就相关问题做了应答。对参与研究的学生,事先没有做任何安排或说明,是在自然的状态下进行的。

（六）数据收集和分析

Miles & Huberman (1984)指出,质的研究中收集的研究资料是文字资料[13]。本研究的数据也主要来源于课堂观察、访谈、案例描述等文字资料。具体而言,被

———————

① （实际上是我们国培项目结束后,教师返校后的一个跟踪调研项目）

试在回应学习者情境的动态学习过程中的主观体验结果主要通过访谈、阅读教师的教学日志、反思日记等(征得其同意)。另外,为了挖掘文字资料背后的内涵,了解被试真实的想法和观点,我们分别做了学生和教师访谈,访谈提要通过查阅相关文献并结合上述研究问题整理而成。

本研究的数据分析主要采用质性研究中的"主题分析"(categorization)(Merriam1998[14];Miles & Huberman[15] 1984)和"情境分析"(contextualization)相结合的方法。首先对课堂录像、观察笔记和实物资料等进行编码,进行单个案例和案例之间的类属分析与情境分析;再利用情境分析为主题分析补充血肉;最后利用主题分析为情境分析厘清意义的层次和结构,从而最大限度地挖掘资料中关于外语教师学习的信息。

### 三、研究发现与讨论

(一)学习者的需求与教师的回应

1. 学习者对外语教师知识的需求是综合性的

通过对学生、教师的访谈以及教师的反思、教学日志,我们发现学习者对外语教师知识的需求充满了人文性和工具性,这一点访谈中也得到了外语教师的认可。

【学生】课堂上我们学了很多西方的食物名称,如 Hamburger,Pisa,Hot dog 等。但在实际生活中,对我们常常吃的菜加饼,馒头、花卷,要么用汉语拼音,要么在 Pisa 或 Hamburger 前面加一个 Chinese,这种不伦不类的说法自己也觉得非常滑稽。有时在食堂碰到外教,向他们介绍时,他们也不知所云。我觉得,我们不但要熟知西方历史文化,更要将我们的文化推广出去,使外国人知道,我们的文化博大精深。

【学生】在英语课上,我们觉得教师翻译课文、干巴巴讲语法的方法很无聊。真希望外语教师能像语文教师那样,讲解一些典故的历史背景,或介绍一些西方国家的文化知识或历史背景来调动我们的积极性。如课本中的万圣节和圣诞节,我们很想知道它们的来历、特点。在中国,我们年轻人都赶时髦,商家也做活动,但究竟是什么样的节日,大部分同学并不知道。

【教师】学生的这种需求如果不提出来,我们也想不到。很多时候当学生描述我们早餐都吃的菜加饼用 Chinese Hamburger 时,我们也随同一笑了之。的确,现在的英语教材介绍中国文化的非常少。但通过参与这个项目,我有意识地去找一些介绍中国食物的翻译,也请教我们学校爱好烹饪的外教,的确学到了不少。如西方的沙拉和中国的凉菜,沙拉一般使用生蔬菜,而我们的大部分凉菜则需要在水里焯一下。我们早餐中的菜加饼应该是(salad roll)和西方的三明治(sandwich)或汉堡包(Hamburger),西方的面包(bread)与中国的大饼(white bap / roll)在食材和做法上有着本质的区别。关注学生的需求,也使我们非常受益。

【教师】英语课程是一个综合性非常强的课程,它涉猎的话题非常广泛。从现代化的城市生活,如快餐文化、西洋节日、网络文化、音乐、服饰、通信设备,到具有历史渊源的各种节日。我们也觉得压力很大,感觉到一个英语教师不要说样样精通,至少你要知道一点。有一次遇到一篇关于如何开网店、网上购物的文章。说实话,由于课多,我根本没有时间去网上购物,遇到这样的陌生题材真是头疼。

教师的学科知识是影响其向学生传递学习表现期望(the performance expectation)的一个重要因素。受访教师承认,在自己驾轻就熟的章节,倾向于讲解法结合开放型的任务型活动;而在比较生疏的章节则往往照本宣科,通过布置作业或做习题来评价学生。也因此,我们认识到:外语教师具有广博的知识是一个亟待解决的问题。正如张后尘所言,"只就语言研究语言,是很难突破的。要从相关学科吸收新知识""将狭义的语言文学研究领域扩展到广义的文化研究领域,或谓之跨文化研究领域"[16]。这要求外语学人不能只固守自己的小天地,要扩大人文社会科学知识。

2. 学习者对外语教师学科教学知识的需求——建立语境,搭建支架

研究资料显示,学习者不像以前那样依赖外语教师讲语言知识,而是需要教师从整体出发(全书的编\\排、单元内容的编排),以话题为线索,为他们提供语言学习和话题输出的语境,并适时地搭建脚手架。

【学生】现在我们的外语课大都使用多媒体教学。课上,老师有时候好像没有目标,一会儿让我们看课本,一会儿看她所做的课件,或从网上下载的资料。但好像互相之间没有多少联系。我们只是被动地跟随着,一节课下来,也不知学了些什么,而且书后面附的光盘从没有用过。

【学生】我们外语老师每讲完一篇课文,就布置一个任务。有时候任务比较难,而且课堂时间非常短,我们的英语水平又非常差,因为词汇贫乏,想说说不出;有时候想半天,也理不出一个头绪。而且因为课本单元之间的内容跨度大,没有内在的连接性,致使我们慢慢对完成任务也就敷衍了事了。

面对这种现象,教师认为:

【教师】现在的教材编排是以话题－情境为中心,拿冀教版来说,一个单元含有 7 个 lesson。以往我们都按部就班,认为教材不能动。但面对学生完不成任务、单元内容间连续性缺乏的情况,我想能否将相同单元之间的内容进行合并。例如,教第一单元(Me and My class)时,首先就这个话题包含的Lessons 通读一遍,然后以话题为中心,看有没有必要进行内容之间的重组。结果发现,学生对此非常感兴趣,有的将 Lesson 1:LiMing is back to school,Lesson 3:Getting to know you; Lesson6:Meet Ms. Liu 合并,然后以 Lesson 7:Jenny's Week 和 On a School Day 作为本课题的总结。在引导同学进行重组的过程中,同学们不知不觉地读完了整个单元的课文,有些互相问生词意义、查字典,都希望自己的排列是最佳的。

【教师】英语教师一定要学会梳理教材,找出教材内容之间的逻辑性和相关性,给学生搭建一个脚手架,让学生顺梯而上。现在的城市学生词汇量大,知识面比较宽广,只要教师能找到着力点,为学生创设问题情境,就能引导学生自主学习。比如导入阶段,如果能将本课的 main idea 精心设计在导入阶段,再配以本课中关键性的单词,就能为学生后面的阅读打好基础,根本不用去翻译。

的确,现在的英语教材多种媒态相结合,集纸质教材、电子教材和演示教材为一体,教材不只是一本书,而是由课本、光盘、录像带、网上资源等构成的教材包。这要求外语教师遵从教材编排原则,以话题－情境为基点,整合教学内容。教师提供给学习者的是一种支架式的帮助,这种支架随着学习者水平的提高,就会慢慢撤去,实现"教是为了不教"的理想状态。支架式的帮助也是促进学习者自主学习的一个支持体系,其中的重要因素,就是提供帮助和资源,这与柳淑瑛[17]研究的成果相一致。

(二)学生对回应需求(教师行动学习)的看法

1. 教师的行动学习激发了学生学习语言的兴趣

访谈中我们发现,外语教师对学生的需求做出及时的回应后,教师丰富的学科专业知识、学科教学知识以及人文知识等能激发学生学习的极大兴趣。

【学生】我们的英语老师好像什么都知道,知识面非常广泛。有一次结合课文,她向我们介绍了古罗马竞技场上的基督徒和狮子、斗士以及其他惨无人道的竞技活动,我们听得非常认真。接着老师问道:为什么这些风俗在罗马盛行? 不同文化的人如何从这种残酷的竞技中取乐? 这样引导的讨论非常有效,我们都发表各自的观点,感到非常有趣。

【学生】当感觉到老师处处在为我们着想时,我们参与课堂活动的积极性就会非常高,觉得不好好听讲,对不起英语老师。但当我们没有这种感觉时,在课堂活动中就表现得非常厌烦。我们喜欢教师知道我们的名字并在课堂的师生互动中叫我们的名字,我们感到非常高兴。

伯尔维克和罗斯(Berwick & Ross[18])等研究者提出,学习上的成功能激发和调动学习者的学习动力,使其在课堂上更加主动、活跃。这类学习动力也被称为"成效性动力"(resultive motivation)。

2. 教师的不断学习给予学习者榜样的力量

在访谈中,我们还有了意想不到的收获,即教师不断地学习,不但解决了学习者即时的问题,而且为学习者将来的奋斗树立了榜样。

【学生】我的英语老师最早是师范毕业,后来上大专,进修本科,最后考到一所名牌大学外语学院的研究生。丰富的阅历使得她的知识非常渊博,而且她对待我们学生非常和蔼可亲,常常帮我们解决一些课堂以外的问题。从她身上,我们汲取了一种力量和动力,那就是:人应该不断学习、有所追求。

【学生】我们老师在开学初,引导我们先将整本书的内容看一遍,寻找话题之间的关系,重新整合英语教材单元内容。这样一学期下来,不但我们对任务非常感兴趣,而且相同的话题可以让我们有机会重复所学过的词汇和句法,有意识地将相关单元内容知识串在一起。如果我们以后做老师,我们就要像我们的英语老师这样,不但给学生传授知识,更重要的是给学生一种启迪、一种及时的帮助。

### 四、外语教师通过回应"学习者需求",促进了自己专业的成长

(一)"回应学习者需要"的外语教师学习具有明确的目的性和延伸性

研究结果显示,"回应学习者的需求"使外语教师的学习具有明确的目的性和延伸性。例如,王老师这样说道:

回应学习者需求中的外语教师学习大多是在面对具体问题、解决具体问

题的过程中发生的。而这些问题主要是英语教材中涉及的问题,我们必须要给学生一个答复,否则觉得很没有面子。而且回应学习者需求过程中的外语教师学习大多是瞬间学习,是情境性很强的学习。由于课堂时间有限,教学活动一环扣一环,容不得我们做深入的思考。因此,课后的学习和延伸就变得非常重要。

刘老师是一位高中教师,她针对教材内容零碎、缺乏连续性和延伸性等问题,勇于在教学实践中去尝试。她在反思日记中写道:

> 面对教学中存在的内容零碎、语言输出量不足等现象,我努力尝试进行教材重组与整合,但心里比较毛。这时我发现课程标准中的建议:在单元目标的框架下对教材单元内容进行适当的增删或调换;也可将相关知识点按其内在的特征重新组合成一个新的单元……后来,我又去图书馆,翻看了近几年的《课程教材教法》等资料,发现好多一线的教师都在自己的教学中进行了尝试。所以,我非常感激我的学生,是他们的需求促使我学习到了这么多知识。

其他教师也有同感,对学习者的需求的关注,需要查阅一些参考书,进行全面的、客观的分析,总结出学生在学习相似内容时所需要的知识或教学技能,并对未来的教学提出设想。这种反思和课后的学习经过课堂上的"瞬间思考"变为更理性、更深刻的认识,是教师学习的内化过程[19],由此形成的实践性知识也对未来的教学有了更强的解释了和指导力。Dewey[20]指出,实践的连续性可以使当下情境中的经验传递到未来,并作用于未来的情境,因此经验具有"连续性"和"交互性"特征。这和王俊菊[21]的研究结果相一致,即"回应情境的行动学习"具有实践性、延伸性和持续性等特点。

(二)回应学习者需求激发了外语教师自主学习的积极性

回应学习者需求过程中的外语教师学习大多是在发现问题、解决问题的过程中发生的瞬间学习,是情境性很强的学习。由于课堂时间有限,教学任务重,容不得做深入的思考,因此,课后学习和反思就变得非常重要。以下是王教师的亲身体会:

我将单元内容进行梳理,发现学生的任务完成得很好。我也不知道这样好不好,也害怕领导或同科组的同事会有看法。但面对学生的需求,我感觉是成功的。为了寻找支持,课后我又翻阅一些文章,发现有好多教师已经做了好多尝试。如在《中小学英语教学与研究》杂志中,秦丽娟(2004)探讨了单元内容如何与阅读教学结合;郑丽撒(2005)探讨了单元内容与语法教学结合作为单元话题的延伸。还有,马兰指出,从"有序设计"走向"有序和整体的结合"是当代教学设计研究发展的总体趋势。于是我在教学中大胆地进行尝试。

在访谈中,教师普遍认为:由于注重学习者的需求,激发了他们的求知欲,会关注一切可能利用的资源,如中央台关于 family 的广告词,6 个字母的内涵 F—father; a—and; M—mother; i—I,L—love,Y - You.

有一位教师说:

> 我从当评委、听公开课中发现,语文课的教学和英语课的教学非常相似:识字、阅读等。因此除了外语期刊和书籍外,我还留心语文教学期刊,捕捉一些教学思路和方法,用到我的英语课堂上,学生也感到非常熟悉。

另一位教师也有同感:

> 我也留意到,如拼音中文名的写法,我给每个学生起了英文名字,来熟悉英国的名字,但学生在用拼音写自己的汉语名时,大小写错误、音节连接错误,甚至姓与名颠倒。说实话,我也不知道怎么写才对,直到发现 2012 年中国剪报中的《汉语拼音正词法基本规则》一文。第二天,我就将那些新规则向同学一一介绍,并且立即让同学们将自己作业本上的名字按照新规定来写。

事实上,人们原先的语言学习经历建立了有关学习和对语言学习的认知,这种认知如果加以正确引导,可以帮助他们去学习另外一种语言,实现语言学习之间的正迁移。

## 五、启示

项目结束后,8 位教师坦承,通过一个学年的课堂教学,他们的学科知识、教学知识以及学生知识等实践性知识发生了非常显著的变化。这一发现进一步证明了 Eliza 提出的"教师实践性知识是来自实践、关于实践的知识"的观点,学生的学习情况和学习需求是影响外语老师思考和决策的主要因素。

还有一个新的发现:这 8 位英语教师通过有意识关注学习者的需求,明显感到学生对他们的信赖度和尊敬程度日渐增加,课堂参与度也提高了;与此同时,她们不同程度加强了对自己教学的要求,备课、授课更加有目的性。而且,通过一学期的学习和积累,她们已经建立了自己的学科资源库,在我们项目组的建议下,4所学校进行资源分享,为将来有效教学奠定了一定的基础。在后期深度访谈中,当被问及促使自己教学能力提高的原因时,我们选取了两位教师的谈话记录:

其实每一位教师都想提高自己的教学,这不但涉及我们生存的问题,而且也涉及教师的尊严问题。当学生的需求得到满足后,我们自己也很高兴,因为你能给予学生一个满意的答复,特别是一些文学常识和历史背景;同时,当学生得到满意答复后,他们会更加尊重我们。

通过回应学习者的需求,我真正体会到了以学习者为中心的课堂的本质内涵,就像对话,双方能互相理解,能满足对方的需求,这是一个双赢的过程。一方面,学习者的需求得到了满足。另一方面,教师在回应学习者需求的过程中,自己也在学习、思考,反过来就会提高和促进课堂教学能力的提高。

由此可见,"回应情境的行动学习"是教师基于专业成长需求,主动的、建构的学习。从对职场的主观需要和价值取向的内在动机出发,教师主动关心自己的专业发展,成为学习活动的主体。外语教师对自己专业发展的理解和信念,不是从外部获得的,而是从自己的成长需要、学习者需求来建构的。正如维果茨基所言:"正是通过他人我们才发展成为我们自己。"[22]

### 参考文献

[1]朱晓燕. 中学英语新教师学科教学知识的发展[M]. 南京:南京师范大学出版社,2004.

[2]Fullan,M.. Change the Terms for Teacher Learning[J]. Journal of Staff Development,2007;28.

[3]Easton,LOIS BROWN.. From Professional Development to Professional Learning [J]. Phi Delta Kappan,2008,89(10):755 – 761.

[4]Lieberman,A.,Mace,D.. Teacher Learning:The Key To Educational Reform[J]. Journal of Teacher Education,2008,59 (3):226 – 234.

[5] Thoma L. G & J. E. Brophy. Looking in Classroom. (透视课堂)[M]. 陶志琼,王凤,等译. 北京:中国轻工业出版社,2002:48.

[6]程文华.外语教师课堂学习的个案研究[M]. 北京:外语教学与研究出版社,2011.

[7]Shulman,L.. Knowledge and teaching:Foundations of the new reform[J]. Harvard Educational Review ,1987,57:1 – 21.

[8]Grossman,P. L.. The Making of a Teacher[M]. New York:Teachers College Press, Co-

lumbia University,1990

[9] Elbaz,F. . The teacher's "Practical knowledge":Report of a case study[J]. Curriculum Inquiry,1981,11(1):43 – 71.

[10]陈向明. 理论在教师专业发展中的作用[J]. 北京大学教育评论,2008(1).

[11]赵明仁,建构主义视野中教师学习解析[J]. 教育研究,2011(2):85.

[12]陈向明. 质的研究方法与社会科学研究[M]. 北京:教育科学出版社,2000.

[13] Miles,M. B. & A. M. Huberman . Qualitative Data Analysis:A Sourcebook of New Methods[M]. California:SAGE Publications,1984:67.

[14] Merriam,S. B. . Qualitative Research and Case Study Applications in Education[M]. San Francisco:Jossey – Bass Publishers,1998.

[15] Miles,M. B. & A. M. Huberman . Qualitative Data Analysis:A Sourcebook of New Methods[M]. California:SAGE Publications,1984:67.

[16] 张后尘,准备、创新与开疆拓域—外语学术研究的几个问题[J],中国外语,2012(3):96 – 99.

[17] 柳淑瑛,支架式语言教与学[M]. 北京:中国科学教育出版社,2013.

[18] Berwick,Richard & Ross,Steven. Motivation after matriculation:Are Japanese learners of English still alive after exam hell? [J]. JALT Journal,1989,11(1).

[19] [22] Vygotsky, L. S. Interaction between learning and development. In M. Cole, V. John – Stenner,S. Scribner,& E. Souberan (Eds. ) Mind in society. The development of higher psychological processes. Cambridge,MA:Harvard University Press. 1978:86 – 91,57.

[20] Dewey,J. . Democracy and Education[M]. New York:Macmillan,1916.

[21]王俊菊. 外语课堂环境下的教师学习研究[J]. 中国外语,2012(1). 56 – 63.

注:本文曾发表在《教师教育研究》上 2016 年第 26 卷第 6 期

# 从流行语看环境对语言模因的影响

罗燕子*

模因论是建立在达尔文进化论基础上的解释文化进化规律的新理论。语言模因论揭示了语言发展的规律,为我们探讨语言的进化和传播提供了新的视角。文化、政治和网络环境对语言模因的传播都有重要影响,且此方面的研究对重新认识语言教学的方法、语言推广的途径、语言进化的过程和探索语言发展规律等方面一定的启示作用。

## 一、引言

牛津大学动物学家和行为生态学家 Richard Dawkins[1]在其著作《自私的基因》(*The Selfish Gene*)中首次提到模因这一术语。Dawkins 认为模因(meme)就是文化传播单位,曲调、概念、时装、流行语等都是模因。与基因不同的是,基因是代与代之间的垂直传播(vertical transmission),而模因可以在任何个体之间传播,可以是共时的,也可以是逆时的和顺时的。模因论是基于新达尔文进化论的观点解释文化进化规律的一种新理论。从模因论的角度看,语言模因揭示了话语流传和语言传播的规律,有利于语言的发展,而模因本身也靠语言得以复制和传播。

何自然教授认为[2]"从学校和书本中学会的成语、隐喻,在人们日常交往中得到反复的复制和传播,这正是模因的表现;而人们学会了某些新词语或者经历了新词语所代表的事物之后,这些词语在语用中得到复制和传播也会形成模因"。语言的发展过程也表明,语言就像物种一样变化、进化。随着社会的进步和和科学的发展,一些事物消失了,表达这些事物的词汇也渐渐被人遗忘;有些词汇虽然一直被沿用到现在,但含义已经变了;当新的事物出现时,又有新的词汇出现。如

---

\* 作者简介:罗燕子,出生于 1967 年,女,甘肃天水人,天水师范学院外国语学院教授。主要从事语言与文化传播及英语教学研究。

汉语中的名词"后嗣""进士""举人""太守""太尉",动词"曰""云",人称代词"汝""吾"等已经很少使用;英文中也有类似的现象,如的"bide(等待)""duke(公爵)"等只留存固定的短语中或在文学作品里;有些词虽然还在使用,但现在已赋予了新的含义,这一类的词如"皇帝""小姐""老板""酷"等;当然有些词如"窈窕淑女,君子好逑""叶公好龙"等仍在使用。随着科学技术的发展,新事物的出现又导致一大批新词的产生,如"电脑""卫星""宇航员""万维网""电信""雷达""博客"等;英文中也有大量的新词出现如"smog(烟雾)""clone(克隆)""e - mail(电子邮件)""cybermile(假想的网络里)""offline(离线的)""online(在线的)"等。以上现象说明语言模因在传播中发生了变异,强势的模因保存了下来,而弱势的被淘汰了。

## 二、近年来的流行语分析

所谓流行语,是指在一定时期、一定地区、一定社会群体中,被人们广泛使用、流传、熟知的用语[3]。例如在2005年,风靡全国的湖南卫视举办的"超级女声"选拔赛,导致了"超级女声""PK""超女""海选""PK""粉丝"等流行语在短期内家喻户晓;再比如北京奥运会期间十大奥运专题流行语是:"奥运开幕式""圣火传递""鸟巢""水立方""菲尔普斯""博尔特""奥运安保""北京欢迎你""祥云小屋"等等。除此之外,近年来的流行语还有以下几种:

(一)"××门"现象

"××门"的说法,源自20世纪70年代初尼克松总统的"水门事件(Watergate scandal)",水门事件的最终结果是迫使尼克松下台。这是美国历史上最不光彩的政治丑闻之一,水门事件后不久,英语里便多了一个后缀词" - gate",中文直译为"门"。"用作动词时,意思是'使卷入丑闻、参与水门事件式的丑闻';用作名词时,意思是'水门事件式的丑闻','使首脑人物大伤脑筋、十分狼狈的事情'"[4]。此后,不少类似用法应运而生,如"虐囚门""艳照门""虎照门""猥亵门""诈捐门"等等。

(二)"山寨"现象

"山寨"语义的演变根据《词源》,"山寨",亦作"山砦",是指在山中险要处构筑工事借以防守的据点。现在"山寨"一词的语义范围被大大拓宽了,用来指有嫌疑仿冒或者伪造第三方商品的生产厂家。[5]这一类的词汇有"山寨手机""山寨春晚""山寨货"等。

(三)"晒 + ×"词语模因

近年来,在不断加强的汉英语言的交流中,英语中的"share"作为词汇模因被复制到汉语中,用同音却不同形的"晒"来代替,这是典型的语音的复制。"share"的意思是把自己的想法、经历、感情等告诉别人或与别人共同分享或分担。汉语词"晒"在汲取了英语"share"的读音的同时也复制了其意义。出现了像"晒工资""晒秘密""晒照片""晒一晒××"等的词汇。[6]

(四)"被××"现象

最近在网络流行语中有"被××"现象,如"被就业"等,随后,"被自愿""被捐款""被失踪""被开心""被不务正业"等多种"被××"词语也流行起来。"被××",表示对一些事件的质疑。

(五)"××秀"现象

"秀"来源于英语中的"show",用作动词,意思是"显示、展示"等,用作名词,表示"表演""显示"等含义。如"脱口秀(talk show)"、"时装秀(fashion show)"等等。

### 三、环境对语言模因传播的影响

Francis Heylighen [7]认为模因的复制有 4 个阶段:同化(assimilation)、记忆(retention)、表达(expression)和传输(transmission)。古时交通不便、山川阻隔,人们一旦被高山大川分隔,语言模因的复制就不能进入同化阶段,更不要说记忆、表达和传输阶段。河流山川的隔离使语言日趋分歧,语言变异十分复杂,甚至同一种语言也产生了许多不同的方言。因此地理环境对语言模因传播的影响是巨大的。除此而外,不同的文化背景、不同的民族、不同的宗教以及不同的社会生活环境等对语言模因的传播也有很大的影响。

(一)文化环境对语言模因的影响

模因作为文化的基因,通过非遗传的方式,特别是通过模仿(imitation)将一些思想或主意加以传播,并代代相传下来。Dawkins[8]认为模因的传播方式是模仿,模仿的方式可以是多种多样的,但主要有三种:复制式(photography)、指令式(order)和理解式或模仿式(mimetic)。模仿是人类的天性,文化信息每个模因都包含着丰富的社会内容,通过感染,模因会很快在人群中传播,语言模因在传承传统文化、促进文化进步、发展多元文化和吸纳外国文化等方面都有着积极影响。

民族是人们在历史上形成的一个有共同语言、共同地域、共同经济生活以及表现于共同文化上的共同心理素质的稳定的共同体。一般而言,不同的民族使用不同的语言。世界各民族的语言主要分属 11 个语系:印欧语系、汉藏语系、尼日尔—科尔多凡语系、南岛语系、非亚语系、达罗毗荼语系、阿尔泰语系、南亚语系、尼罗—撒哈拉语系、乌拉尔语系和高加索语系等。[9]另外,相同文化背景下人们的语言通过互相模仿复制传播，因而都带有各自的文化烙印。如以汉文化为中心的东亚历史文化圈中缺乏明确的宗教，儒家学说在历史上占主导地位，并辅以佛教与道教，推崇"中庸之道"，汉字起着非常重要的作用；欧洲历史文化圈以基督教为主流宗教，古希腊语和拉丁语是其语言影响的主要源头，早期还有古犹太语，后期有英语、西班牙语、法语、德语以及书面斯拉夫语和俄语；近东历史文化圈以伊斯兰教为主流宗教，阿拉伯语以及波斯语在这一文化圈中起重要作用；亚洲南部历史文化圈，其特点是印度教和种姓制度，梵语和巴利语为主流语言。[10]

宗教，特别是佛教、伊斯兰教和基督教这三大宗教作为古今中外普遍存在的一种社会文化现象，对语言模因的传播也有重要影响。随着佛教的传播，"佛陀""居士""观音""涅槃""浴佛节""斋戒""舍利"等词语频繁出现；在伊斯兰教中，"朝圣""朝觐""麦加""哈里发"等词汇又丰富了汉语的词汇，但同时我们知道，由于宗教的原因，伊斯兰教禁食猪肉，说猪是一种"秽物"，是"不洁净"的动物，因此，伊斯兰教的信徒不会使用猪或与猪有关的词汇；基督教传入我国之后，同时引入了像"耶稣""上帝""天主""安琪儿""十字架""神父""教堂"等新词。

另外，生活环境对语言模因也有很大的影响。如汉语中的"炕"，西方文化中就没有对应的词，译为"kang"即可，"热炕头"可以译为"the warmer end of a kang"，"炕席"译为"kang mat"，"炕桌"译为"kang table"；另外，饺子是我国一种历史悠久的民间美食，已成为饮食文化的一个重要组成部分，逢年过节，大家都喜欢包饺子，而英语中也没有对等的词汇，翻译为"jiaozi"要比"dumpling"更为准确。再以因纽特人（Inuit）为例，因纽特人也被称为爱斯基摩人，居住在北极圈内的格陵兰岛、美国的阿拉斯加和加拿大的北冰洋沿岸，那里天气酷寒，终年只有很短的时间气温高过0℃，冬天寒冷漫长。由于生活环境的原因，他们对雪的称谓有几十种之多，"'有一件有趣的事，你想听吗？'乔说，'爱斯基摩人表示'雪'的词有五十多个。看来，'雪'对他们来说真的很重要。我猜，这也许是因为，在他们心目中有时候不同的表示'雪'的词，如同'生'与'死'两者之间的含义一样，有着天壤之别。'她停了一下，若有所思。接着，微微笑了笑继续说，'他们甚至还有专门的词来表达'干雪'和'湿雪'，'蓬松的雪'和'密实的雪'，以及'落的很快的雪'和'慢慢落下的雪'。他们想得可真细啊！"[11]可见环境对语言的影响是很大的。

（二）政治环境对语言模因的影响

这里所说的政治环境指政治体制或政体，主要包括国家政权的组织形式、国家结构形式、议会制度、政党制度以及国家行政管理制度等。随着东西方文化交流和对西方政治制度了解的增加，"议会""民主制""共和制""元首""君主立宪制""总统""竞选""内阁"等词汇逐渐融入汉语。近年来的生活经历也告诉我们，不同的政治背景下，流行语完全不同。据国家语言资源监测与研究中心的动态流通语料库 2008 年语料显示，纪念改革开放 30 周年专题十大流行语是"中国特色社会主义""邓小平""十一届三中全会""经济特区""家庭联产承包责任制""一国两制""经济体制改革""发展是硬道理""西部大开发""全面建设小康社会"；现阶段创建和谐社会，"依法行政""团结友爱""和谐社会"等等成为流行语。再比如 2008 年四川汶川地震及今年的青海玉树之后，"驰援""不抛弃、不放弃""我们在一起""四川加油""玉树不哭""重建家园"等词语迅速流行起来，表现了我国政府和人民对灾区群众的关心和帮助。

再以英语为例，在摆脱法国殖民主义统治后，资本主义在英国得到了不断发展，英国国力强大，开始大肆对外扩张殖民，在殖民主义文化渗入各殖民地的同时，英语开始被传播到全世界。在当时的英殖民地国家，英语被看成是权势、贵族和财富的象征，学会并能使用英语是殖民地人们摆脱贫困、提高地位、获得主流社会认可的便捷途径之一。这样，到了 20 世纪初，英语已在全世界得到普遍传播，为现在英语在全世界的流行创造了条件。英语被越来越多的国家和人民使用，在国际间的经济、文化、学术、军事和政治交流中成为通用的语言。据统计，英语始终是包括联合国在内的各种国际性组织，地区性组织和行业组织中的通用语言。在今天，世界上除了以英语为母语的十余个国家之外，以英语为官方语言的国家超过 70 个。另外，在各国的外语教学中，英语享有优先地位，据有人统计，20 世纪90 年代后期世界上有近四分之一的人口，即 12 至 15 亿人能讲流利的英语或能熟练使用英语。更不用说现在的互联网了，存储的信息中有 80% 是英文信息，再次巩固了英语在国际语言中的支配地位。

（三）网络环境对语言模因的影响

网络语言作为语言的一种变体，也是通过模仿而传播的语言模因，体现了文化进化的规律。如"雷人""晕""无语""郁闷""纠结""我狂""我晕""我无语了""真纠结""好郁闷"等等。网络语言起初只是在网络上跟人虚拟聊天的时候才使用，并没有在平时生活中亲口说出来。但是，因为身边的人经常上网，熟悉那些语言，所以慢慢地不知不觉地就都用到了日常生活中。某些网络用语之所以存在并广为流传，在于其形象生动，如"囧"字。网络的出现不仅催生了流行语，也让一些原来的生僻字重新流行起来，当然，大部分在网络上流行的生僻字已不再是其原本的意思，而是被赋予了新的含义。

另外，由于受到网络环境的影响，各种被"异化"的语言现象由最初网络上的娱乐符号迅速转化为我们的日常交流语言，并有逐步定型和放大的趋势。最典型的莫过于前文提到的流行语和被"发明"的"火星文"(一些生僻的或不存在的、被用来替代常规字的形似、义似或谐音字,如"吘雲(行云)""蒾氺(流水)"等。可以说,网络是语言模因的发源地和集散地。作为一个正式与非正式、现实与虚拟并存的平台,网络为各种语言模因提供了"演练"和获得认同的场所,从这个意义上说,是网络催生了语言"异化"现象,促使了语言模因的传播。

模因论为研究网络语言成功复制和传播,以及它们在交际中的语言特色及其成因提供了理论依据。例如,"你 out 啦!",借用英语"be out"(过时的)中的词"out",表示"过时""不时尚";相对应,"你知道今年什么最 in 吗?",借用英语"be in"中的部分内容与汉字重组,表示"流行的""时尚的"。再比如网络语言中"ing"这一特殊的构词方式,借用了英语进行时的时态标记‒ ing,表示"正在进行中"。比如"吃饭 ing""上网 ing""郁闷 ing""流口水 ing"等,这一用法生动地反映了正在进行的状态。以上的例子中,英语单词的或后缀与汉字结合构成模因复合体,成为一种新的流行语通过网络而传播。可以想象,随着网络交流的增多,网络语言会逐渐被更多的人接受。

## 四、结语

研究表明,模因通过同化、记忆、表达和传输四个阶段,周而复始,形成一个复制环路,在每个阶段都有一些弱势模因在选择过程中被淘汰,强势的模因会留存下来。以世界语(Esperanto)为例:1887 年,波兰医生柴门霍夫博士创制了一种语言,他希望人类借助这种语言,达到民族间相互了解,消除仇恨和战争,实现平等、博爱的人类大家庭。但一百多年过去了,世界语没有成为世界通用的语言,甚至被人遗忘。原因是世界语没有作为强势模因通过四个阶段传播,而是在选择的过程中被淘汰。当流行语从一个宿主被传输到一个或更多的潜在宿主时,它有了模因性,才是真正意义上的模因。模因的复制速度是基因的数倍,所以语言模因会迅速复制自己,感染他人,而环境感染是语言模因传递的主要渠道。

综上所述,社会文化环境、政治环境以及网络环境等对语言模因的传播有很大影响。对语言模因的复制传播及其影响因素的研究,在我们重新认识语言教学的方法、语言推广的途径、语言进化的过程和探索语言发展规律方面有一定的启示作用。

**参考文献**

[1] [8] Dawkins R. The Selfish Gene[M]. Oxford:Oxford University Press.

[2]何自然.语言中的模因 [J]. 语言科学,2005(11).

［3］冉永平．语用：现象与分析［M］．北京：北京大学出版社,2006.

［4］刘桂兰,李红梅．从模因论角度看"xx门"现象［J］．外语学刊，2009(2)．

［5］周四瑗,陈意德．从语言模因论看"山寨"现象及其传播［J］．长春理工大学学报(社会科学版)，2009(7)．

［6］李静莹．语言模因论视角下的"晒＋X"族新词探微［J］．华中师范大学研究生学报，2008，(12)．

［7］Heylighen，F. Selfish Memes and the Evolution of Cooperation ［J］. Journal of Ideas ，1992，2（4）:77－84.

［9］李德洙,朱小叶．当代世界民族宗教［M］．北京：中共中央党校出版社，2004.

［10］杨艳丽．语言生态学初探［J］．语言与翻译,1999，(1)．

［11］麦克·盖尔．暧昧纯友谊．［M］．北京：二十一世纪出版社,2007.

注：本文曾发表在《兰州大学学报(社会科学版)》2011年11月28日

# 基于 SWECCL 的中国英语学习者
# 与格换位结构习得研究

杨江锋*

本研究考察中国英语学习者对与格动词的偏向效应和对与格换位结构相关的五个限制因素的遵守情况。依据三条标准从中国英语学习者口笔语语料库(SWECCL)中选取了 9 个与格动词,并对相关因素进行了手工标准。统计分析表明,学习者使用双宾语结构的频率远高于介词与格结构;学习者对多数与格动词的偏向效应有相当程度的掌握;在使用双宾语结构时对五个相关限制条件的遵守情况更接近本族语者,对介词与格结构的使用则表现出一种混杂的倾向。输入频率效应和母语迁移可以解释这种情形。

## 一、引言

英语中的与格换位(Dative Alternation)是指双宾语结构(Double Object Dative,DO)和介词与格结构(Prepositional Dative,PO)这两个语义上基本相同的结构之间可以相互转换的现象。如:

(a) I gave John$_{[Goal]}$ a book$_{[Patient]}$. (DO)

(b) I gave a book$_{[Patient]}$ to John$_{[Goal]}$. (PO)

这两个结构形式上不同之处在于介词 to 是否介入而最终影响受事(Patient)和目标(Goal)出现在不同的位置。在特定的语境中,说话人只能选择 DO 和 PO 结构中的某一种结构进行表达。

* 作者简介:杨江锋,出生于 1971 年,男,甘肃天水人,天水师范学院外国语学院副教授、博士、主要从事语言学及应用语言学研究。

基金项目:本文是教育部人文社会科学研究项目"基于语料库的认知视角下的与格换位结构研究"(项目批准号:09XJA740008)和甘肃省教育厅科研项目"基于语料库的与格换位结构研究"(项目编号:0908B-3)的阶段性研究成果。

## 二、文献综述

海外学者对与格换位结构习得问题的研究主要侧重在下面几个问题上:DO 和 PO 结构哪个被更早习得(如 Mazurkewich,1984;Hawkins,1987;Gropen et al.,1989;Snyder & Stromswold,1997;Campbell & Tomasello,2001;Chang,2004;Marefat,2005;Conwell & Demuth,2007;Babanoglu,2007;Gu,2010;Wolk et al.,2011;Kang,2011);DO 和 PO 结构中都使用哪些动词(如 Hawkins,1987;Gropen et al.,1989;Campbell & Tomasello,2001;Callies & Szczesniak,2008);儿童使用 DO 和 PO 结构时是否会违反那些在成人言语中所要遵循的限制条件,包括动词偏向效应(verb – specific bias effects)(如 Hawkins,1987;Gropen et al.,1989;Inagaki,1997;Campbell & Tomasello,2001;Wolk et al.,2011;Wurm et al.,2012)、信息结构原则(如 Chang,2004;Marefat,2005;Callies & Szczesniak,2008;Park,2011);学习者英语熟练水平对与格换位结构选择的影响(如 Marefat,2005;Babanoglu,2007);母语对与格换位结构习得的影响(如 Le Compagnon,1984;Inagaki,1997;Whong – Barr & Schwartz,2002;Marefat,2005;Babanoglu,2007;Kang,2011),等等。

从研究者解释相关结构习得的理论视角上看,国外学者早期主要是基于普遍语法的标记理论来解释 DO 和 PO 结构哪个更早被习得(如 Mazurkewich,1984;Le Compagnon,1984;Hawkins,1989;Snyder & Stromswold,1997;Chang,2004)。从 20 世纪 80 年代末开始,以 Gropen & Pinker(1989)等为代表的学者开始从动词语义等面来探讨与格换位结构的形成和习得问题,提出了有名的动词广域规则(broad – range rules)和狭域规则(narrow – range rules),并且在后人的研究中得以广泛应用(如 Inagaki,1997)。从 20 世纪 90 年代中期开始,随着功能语言学派影响力的扩大,学者开始从信息结构层面探讨英语本族语者言语中与格换位的形成,并提出了相关的制约性因素(如 Thompson,1990;Hawkins,1994:213;Collins,1995;Stallings et al.,1998;Arnold et al.,2000;Biber et al.,2000:928 – 929;Wasow,2002;Wasow & Arnold,2003 等)。这些研究的相关成果也被借鉴到与格换位结构的二语习得研究领域,如从"已知信息在前,新信息在后"的信息原则(如 Chang,2004;Marefat,2005;Park,2011)和受事与目标的长度和信息已知程度的互动关系(如 Callies & Szczesniak,2008)。最近几年来,以眼动技术为代表的心理学研究手段逐渐被应到与格换位结构的习得研究中(如 Wolk et al.,2011;Wurm et al.,2012),这说明学者已经开始从认知心理层面关注这一语言现象。

从研究方法上看,多数主要以产出和理解性测试为主,包括语法判断、完成句子、图片描述等。也有学者使用语料库手段进行相关研究,如 Gropen et al.

(1989)、Snyder & Stromswold(1997)、Campbell & Tomasello(2001)、Callies & Szcz-esniak(2008)等。而基于不同研究方法所得出的相关结论在一致性上存在很大差异。如有学者(如 Mazurkewich,1984;Le Compagnon,1984;Hawkins,1989;Chang,2004)认为,二语学习者习得与格换位结构的顺序是 PO 结构在先,DO 结构在后;PO 结构是无标记形式,DO 结构是有标记形式。也有学者(如 Snyder & Strom-swold,1997)在 UG 的框架内则得出了与前者相反的结论。Marefat(2005)对英语本族语者和以波斯语为母语的英语学习者就话语因素对与格换位结构选择的影响问题进行了调查,在进行诱导性产出任务时,甚至连英语本族语者也没有显现出对"已知信息在新信息之前"信息排序原则的敏感。这是因为提示性测试问题导致出现了很强的启动效应或回声效应(echoicity)。而可接受性判断实验表明,英语本族语者、高级和中高级二语学习者倾向使用"已知信息 - 新信息"的信息结构;话语因素和与格换位结构之间存在互动关系;由于受母语的影响,以波斯语为母语的英语学习者明显倾向使用 PO 结构。这两项测试任务所得出的结果之间没有一致性,作者认为影响言语产出和结构识别任务的因素是不一样的。

海外学者的相关研究也涉及不同母语的英语学习者,其中涉及中国英语学习者有三项:Inagaki(1997)使用问卷的对比分析中也调查了 32 名中国英语学习者能否分辨出对四类动词的偏向效应;Chang(2004)使用诱导性测试的方法调查了台湾中等水平英语学习使用与格换位结构的情况,发现受试更多的使用 PO 结构,受试者没有遵守英语中已知信息在前、新信息在后的信息顺序,测试类型的不同会影响相关结构的选择;Gu(2010)对 5 名讲英语和广东话的双语儿童习的调查发现,儿童习得英语 DO 结构的时间明显早于 PO 结构。

中国大陆学者对国内英语学习者习得与格换位结构的问题总体上关注较少。从中国知网的查询结果(截至于 2012 年 3 月 30 日)来看,只有为数不多的几项:胡学文(2007)基于构式视角对中国英语学习者习得双宾语构式的情况进行了调查;姜琳(2009)和王敏(2009)基于构式视角考察中国英语学习者对双宾语构式和介词宾语构式启动效应情况,前者侧重语义启动效应,后者研究语言水平和任务类型对两个构式启动效应的影响。

对英语本族语者使用与格换位结构的研究发现,在语义、形态句法和话语功能等层面有诸多语言因素制约着 DO 和 PO 结构的选择(参见杨江锋,2011);相关研究(如 Ai 和 Chen,2008)表明,现代汉语中也存在着和英语与格换位类似的语言现象,所以我们有理由应该对中国英语学习者习得与格换位结构的情况进行更详细的调查分析。本文以语料库为研究工具,主要考察中国英语学习者对与格动词的偏向效应,以及对与格换位结构相关主要限制因素的遵守情况。

### 三、研究设计

（一）研究问题

本研究拟回答以下研究问题：

（1）中国英语学习者使用DO和PO结构的总体分布是怎么样的？

（2）中国英语学习者是否对相关动词的偏向效应敏感？

（3）学习者使用DO和PO结构时是否会遵守英语本族语者在受事和目标的名词类型、定指性类型、所包含词语的数量长度、生命度和信息已知程度上表现出来的相关限制条件？

（二）语料来源

本研究所使用的学习者语料库是由文秋芳等（2005）建立的SWECCL（Spoken and Written English Corpus of Chinese Learners）（1.0版）。该库总规模约250万词，其中包括口语语料约150万词和书面语语料约100万词。口语语料主要是我国大学英语专业学生参加英语专业四级口试完成复述故事、即席讲话和对话三种口试任务的转写材料，书面语料主要是国内9所不同层次的高校英语专业1－4年级学生的说明文、记叙文和议论文的写作材料。该语料库所选的语料具有广泛的代表性。

（三）相关动词的选择

对相关动词的选择沿用杨江锋（2011）的三个标准进行：第一，选择不止一位研究者都认为可以同时用于DO和PO结构的动词。选出Sinclair et al.（2000：272－280，417－433）和Levin（1993：45－46）共同认为可用于DO和PO结构的44个动词。第二，按照Levin（1993：132－313）的语义分类标准将这44个动词分成5大类9个小类（1）运送和搬运类动词：运动类动词（hand，mail，pass，post，slip，send），带来/去类动词（bring）。（2）所有权变化类动词：给予类动词（accord，give，lease，lend，load，pay，refund，render，rent，repay，sell，serve），将来拥有类动词（advance，allocate，allot，assign，award，bequeath，，concede，grant，leave，offer，owe，promise，vouchsafe），贡献类动词（proffer）。（3）创造和转换类动词：执行类动词（sing，write）。（4）交流类动词：信息传递类动词（read，show，teach，tell），交流工具类动词（cable，fax，email，wire）。（5）摄取类动词：喂养类动词（feed）。第三，使用WordSmith 4.0分别检索出这44个动词的所有形式（包括拼写错误的形式）在SWECCL中的总频率，同时考虑到语义次分类中成员词的数量比例，最后选择进入本研究的动词共有9个，按照其频率高低依次是tell（5172），give（3499），write（2182），send（1902），pay（1802），leave（1360），bring（1257），show（1208），offer（587）。由于总频率太低

的原因,第五大类中没有动词被选中。

（四）检索行的筛选

使用 WordSmith 4.0 检索出该语料库中包含有这 10 动词所有形式的检索行;然后,以手工方式剔除掉不直接包含有 DO 或 PO 结构的检索行(比如由于句子不完整而无法确定目标或/和受事的检索行、相关结构的被动表达、固定表达如 bring to an end/give birth to/ give rise to/pay attention to 等),最后得到有效的检索行共 6495 个,其中在口语语料中,DO 结构共有 2999 个,PO 结构 413 个;在书面语中,DO 有 2241 个,PO 有 842 个。

（五）相关因素的标注

所选择的五个因素可分为三大类,即形态句法类(受事和目标的名词类型、定指性类型、所包含词的数量长度)、语义类(受事和目标的生命度)和话语功能类(受事和目标的信息已知程度)。具体的标注参数包括受事和目标的名词类型:代词型还是词汇型(Thompson,1990;Hawkins,1994:213;Collins,1995;Gries,2003);受事和目标的定指性类型:定指型(专有名词、人称代词,或带定冠词、物主代词、指示代词做限定语等)还是泛指型(光杆名词单复数形式、宾语型从句,或带不定冠词、不确定性限定词等)(Collins,1995;Gries,2003);所包含词的数量长度:(Thompson,1990;Hawkins,1994:213;Collins,1995;Stallings et al. 1998;Arnold et al. ,2000:36,44;2002:30; Biber et al. ,2000:928 – 929;Levin & Rappaport Havov,2001;Wardhaugh,2003:168);生命度:无生命型还是有生命型(Quirk 等,1985:727;Thompson,1990;Levin,1993:46);信息已知程度:已知信息还是新信息(Thompson,1990;Collins,1995;Arnold et al. ,2000:36; Levin & Rappaport Hovav,2001)。在有效检索行中,以代码形式对所有因素进行标注,然后使用检索软件对代码进行检索统计。

## 四、研究结果

（一）DO 和 PO 结构的总体分布

表1　PO 和 DO 结构的总体分布

| | 口语 | 书面语 | 合计 |
|---|---|---|---|
| PO 结构 | 413 | 842 | 1255 |
| DO 结构 | 2999 | 2241 | 5240 |

PO 结构和 DO 结构在语域(register)上的分布特征较为明鲜(LL = 243. 01 , df

= 1, p < 0.001）。在 SWECCL 中，DO 结构共有 5240 个，PO 结构 1255 个，说明中国英语学习者明显偏好使用 DO 结构（LL = 2627.63, df = 1, p < 0.001）。这与 Chang(2004)中被试更多使用 PO 结构的研究结果完全相反，但符合 Gropen et al.(1989)、Snyder & Stromswold(1997)和 Campbell & Tomasello(2001)英语本族语儿童使用 DO 结构居多的研究，这也被 Collins(1995)和 Gries(2005)所支持。从使用固化的角度讲，偏好使用 DO 结构与 Gu(2010)中国儿童先习得 DO 结构的研究结果相吻合。

（二）相关动词与结构选择的分布关系

表 2　SWECCL 中相关动词与结构选择的分布

| 组别 | 语义大类标准 | 语义次分类 | 动词 | DO | PO | LL 值 | 显著水平 |
|------|------------|-----------|------|-----|-----|-------|---------|
| 1 | 运送和搬运类动词 | 运送类动词 | *send* | 81 | 411 | 241.94 | < 0.001 |
| | | 带来/去类动词 | *bring* | 304 | 198 | 22.55 | < 0.001 |
| 2 | 所有权变化类动词 | 给予类动词 | *give* | 1970 | 245 | 1529.94 | < 0.001 |
| | | | *pay* | 79 | 23 | 32.51 | < 0.001 |
| | | 将来拥有类动词 | *leave* | 11 | 34 | 12.33 | < 0.001 |
| | | | *offer* | 114 | 24 | 63.79 | < 0.001 |
| 3 | 创造和转换类动词 | 执行类动词 | *write* | 9 | 83 | 68.61 | < 0.001 |
| 4 | 交流类动词 | 信息传递类动词 | *show* | 97 | 79 | 1.84 | 0.174 |
| | | | *tell* | 2575 | 158 | 2581.28 | < 0.001 |

表 2 中以 SWECCL 总库为基准计算出的 LL 值及相应显著水平值表明，中国英语学习者对与格动词的偏向效应总体上有了一定的掌握，对其中八个动词的结构偏向效应表现明显，偏向 PO 结构的动词是 send, leave 和 write，偏向 DO 结构的是 bring, give, pay, offer 和 tell，对动词 show 的使用没有表现出结构偏向。跟 Gropen et al.(1989)和 Campbell & Tomasello(2001)中本族语儿童和成人使用这两个结构的情况相比较发现，中国学习者在动词偏向效应上与之完全一致的动词有 give, tell, send, bring，而在使用 show 时表现出来的差异最大，没有像本族语者偏向将其用于 DO 结构中。学习者使用 tell 的总体趋势也与 Inagaki(1997)相同。

（三）相关因素与结构选择的分布关系

表3　受事和目标的名词类型与结构选择的关系

| | 受事和目标均为代词型 | 受事为代词型目标为词汇型 | 受事为词汇型目标为代词型 | 受事和目标均为词汇型 | 合计 |
|---|---|---|---|---|---|
| PO结构 | 37(64.9%) | 116(97.5%) | 234(5.2%) | 868(46.9%) | 1255 |
| DO结构 | 20(35.1%) | 3(2.5%) | 4234(94.8) | 983(53.1%) | 5240 |
| 合计 | 57(100.0%) | 119(100.0%) | 4468(100.0%) | 1851(100.0%) | 6495 |

就整体而言,受事和目标的名词类型属性对于PO和DO结构的选择有着显著的影响(LL=1.880E3,df=3,p<0.001;λ=0.104,p<0.001)。在受事和目标的名词类型不同的条件下,当受事为代词型、目标为词汇型时,学习者偏向选择PO结构(97.5%);当受事为词汇型、目标为代词型时,偏向选择DO结构(94.8%)。这与英语本族语者使用该结构的总体倾向一致。但是就具体结构内部而言,在PO结构中,代词型受事总数为153,词汇型受事为1102,代词型目标为271,词汇型目标为984;受事多为词汇型(95.4%),目标也多为词汇型(78.4%);受事和目标的名词类型属性对PO结构的预测作用不明显。在DO结构中,代词型受事总数为23,词汇型受事为5217,而代词型目标为4254,词汇型目标为986;受事多为词汇型(99.6%),目标对为代词型(81.2%);受事和目标的名词类型属性对DO结构的预测作用非常明显。

表4　受事和目标的定指性类型与结构选择的关系

| | 均为泛指型 | 受事为泛指型目标为定指型 | 受事为定指型目标为泛指型 | 均为定指型 | 合计 |
|---|---|---|---|---|---|
| PO结构 | 229(47.2%) | 500(11.4%) | 127(66.5%) | 399(27.7%) | 1255 |
| DO结构 | 256(52.7%) | 3872(88.6%) | 70(35.5%) | 1042(72.3%) | 5240 |
| 合计 | 485(100.0%) | 4372(100.0%) | 197(100.0%) | 1441(100.0%) | 6495 |

对数或然概率值检验表明,受事和目标的定指性类型与PO和DO结构的选择之间有显著相关(LL=639.904,df=3,p<0.001;λ=0.045,p<0.001)。在受事和目标具有不同定指性类型的条件下,当受事为泛指型、目标为定指型时,学习者偏向使用DO结构(88.6%);当受事为定指、目标为泛指时,偏向使用PO结构(66.5%);当受事和目标均为定指型时,学习者多选用DO结构(72.3%)。当受

事和目标具有不同定指性属性时,学习者对结构的选择偏向与英语本族语者相同。就具体结构内部而言,在 PO 结构中,泛指型受事总数是 729,定指型受事为526,而泛指型目标为 356,定指型目标为 899;受事多为泛指型(58.1%),目标多为定指型(71.6%)。在 DO 结构中,泛指型受事总数是 4128,定指型受事为 1112,而泛指型目标为 326,定指型目标为 4912;受事多为泛指型(78.8%),目标多为定指型(93.7%)。在受事和目标的定指性类型这一参数上,学习者出现了 DO 和 PO结构平行共向选择的情况,但总体看,受事和目标的定指性类型属性对 DO 结构的预测作用明显要强于 PO 结构。

表5 受事和目标所包含词语的数量长度与结构选择的关系

|  | 两者长度相同 | 受事比目标短 | 受事比目标长 | 合计 |
|---|---|---|---|---|
| PO 结构 | 447(43.4%) | 468(86.9%) | 340(6.9%) | 1255 |
| DO 结构 | 584(56.6%) | 70(13.1%) | 4586(93.9%) | 5240 |
| 合计 | 1031(100.0%) | 538(100.0%) | 4926(100.0%) | 6495 |

对表5中的数据进行 LL 值检验发现,受事和目标所包含词语的数量长度对PO 和 DO 结构的选择有显著影响($LL = 2.076E3$, $df = 2$, $p < 0.001$; $\lambda = 0.317$, $p < 0.001$)。就总体而言,受事比目标越长,越趋向于选择 DO 结构(93.9%);受事比目标越短时,越是偏向选择 PO 结构(86.9)。这一选择倾向也符合英语本族语者的使用习惯。就具体结构内部来看,在 PO 结构里,学习者在受事和目标的长度对结构的影响上表现不明显(35.6% : 37.3% : 27.1%)。;而在 DO 结构中,受事和目标的长度对结构的影响表现明显(11.1% : 1.34% : 87.5%),即 DO 结构中受事总是要比目标包含更多数量的词语。

表6 受事和目标的生命度与结构选择的关系

|  | 均为有生命型 | 受事为有生命型目标为无生命型 | 受事为无生命型目标为有生命型 | 均为无生命型 | 合计 |
|---|---|---|---|---|---|
| PO 结构 | 42(87.5%) | 105(100.0%) | 920(15.0%) | 188(87.0%) | 1255 |
| DO 结构 | 6(12.5%) | 0(0.0%) | 5206(85.0%) | 28(13.0%) | 5240 |
| 合计 | 48(100.0%) | 105(100.0%) | 6126(100.0%) | 216(100.0%) | 6495 |

受事和目标的生命度与两个结构选择之间存在明显相关($LL = 990.724$, $df = 3$, $p < 0.001$; $\lambda = 0.240$, $p < 0.001$)。在受事和目标具有不同生命度属性的条件

下,当受事为无生命型、目标为有生命型时,多倾向使用 DO 结构;受事为有生命型、目标为无生命型时,基本都用 PO 结构。前者与本族语者倾向相同,而后者则与之不同。就具体结构内部而言,在 PO 结构中,无生命型受事总数为 1108,有生命型受事为 147,而无生命型目标为 293,有生命型目标为 962;受事多为无生命型(88.29%),目标多为有生命型(76.65%)。在 DO 结构中,无生命型受事总数为 5234,有生命型受事为 6,而无生命型目标为 28,有生命型目标为 5212;受事多为无生命型(99.88%),目标多为有生命型(99.47%)。受事和目标的生命度属性对 DO 和 PO 结构均具有很强的预测作用。这个统计结果跟我国英语课堂教学中大多数教师将“与格动词 + sb. (目标) + sth. (受事)”与“与格动词 + sth. + to sb. ”相互用来替换解释的现实情况相符。

表7　受事和目标的信息已知程度与结构选择的关系

| | 受事和目标均为已知信息 | 受事为已知信息目标为新信息 | 受事为新信息目标为已知信息 | 受事和目标均为新信息 | 合计 |
|---|---|---|---|---|---|
| PO 结构 | 79(94.0%) | 231(93.1%) | 232(5.2%) | 713(42.4%) | 1255 |
| DO 结构 | 5(6.0%) | 17(6.9%) | 4251(94.8%) | 967(57.6%) | 5240 |
| 合计 | 84(100.0%) | 248(100.0%) | 4483(100.0%) | 1680(100.0%) | 6495 |

对表7中的相关原始频率数据进行 LL 值检验表明,受事和目标的信息已知程度与两个结构选择之间具有极强的相关关系($LL = 2.098E3$, $df = 3$, $p < 0.001$; $\lambda = 0.229$, $p < 0.001$)。在受事和目标具有不同信息状态的条件下,当受事为已知信息、目标为新信息时,偏向选择使用 PO 结构(93.1%);当受事为新信息、目标为已知信息时,多倾向使用 DO 结构(94.8%)。这一结论与 Chang(2004)的发现完全不同,至少不能说中国英语学习者没有遵守英语中已知信息在前、新信息在后的信息顺序。因为就具体结构内部而言,在 PO 结构中,已知信息型受事总数为310,新信息型受事总数为945,已知信息型目标为311,新信息型目标为944;受事多为新信息型(75.29%),目标也多为新信息型(75.23%);受事和目标的信息已知程度属性对 PO 结构没有预测作用。在 DO 结构中,已知信息型受事总数为22,新信息型受事总数为5218,已知信息型目标为4256,新信息型目标为984;受事多为新信息(99.58%),目标多为已知信息(81.22%);受事和目标的信息状态对 DO 结构有很强的预测作用。

通过对五个因素的相关分析可以看出,学习者对英语与格换位结构的使用情况表现的较为复杂。其中学习者对受事和目标的长度、生命度与信息已知程度三个因素的敏感程度明显要高于其它两个因素,这一点可以从受事和目标具有三类因素的不同属性时对结构选择的倾向上明显地观察到,但学习者在生命度特征对结构的影响上表现出变异和过度概括的一面。就具体的结构来看,学习者在使用 DO 结构时显现出来的对本族语者规则的遵守情况远远要好于 PO 结构,这主要表现在学习者在使用 DO 结构时,能很明确地反映出相关限制条件对结构选择的影响。这一点也可以从受事和目标的具体属性对两个结构的预测作用上看到。在使用与格换位结构时,中国学习者似乎表现出一种很强的趋势:以 DO 结构为主,以 PO 结构为辅,因为 DO 结构的使用频率远远高于 PO 结构;对任何一个因素整体而言,学习者对 DO 结构的选择始终要比 PO 结构更加明朗、确定;当受事和目标在某一因素上显示出明显有对照的属性时,比起 PO 结构,学习者对 DO 结构的选择更接近英语本族语者;当受事和目标在某一因素上显现出同一属性时,学习者对 DO 结构的选择更加确定,并且接近英语本族语者,但对 PO 结构的选择却跟本族语者差异较大。

## 五、讨论

Chang(2004)对台湾受试者偏向使用 PO 结构的现象的解释之一就是,PO 结构被教授给学生的时间要更早些,学习者对这种结构熟悉。据此推理,本文中发现的大陆英语学习者大量使用 DO 结构的现象也应该可以从习得两个结构的顺序上得到解释。一般来说,外语学习者习得某一结构的早晚取决于该结构在学习者使用的教材中出现的早晚。教材中出现较早的结构通常就会被较早地教给学生,出现较晚的结构顺理就会被晚些教授给学生。为了更加直观地说明 PO 和 DO 结构在教材中出现的前后顺序问题,笔者在人教版 Junior English for China 英语教材(1996 版)语料库①对本文中使用频率最高的两个动词 tell 和 give 的使用情况进行了检索,发现 tell 的各种形式共出现了 206 次,其中 tell 的 DO 结构 77 个,其最早出现在"J2 Unit27 Text106",而 tell 的 PO 结构在初中阶段没有出现;give 共出现 249 次,其 PO 结构共有 30 个,最早出现在"J1 Unit 15 Text 57",DO 结构共有 92 个,最早出现在"J1 Unit 17 Text 67"。显而易见,这两个动词的 DO 和 PO 结构在出现的时间顺序上刚好相反,被教授早晚的顺序能用来解释本文中 tell 多用于 DO 结构的情况,无法说明 give 的情形。从上面对两个动词在教材中使用情况的统计

---

① 该库为华南师范大学外国语言文化学院何安平教授建立的"国内初中英语教材语料库"的一部分。人教版 Junior English for China 英语教材(1996 版)语料库大小为 15.8 万词次,其中包括全套 TB 学生用书,共约 7.7 万词次;全套 WB 练习册,共 8.1 万词次。

可以看出,DO 结构的使用频率远远都要高于 PO 结构,所以我们有理由认为,结构被教授早晚的顺序问题不能完全说明中国学生偏向使用 DO 结构,而相关结构在学习者习得过程中的输入频率效应才是主要的原因。这一解释与输入频率效应的相关研究的结论是吻合的(见 Ellis,2002)。这就如同对本族语者儿童习得 DO 结构居多的研究(如 Gropen et al. ,1989;Snyder & Stromswold,1997;Campbell & Tomasello,2001 等)所证实的,来自儿童父母亲等人的语言输入频率对儿童习得相关结构有重要引导作用;同理,中国英语学习者所使用的教材中相关结构的出现频率也有着相类似的作用,毕竟教科书是外语学习者进行语言输入的一个相当重要的来源。对学习者来说,教材中某一结构出现的频率越高,对该结构的相关限制条件的理解也会越好,在实际使用中也就会偏向使用该结构。

Collins(1995)和 Gries(2005)分别对澳大利亚英语库和 ICE 英国语料分库中 DO 和 PO 结构使用情况的统计表明,DO 结构的使用频率均要高于 PO 结构,所以 Chang(2004)把 PO 结构解释为无标记表达形式是不符合本族语者语言事实的。依据本文中的统计数据,我们也可以用标记理论来解释中国英语学习者倾向使用 DO 结构的现象,即 DO 是一种无标记表达形式,而 PO 结构是一种有标记表达形式,DO 相对 PO 易于习得。这个解释不但可以从 Collins(1995)和 Gries(2005)的研究中得到支持,也可以得到英语本族语儿童习得相关结构研究的支持,如 Snyder & Stromswold(1997)。与此同时,还有一个问题不容忽视,那就是学习者母语影响的问题。在汉语普通话中,PO 结构比 DO 结构要普遍,受限制少,是无标记表达形式,而 DO 结构是有标记句式;信息结构和重成分等因素也影响 DO 和 PO 的出现(刘丹青,2001)。汉语中 DO 和 PO 结构的分布情形与我们对学习者依赖 DO 结构的解释形成鲜明对照。那汉语中的这种差异对学习者习得英语 DO 和 PO 结构的影响又是什么呢? 我们认为,正是因为基于这种差异,所以学习者在习得和使用相关结构时,总是努力的靠近英语本族语者的倾向而有意地使用 DO 结构,反而汉语中受限制较小的 PO 结构倒成了学习者的"撒手锏":一旦他们觉得不能确定必须得使用英语 DO 结构,就会转向求助于母语而使用受限制较少 PO 结构。这使得学习者所使用的 PO 结构表现出一种混杂的性质,而我们无法依据某一个具体因素像预测 DO 结构那样去准确地预测 PO 结构。这就是为什么在前文中我们无法依据所有的个体因素属性来对 PO 结构的出现做出准确判断根本性原因。

## 六、结语

本研究表明,中国英语学习者使用 DO 的频率远远要高于 PO 结构,学习者对多数与格动词的偏向效应也有了相当程度的掌握。同时,学习者在使用 DO 结构时对五个相关限制条件的遵守情况更接近本族语者;对PO结构的使用则表现出一种混杂的倾向,整体而言,无法根据相关因素准确判断出该结构。我们认为,学习者教材所体现出的频率效应是造成更多使用DO结构的主要原因,而母语和目的语之间明显的差异也促使学习者有意的使用DO结构;PO结构使用的混杂性主要由于学习者对目标语的相关规则没有完全习得,还有汉语中PO结构受限制较小的特点被迁移到了英语PO结构的使用中。

本研究中还有很多问题没有涉及,如在考虑到所选取的五个因素之间的共同作用的交互效应时,学习者对最后结构的选择倾向是否和本族语者相一致? 初高中学生使用相关结构的情况是否和大学生相同? 在学习英语的过程中,学生所使用的相关教材对学习者习得或使用PO和DO结构的影响是怎么样的? 等等。这些问题都需要借助实验或实际语料的分析做进一步的研究。只有这样,我们才能对中国学生习得与格换位结构的情况有一个完整而又清晰的认识。

## 参考文献

[1] Ai, R. R. & J. A. Chen.. A puzzle in Chinese dative shift [C]// Chan, M. K. M. and H. Kang (eds.). Proceedings of the 20th North American Conference on Chinese Linguistics (NACCL-20) (Volume 2). Columbus, Ohio: The Ohio State University,2008.

[2] Arnold, J., Th. Wason & A. Losongo.. Heaviness vs. newness: the effects of structural complexity and discourse status on constituentordering [J]. Language,2000, (76): 28-55.

[3] Babanoglu, P.. The acquisition of English dative alternation by Turkish adult learners [D]. Unpublished MA thesis. Adana: Cukurova University,2007.

[4] Biber, D., S. Johansson & G. Leech. D.. Longman Grammar of Spoken and Written English[M]. Beijing: Foreign Language teaching and Research Press,2000.

[5] Callies, M. & K. Szczesniak.. Argument realisation, information status and syntactic weight-a leaner corpus study of the dative alternation [C]// Walter, M. & P. Grommes (eds.). Fortgeschrittenc Lernervarietaten Korpuslinguistic und Zweitsprachenerwerbsforschung. Tubingen: Niemeyer,2008.

[6] Campbell, A & M. Tomasello.. The acquisition of English dative constructions [J]. Applied Psycholinguistics,2001, (22):253-267.

[7] Chang, L.. Discourse effects on EFL learners′production of dative constructions[J]. Journal of National Kaohsiung University of Applied Science,2004, 33: 145-170.

[8] Collins, P.. The indirect object construction in English: an informational approach [J]. Linguistics,1995, (33): 35-49.

[9] Conwell, E. & K. Demuth.. Early syntactic productivity: evidence from dative shift [J]

. Cognition,2007(103): 163 – 179.

[10]Ellis, N.. Frequency effects in language processing: a review with implications for theories of implicit and explicit language acquisition [J]. Studies in Second Language Acquisition, 2002, 24(2):143 – 188.

[11] Gries, S. Th. . Towards a corpus – based identification of prototypical instances of constructions [J]. Annual Review of Cognitive Linguistics,2003 (1): 1 – 27.

[12] Gries, S. Th.. Syntactic priming: a corpus – based approach [J]. Journal of Psycholinguistic Research,2005, 34(4): 365 – 399.

[13]Gropen, J. , S. Pinker, M. Holander, R. Goldberg & R. Wilson. . The learnability and acquisition of the dative alternation in English [J]. Language,1989, 65(2): 203 – 257.

[14]Gu, C. C.. Crosslinguistic influence in two directions: the acquisition of dative constructions in Cantonese – English bilingual children [J]. International Journal of Bilingualism, 2010, 14(1): 87 – 103.

[15]Hawkins, R.. Markedness and the acquisition of the English dative alternation by L2 speakers [J]. Second Language,1987(3): 20 – 55.

[16] Hawkins, J. A.. A Performance Theory of Order and Constituency[M]. Cambridge: Cambridge University Press,1994.

[17]Inagaki, S.. Japanese and Chinese learners´acquisition of the narrow – range rules for the dative alternation in English [J]. Language Learning,1997, 47(4): 637 – 669.

[18]Kang, S. 2011. The acquisition of English dative constructions by Korean EFL children [A/OL]. *Proceedings of the 16th Conference of Pan – Pacific Association of Applied Linguistics*, 8th – 10th August, http://www. paaljapan. org/conference2011/ProcNewest2011/pdf/oral/1F – 1. pdf 2011 – 12 – 28.

[19]Le Compagnon, B.. Interference and overgeneralization in second language learning: the acquisition of English dative verbs by native speakers of French [J]. Language Learning,1984, 34 (3): 39 – 67.

[20] Levin, B.. English Verb Classes and Alternations[M]. Chicago: The University of Chicago Press,1993.

[21] Levin, B. & Rappaport Hovav, M.. What Alternates in the Dative Alternation? [Z] Colloquium Series, Department of Linguistics and Philosophy, MIT, Cambridge, MA. November 9, 2001.

[22]Marefat, H.. The impact of information structure as a discourse factor on the acquisition of dative alternation by L2 learners [J]. Studia Linguistica,2005, 59(1): 66 – 82.

[23]Mazurkewich, I.. The acquisition of dative alternation by second language learners and linguistic theory [J]. Language Learning,1984, 34 (1): 91 – 109.

[24]Park, K.. Information structure and dative word order in adult L2 learners [C]//Her-

schensohn, J. & D. Tanner (eds.). Proceedings of the 11th Generative Approaches to Second Language Acquisition Conference. Somerville, MA: Cascadilla Proceedings Project, 2011.

[25] Quirk, R., S. Greenbaum, G. Leech & J. Svartvik.. A Comprehensive Grammar of the English Language[M]. London: Longman, 1985.

[26] Sinclair, J. et al. Grammar Patterns 1: Verbs [M]. Shanghai: Shanghai Foreign Language Education Press, 2000.

[27] Snyder, W. & K. Stromswold. The structure and acquisition of English dative constructions [J]. Linguistic Inquiry, 1997, 28(2): 281 – 317.

[28] Stallings, L. M., M. C. MacDonald & P. O'Seaghdha. Phrasal ordering constraints in sentence production: phrase length and verb disposition in heavy – NP shift [J]. Journal of Memory and Language, 1998, (39): 392 – 417.

[29] Thompson, S. A. Information flow and dative shift in English discourse [C]//Edmondson, J. A., C. Feagin & P. Muhlausler (eds.). Development and Diversity: Language Variation Across Time and Space. Dallas: SIL and University of Arlington, TX, 1990.

[30] Wardhaugh, R.. Understanding English Grammar: A Linguistic Approach[M]. Oxford: Blackwell Publishing, 2003.

[31] Wasow, T.. Postverbal Behavior [M]. Stanford: CSLI Publications, 2002.

[32] Wasow, T. & J. Arnold. Post – verbal Constituent ordering inEnglish [C]// Rohdenburg, G. & B. Mondorf (eds.). Determinants of Grammatical Variation in English. Berlin, New York: Mouton de Gruyter, 2003.

[33] Whong – Barr, M. & B. D. Schwartz.. Morphological and syntactic transfer in child L2 acquisition of the English dative alternation [J]. Studies in Second Language Acquisition, 2002, (24): 579 – 616.

[34] Wolk, C., S. A. Wolfer, P. Baumann, B. Hemforth & L. Konieczny.. Acquiring English dative verbs: proficiency effects in German L2 learners [C]//Carlson, L., C. Holscher & T. Shipley (eds.). Proceedings of the 33rd Annual Conference of the Cognitive Science Society. Austin, TX: Cognitive Science Society, 2011.

[35] Wurm, M., L. Konieczny & B. Hemforth. 2012. The acquisition of English dative alternation: proficiency effects in French L2 learners. [A/OL] Proceedings of the 25th Annual CUNY Conference on Human Sentence Processing, 14th – 16th March. http://cuny2012. commons. gc. cuny. edu/files/2012/03/cuny2012_152. pdf2012 – 3 – 20.

[36] 胡学文. 2007. 中国学生英语双宾语构式的习得——一项基于语料库的对比研究 [J]. 外语研究, (5): 48 – 53.

[37] 姜琳. 双宾语结构和介词与格结构启动中的语义启动 [J]. 现代外语, 2009, 32 (1): 59 – 67.

[38] 刘丹青. 汉语给予类双及物结构的类型学考察[J]. 中国语文, 2001(5): 387

－398.

[39] 王敏. 语言水平及任务类型对第二语言产出中结构启动的影响 [J]. 现代外语，2009,32 (3)：276－286.

[40] 杨江锋. 基于语料库的与格换位结构研究 [J]. 天津外国语大学学报，2011(4)：8－16.

注：本文曾发表在《外语与外语教学》2013 年。

# 基于多语体语料库的典型 make 类迂回致使结构研究

杨江锋*

本研究以英国国家语料库中口语对话、小说、新闻报刊和学术刊物四种语料为基础,调查典型 make 类迂回致使结构及该结构中致使者、被使者和结果动词三个主要槽位的填充词在语义、语法属性特征上所表现出来的语体偏向效应。统计表明,从四种语体上看,典型 make 类迂回致使结构显著多用于小说语体中;从口笔语两大语域上看,多用于书面语中。致使者和被使者各自的生命度特征、具体语义特征以及所表达的致使类型在四类不同语体中表现出明显的语体偏向;不同语体对不同语法类型和意义类型的结果动词有着明显选择偏向。不同语体对同一语言结构原型意义的构建有重要的影响。

## 一、引言

动词 make 是一个使用频次极高、用法很复杂的词(Altenberg & Granger 2001),主要用于迂回致使结构。make 类迂回致使结构主要有三种句法结构(Gilquin 2006;2010),其中最常见的是 [NP$_{subj}$ V$_{finite}$ NP$_{obj}$ VP$_{infinitive}$](Stefanowitsch 2001:65),例如:

(1)She[Causer] made[Causative Predicate] him[Causee] type[Effected Predicate] the letter[Affectee].

根据 Kemmer & Verhagen(1994),该结构由五个槽位构成,即致使者(she)、致使动词(make)、被使者(him)、结果动词(type)和受事(letter),其中受事只有在结果动词为及物动词时才出现。在实际使用中,make 类迂回致使结构的致使者

* 作者简介:杨江锋,出生于1971年,男,甘肃天水人,天水师范学院外国语学院副教授、博士、主要从事语言学及应用语言学研究。

基金项目:本文系国家社会科学基金资助项目"二十世纪敦煌汉文叙事文献西方英译活动研究"(项目号:15BYY029)和天水师范学院科研项目(项目号:TAS1618)阶段性成果。

表现出隐性和显性两种情形。前者如句(1)、后者如句(2)。

(2)That dress [Causer] makes[Causative verb] you[Causee] look[Effected predicate] overweight.

(3)Might it be possible to make[Causative verb] such a method[Causee] work[Effected predicate] in the case of existential propositions?

为了论述方便,我们把不考虑致使者隐现特征的情形称为[MAKE $Y_{obj}$ $V_{inf}$]结构,如例句(1)、(2)和(3),将明确带有显性致使者的称为[X MAKE $Y_{obj}$ $V_{inf}$]结构,如句(1)、(2)。

Biber(1988;1995)和 Biber & Concrad(2001)的语域变体(register variation)研究表明,语言结构和决定语言文本产出环境的非语言特征(如语言信道、交际目的等)之间有很强的关联;以非语言特征为标准,口笔两大语域可分为口语对话、学术文本、小说和新闻报刊四大类语体;不同语体在语言使用上有着明显差异。文献表明,对迁回致使结构的实证研究未深入调查该结构在不同语体中的使用情况,也未调查各槽位因素在不同语体中的偏向效应。因此,本文使用英国国家语料库中上述四类不同语体语料来调查典型 make 类迁回致使结构的使用情况。

## 二、研究背景

学界对 make 类迁回致使结构的讨论主要涉及以下视角:从语言类型学角度对致使结构做分类时提及该结构,如 Comrie(1989:171);用语义学理论来分析该结构,如 Quirk(1985:1205 - 1206)、Givón(1993)和 Kemmer & Verhagen(1994),或比较此结构与其他迁回致使结构的异同,如吴国良(1999),或研究致使动词 make 的多义性,如 Chatti(2011);从语言习得视角对比调查不同二语学习者和英语本族语者使用动词 make 的情况,如 Altenberg & Granger(2001)和 Gilquin(2012);从翻译视角分析该类结构及其在其他语言中相对应结构的特点,如 Gilquin(2008);或从历时角度对致使动词 make 进行考察,如 Hollmann(2003)。Stefanowitsch(2001)从构式语法理论出发,以 make 等五个致使动词为例调查了英语中的迁回致使结构,分析了致使事件类型、致使结构和事件类型之间的关系、致使动词的概念来源等四个方面。Gilquin(2006a)讨论了致使者和被使者为互指情形的迁回致使结构。Gilquin(2006b)基于语料库对与 make 等四个动词相关的 10 个迁回致使结构中的结果动词使用情况进行比较研究,发现不同的结构依附于不同的结果动词。Gilquin(2010)对 10 个迁回致使结构的异同进行了深入的比较,讨论这些结构的句法特征、语义特征、结果动词的结构搭配分析、迁回致使结构的原型问题(Gilquin,2006c)、语域对迁回致使结构的影响以及二语学习者对这些结构的习得情况。Levshina,Geeraerts & Speelman(2013)对英语—荷兰语迁回致使结构进行对比分析,认为致使者、被使者和结果动词三个槽位填充词的语义特征就能反映出不同迁回致使结构的概念意义。

就迁回致使结构的语体研究来说,我们发现,只有 Gilquin(2010:225 - 249)使用各 500 万词次的典型口语语料和典型学术英语语料简要描述了 10 个迁回致使结构在口笔语语域、3 类口语语体和 6 类学术英语语体中的总体分布,但未涉及小说和新闻报刊语料,也未对相关槽位特征在不同语体中的偏向效应进行调查。而 Levshina,Geeraerts & Speelman(2013:850)更是提及了考察不同语体的必要性。这为我们深入研究迁回致使结构在不同语体中的使用情况留下了足够的空间。

### 三、研究方法

(一)研究问题

本研究主要回答以下三个问题:

(1)典型 make 类迁回致使结构在四种语体中的分布是怎样的?

(2)该结构致使者和被使者的语义特征在不同的语体中表现出怎样的偏向效应?

(3)结果动词的语法语义特征在不同的语体中表现出怎样的偏向效应?

(二)语料来源

本研究使用英国国家语料库(British National Corpus World Edition,简称 BNC)。采用 Lee(2001)将 BNC 语料划分为口语对话、书面语学术英语、新闻报刊、小说四大类语体的标准,依据 Lee(2002)对 BNC 语料文本按类别特征归类的具体信息,提取出这四类语料的文件名称编号;再从 BNC 总库中分别抽取出这些文件,组建出了四个不同语体的语料库,即口语对话语料库(S_Conv)、书面语学术英语语料库(W_Acad)、小说语料库(W_Fict)和新闻报刊语料库(W_News)。这四个子库共有 2,050 个语料文件,总库容达 49,905,412 词次。

(三)料检索与标注

使用 WordSmith 4.0 检索语料。标注工作围绕致使者、被使者和结果动词三个主要槽位进行。标注参数的选择参照 Gilquin(2010:108 - 127),涉及[MAKE Y $V_{inf}$]结构的致使类型、致使者和被使者生命度特征和具体语义特征、结果动词的及物性类别,此外还增加了致使者的隐现特征、结构的语体特征两个参数。具体标注参数包括结构的语体类别(W_Fict、S_Conv、W_News 和 W_Acad)、致使者的隐现特征(有无显性致使者)、生命度特征(有生命型还是无生命型)、致使类型(诱导型、意志型、情感型和物理型)(Kemmer & Verhagen1994;Verhagen & Kemmer 1997）；结果动词的及物性（及物动词、不及物动词、双及物动词、系动词、其他类型动词（像 toe the line、make do with 等））。生命度具体语义特征采用 Lemmens（1998：103）基于"移情层级"（empathy hierarchy）对世界事物的分类，即人类、似人类型（机关、团体等）、动物类、有机体类（病菌、昆虫等）、物质实体类和抽象事物类，此外根据语料实际情况增加了模糊性无生命类（如 what、something 等）。

对致使者和被使者参数的标注采用"句内定位，上下文定性"方法进行。所有参数以代码形式标注，代码提取使用 WordSmith 4.0。在统计方法上，对问题 1）采用卡方检验，对问题 2）主要采用经过对数转换的单尾二项分布精确检验（one - tailed exact binomial test），对问题 3）采用多元区别性共现词位分析法（multiple distinctive collexeme analysis）（Gries 2007；Gries & Stefanowitsch 2004）。所有统计运算均在 R version 2.15.3 中完成。

## 四、研究结果及分析

### （一）典型 make 类迂回致使结构在四种语体中的分布

**表1　[MAKE Y $V_{inf}$]和[X MAKE Y $V_{inf}$]结构在四种语体中的分布**

| 语体类别 | 库容（词次） | [MAKE Y $V_{inf}$] | | [X MAKE Y $V_{inf}$] | |
|---|---|---|---|---|---|
| | | 原始频次 | 标准化频次（每百万词） | 原始频次 | 标准化频次（每百万词） |
| W_Fict | 16,194,885 | 6267 | 386.97 | 6097 | 376.48 |
| S_Conv | 8,458,665 | 1133 | 133.95 | 1054 | 124.61 |
| W_News | 9,345,878 | 1024 | 109.57 | 988 | 105.72 |
| W_Acad | 15,905,984 | 676 | 42.50 | 642 | 40.36 |

对表1中不考虑致使者隐现特征的[MAKE Y $V_{inf}$]结构在不同语体间的分布进行卡方验证，结果显示具有极其显著的统计学意义（$x^2 = 5803.45$, df = 3, p < 0.001），表明该结构在不同语体间的分布极不均衡。这一点也可以从其标准化频次的大小对比上得到验证。再对该结构明确带有显性致使者时在四个语体间的分布情况进行考察，统计结果也支持这一结论（$x^2 = 5750.22$, df = 3, p < 0.001）。因为致使者隐现特征对该结构在不同语体的分布没有显著影响，下文的讨论将只围绕带有显性致使者的[X MAKE Y $V_{inf}$]结构进行。

总体而言，[X MAKE Y $V_{inf}$]结构最常用于小说语体中，在口语对话和新闻语体中使用频率不高，较少用于学术英语语体中。如果将上述四种语体合并为口语

(S_Conv)和书面语(W_Fict,W_News 和 W_Acad)两大类语域后再做比较,发现该结构在这两类语域中的分布具有相当显著的差异($x^2 = 152.24$,df = 1,p < 0.001),即它常用于书面语中,而较少用于口语中。这一结果完全不支持 Gilquin(2006b;2010:225)所得出的该结构"相对于书面语而言,更常用于口语中"(more common in speech than in writing)的结论。究其原因,笔者认为这主要是本研究和 Gilquin(2006b;2010)所用的语料类型不同有关。后者所用的书面语语料仅仅包含了约 500 万词次的学术英语,没有涉及其他类型的书面语英语语料。而书面语语域是一个很泛的概念,它涵盖了诸多不同书面语语体(陶红印,1999),学术英语书面语只是其中的一类。所以更准确地说,Gilquin(2006b;2010:225)的结论应该表述为"与书面语学术英语相比较而言,该结构更常用于口语中"(more common in speech than in *academic* writing)。如果是这样的话,表 1 中该结构在 S_Conv 和 W_Acad 中的分布也就支持这一观点($x^2 = 561.74$,df = 1,p < 0.001)。上述对比分析也初步证明,语体因素对语言结构的分布有着一定的影响。所以,如果要对语言结构进行完整描述和研究,语体因素就不能被忽视掉。

(二)致使者语义特征与四种语体的分布关系

1. 致使者的生命度在四种语体中的分布

**表 2　致使者的生命度在四种语体中的分布**

|  | W_Fict | S_Conv | W_News | W_Acad | 合计 |
|---|---|---|---|---|---|
| 有生命型 | 2245（-3.01） | 520（+4.48） | 439（+1.75） | 199（-2.14） | 3403 |
| 无生命型 | 3852（+1.83） | 534（-2.89） | 549（-1.18） | 443（+1.22） | 5378 |
| 合计 | 6097 | 1054 | 988 | 642 | 8781 |

基于表 2,在不考虑语体区分时,对致使者生命度的总体分布进行考察,发现其具有显著的统计学意义($x^2 = 443.72$,df = 1,p < 0.001),表明该结构的致使者生命度类型特征分布很不均匀,主要以无生命型为主。该结论与 Gilquin(2010:111,234)"该结构致使者多为无生命型"论述一致,也证明 Givón(1993:9)关于 make 类迂回致使结构的致使者"只能是施事型"的论断值得商榷。对致使者生命度特征在四种语体中的分布进行考察,发现二者具有显著性相关($x^2 = 89.02$,df = 3,p < 0.001)。

进一步使用单尾二项分布精确检验对生命度在各语体间的分布情况进行检测,对应的对数转换值均标注在数据表中的括号内(下同)。统计发现,有生命型致使者在四种语体间的对数转换值的绝对值均大于 1.30103,具有显著的统计学意义,说明有生命型致使者在四种语体间的分布极不均衡。从有生命型特征与语体的选择方向来看,有生命型致使者常用在口语对话和新闻语体中,而在小说和学术语体中则很少使用。有生命型特征与语体选择的强度亦分布不均。上述的分析至少证明两点,在形式上,致使者的生命度特征与语体之间存在偏好选择关系;在意义上,当我们考虑语体特征的影响时,会发现 Gilquin(2010:113)"'强制、胁迫'(coercive meaning)不可能是[X MAKE Y V$_{inf}$]结构的最普遍意义"的论断是不完整的。数据分析表明,有生命型致使者在口语和新闻语体中出现的倾向性强度均要高于小说与学术英语语体,而无生命型致使者在小说和学术英语语体中出现的倾向性强度都要高于口语和新闻语体。有生命型致使者与语体选择的强度说明了这种意义在不同语体间的强度分布是不一样的。由有生命型致使者所产生的"强制、胁迫"意义在口语和新闻语体中更为普遍,而在小说和学术语体中则不是。Gilquin(2010:113)的推断只能用来解释小说和学术语体中的情形,而无法解释口语和新闻两类语体中的情形。据此我们推断,不同语体中要表达"强制、胁迫"意义时的机会并不是均等的,这种意义在口语和新闻语体中体现得更为明显,而在小说和学术英语语体中则就弱了很多。[X MAKE Y V$_{inf}$]结构是否表达由有生命型致使者所产生的"强制、胁迫"典型意义可能与该结构出现的语体有莫大的关系。要更加明确对不同语体在表达该意义时机会的不对称性做出解释,就需要对致使者的生命度特征做进一步的分析,从致使者更为具体的语义属性方面来探讨造成这种不对称现象的成因。

2. 致使者的具体语义属性在四种语体中的分布

表3 致使者的具体语义属性在四种语体中的分布

| | W_Fict | S_Conv | W_News | W_Acad | 合计 |
|---|---|---|---|---|---|
| 人类 | 2224(-1.48) | 507(+4.60) | 380(+0.43) | 190(-2.32) | 3301 |
| 似人类 | 14(-24.81) | 11(+0.28) | 56(+29.00) | 9(+0.67) | 90 |
| 动物类 | 7(-0.53) | 2(+0.37) | 3(+0.84) | 0(-0.40) | 12 |
| 有机体 | 1(-1.48) | 0(-0.28) | 2(+1.00) | 2(+1.33) | 5 |
| 物质实体 | 505(-0.49) | 109(+1.68) | 83(+0.29) | 40(-1.45) | 737 |
| 抽象事物类 | 3109(+3.19) | 345(-8.26) | 438(-1.04) | 367(+1.73) | 4259 |
| 模糊无生命类 | 237(-2.28) | 80(+5.99) | 26(-2.38) | 34(+0.88) | 377 |
| 合计 | 6097 | 1054 | 988 | 642 | 8781 |

不考虑语体区分时,对表3中致使者具体语义属性的总体分布进行考察,发现

该结构致使者的语义类型分布极不均衡（$x^2 = 14917.59$, $df = 6$, $p < 0.001$），致使者主要以抽象事物类（48.50%）、人类型（37.59%）和物质实体类（8.39%）为主。这一统计结果和 Gilquin（2010:114）略有不同，但都印证了本文前述中"该结构致使者多为无生命型"的论述。对致使者具体语义属性的分布与四种语体之间的相关性进行验证，发现二者之间存在显著相关（$x^2 = 427.73$, $df = 18$, $p < 0.001$）。对致使者语义属性在四种语体中的整体分布进行考察，发现口语语体中致使者的语义属性为人类型的所占比例最高（507），其次是抽象事物类（345）和物质实体类致使者（109）；而在其他三类语体中，致使者类型所占比例最高的均为抽象事物类，其次才是人类型和物质实体类致使者。这也证明了笔者在 4.2.1 节中关于"不同语体在表达该'强制、胁迫'意义时机会的不对称性"推断有其合理的依据。在口语语体中，由有生命型致使者所产生的"强制、胁迫"意义的确是该结构的典型意义。这个结论一个方面说明，如果考虑到语体因素时，前人关于"'强制、胁迫'意义是该结构的典型意义"（Quirk 1985:1205）的论断有其合理的一面；另一方面也说明 Gilquin（2010:113）在不做语体区分时所得结论的不完整性。我们对致使者语义属性的每个类型在四种语体中的偏好分布进行对比分析，发现各个类型的语义属性均表现出不同的语体偏好，且与各类语体的关联强度不同。

（三）被使者语义特征与四种语体的分布关系

1. 被使者的生命度在四种语体中的分布

**表 4 被使者的生命度在四种语体中的分布**

|  | W_Fict | S_Conv | W_News | W_Acad | 合计 |
|---|---|---|---|---|---|
| 有生命型 | 4888（+2.55） | 805（−0.36） | 695（−1.15） | 387（−2.90） | 6775 |
| 无生命型 | 1214（−11.84） | 249（+0.46） | 295（+3.96） | 255（+10.67） | 2013 |
| 合计 | 6102 | 1054 | 990 | 642 | 8788 |

不考虑语体区分时，对表 4 中被使者生命度特征的总体分布进行考察，发现被使者两个维度的分布极不均衡（$x^2 = 2586.58$, $df = 1$, $p < 0.001$）。总体上看，被使者的生命度特征以"有生命型"为主，这与 Gilquin（2010:234）的论述相吻合。对被使者生命度特征在四种语体中的分布进行分别考察，发现这两个维度特征的分布与除了口语之外的其他三种语体之间有很强的关联，表现出比较明显的语体选择偏好（$x^2 = 161.04$, $df = 3$, $p < 0.001$）。对于生命型被使者，其对数转换值绝对值大于 1.30103 的情形出现在小说和学术英语两种语体中。从有生命型特征与语体的选择方向和强度来看，有生命型被使者常用在小说语体中，而学术英语

语体中则很少使用;无生命型被使者在小说、新闻和学术英语三种语体中的分布均具有显著的统计学意义。从无生命型被使者与语体的选择方向看,新闻和学术英语明显对此类被使者有极强吸引倾向,该趋势在学术英语中更为明显;而小说语体对无生命型被使者有极强排斥倾向。

2. 被使者的具体语义属性在四种语体中的分布

表5 被使者的具体语义属性在四种语体中的分布

| | W_Fict | S_Conv | W_News | W_Acad | 合计 |
|---|---|---|---|---|---|
| 人类 | 4834 ( +3.79) | 793 ( −0.31) | 636 ( −2.22) | 364 ( −3.59) | 6627 |
| 似人类 | 13 ( −25.46) | 10 ( −0.31) | 50 ( +23.22) | 16 ( +3.10) | 89 |
| 动物类 | 41 ( +0.25) | 2 ( −1.65) | 9 ( +0.66) | 7 ( +0.85) | 59 |
| 有机体 | 3 ( −1.20) | 1 ( +0.19) | 3 ( +1.29) | 1 ( +0.34) | 8 |
| 物质实体 | 701 ( +1.27) | 125 ( +0.61) | 100 ( −0.68) | 46 ( −2.74) | 972 |
| 抽象事物类 | 510 ( −32.09) | 123 ( −0.31) | 192 ( +9.11) | 208 ( +29.42) | 1033 |
| 合计 | 6102 | 1054 | 990 | 642 | 8788 |

不区分语体时,表5中被使者各类语义特征的总体分布具有明显的差异($x^2$ =22575.39,df=5,p<0.001)。人类型被使者的比例最高(75.41%),其次是抽象事物类(11.75%)和物质实体类被使者(11.06%)。这支持本文前述节中被使者以"有生命型"为主的论述。再从被使者各类语义特征在四种语体中的分布看,语体对被使者语义特征类型的选择倾向表现的非常明显($x^2$=635.33,df=15,p<0.001)。表5括号内的统计数据也表明,被使者的各类具体语义属性与不同语体的关联强度也是不同的,表现出了明显的语体偏好倾向。

(四)结构所表示的致使类型在四种语体中的分布

表6 致使类型在四种语体中的分布

| | W_Fict | S_Conv | W_News | W_Acad | 合计 |
|---|---|---|---|---|---|
| 诱导型 | 1772 ( +0.52) | 368 ( +2.75) | 272 ( −0.55) | 117 ( −5.20) | 2529 |
| 意志型 | 471 ( −17.37) | 152 ( +4.80) | 167 ( +9.15) | 82 ( +1.66) | 872 |
| 情感型 | 3125 ( +4.39) | 436 ( −2.11) | 423 ( −1.48) | 268 ( −1.37) | 4252 |
| 物理型 | 729 ( −2.91) | 98 ( −3.08) | 126 ( −0.31) | 175 ( +15.08) | 1128 |
| 合计 | 6097 | 1054 | 988 | 642 | 8781 |

在不考虑语体区分时,考察表6中致使类型的分布,发现四种类型的总体分

布有显著性的差异($x^2 = 3294.02, df = 3, p < 0.001$)。从使用频次上看,从高到低依次是情感型致使、诱导型致使、物理型致使和意志型致使。前两种致使类型的总体分布情况与 Gilquin(2010:120)的结论相同,表明该结构主要用于描述物对人的影响以及人与人的互动关系;但后两种致使类型的分布与其不同,说明该结构用于描述物质世界内部的致使关系多于描述人与物质世界的互动关系。数据统计还表明,四种致使类型的分布与四种语体有显著的相关性($x^2 = 295.34, df = 9, p < 0.001$)。Verhagen & Kemmer(1997)认为四种致使类型在所表达的致使直接程度上是不同的,致使直接程度最强的是物理型致使,其次是情感型致使、意志型致使,而诱导型致使表达的是最不直接的致使。而表6中各致使类型在四种语体中对应的最大正值说明,不同文体中使用该结构所要侧重表达致使的直接强度是不同的,其中口语语体中偏好使用致使直接程度较低的诱导型致使(+2.75),新闻语体偏好表示直接程度较高的意志型致使(+9.15),小说语体中多用表示致使直接程度更高的情感型致使(+4.39),而表示致使直接程度最高的物理型致使则出现学术英语语体中(+15.08)。

(五)结果动词的词汇语义特征与四种语体的分布关系

1. 结果动词的动词类型在四种语体中的分布

表7　结果动词类型在四种语体中的分布

| | W_Fict | S_Conv | W_News | W_Acad | 合计 |
|---|---|---|---|---|---|
| 及物动词 | 1399（-1.53） | 244（-0.42） | 250（+0.68） | 194（+2.38） | 2087 |
| 不及物动词 | 2976（+0.55） | 552（+1.01） | 457（-0.60） | 263（-1.57） | 4248 |
| 双及物动词 | 9（-0.36） | 3（+0.64） | 0（-0.72） | 2（+0.56） | 14 |
| 系动词 | 1804（+1.28） | 257（-1.90） | 281（-0.35） | 186（+0.32） | 2528 |
| 其他类型 | 10（-2.35） | 3（+0.25） | 6（+1.33） | 5（+1.55） | 24 |
| 合计 | 6198 | 1059 | 994 | 650 | 8901 |

在不考虑语体区分时,对表7中结果动词类型的总体分布进行考察,发现其具有显著的差异($x^2 = 7269.71, df = 4, p < 0.001$)。其中使用频次最高的类型是不及物动词(47.72%),其次是系动词(28.40%)和及物动词(23.45%)。这个统计数据所反映的结果动词的分布趋势与 Gilquin(2010:124)一致。对结果动词类型在四种语体中的分布进行考察,发现结果动词类型与语体之间存在显著性相关($x^2 = 50.84, df = 12, p < 0.001$),这表明结果动词类型在四种语体中的偏好分布是显著不同的。从结果动词类型与语体选择的方向和强度上看,及物动词类结果

动词与学术英语(+2.38)呈现出显著的吸引关系,而与小说(-1.53)语则体现为显著的排斥关系。这说明学术语体中结果动词所体现的致使力的延续性要强于小说中的,学术语体中所反映的致使链要长于其他三类语体,尤其是小说和口语。不及物动词类结果动词与学术英语语体(-1.57)存在明显的排斥倾向。双及物动词类结果动词与各语体选择的强度均未达到统计学显著水平。系动词类结果动词在口语(-1.90)中的选择强度达到显著水平,呈多用的偏好趋势。对其他类型的结果动词,学术英语(+1.55)和新闻(+1.33)两类语体对其均呈现出明显的吸引趋势,而小说语体(-2.35)持排斥态度。该类型动词主要是一些固定搭配的动词短语,比如 toe the line、make do with、fall victim to、hive off 等,动词无法直接从中分离出来。这些短语在语体特征上带有很强的书面语色彩,多出现在学术英语和新闻语体中也就不足为怪了。

2. 结果动词个体在四种语体中的分布

对该结构结果动词的统计表明,小说语料中共有 752 个结果动词类符,6198个形符;口语语料中有 216 个动词类符,1059 个形符;新闻报刊语料中有 246 个动词类符,994 个形符;学术书刊语料中有 201 个动词类符,650 个形符。归并后的结果动词共有 795 个动词类符。从结果动词使用的丰富程度上看,四种语体之间存在显著差异($x^2 = 329.02$, df = 3, p < 0.001)。表 8 显示,四种语体共享的动词有 feel、look 和 think 三个,从表达的意义类型(Levin 1993)上看,主要是心智过程(feel 和 think)和事物现象的出现(look);三种语体共享的动词有 laugh 和 seem,前者表达人的生理过程,后者表示事物和现象的发生、出现。频次最高的这 5 个结果动词所表达的主体意义与该结构结果动词槽位所表达的典型意义基本吻合(见Gilquin 2006b;2010:220)。此外,该表中部分动词也表现出了对某种语体的偏向性,例如意义虚化动词 do 在小说和口语语料中出现频次比其他两类语体中要多。

表8 出现频次最高的前 10 个结果动词

| 序号 | W_Fict | | S_Conv | | W_News | | W_Acad | |
|---|---|---|---|---|---|---|---|---|
| | 动词 | 频次 | 动词 | 频次 | 动词 | 频次 | 动词 | 频次 |
| 1 | feel | 1054 | feel | 163 | look | 127 | feel | 73 |
| 2 | look | 465 | laugh | 101 | feel | 105 | seem | 60 |
| 3 | think | 312 | look | 87 | work | 44 | work | 36 |
| 4 | sound | 208 | think | 71 | laugh | 37 | look | 34 |
| 5 | laugh | 158 | go | 61 | seem | 34 | appear | 29 |
| 6 | seem | 155 | wonder | 40 | pay | 31 | think | 21 |

| 序号 | W_Fict | | S_Conv | | W_News | | W_Acad | |
|---|---|---|---|---|---|---|---|---|
| | 动词 | 频次 | 动词 | 频次 | 动词 | 频次 | 动词 | 频次 |
| 7 | want | 151 | work | 36 | wonder | 27 | happen | 20 |
| 8 | go | 141 | do | 30 | realize | 26 | meet | 13 |
| 9 | jump | 102 | pay | 15 | *think* | 22 | see | 13 |
| 10 | do | 89 | happen | 14 | meet | 18 | sound | 12 |

  单纯对比原始频次无法准确反映出每个结果动词与不同语体间的偏向选择关系,因此,为了调查每个结果动词在四种语体中的分布性差异,本文采用多元区别性共现词位分析法。该方法为构式搭配分析法(collostructional analysis)(Stefanowitsch & Gries 2009)系列统计手段之一,最初用于考察某个词位与两个结构之间是否存在显著性搭配,进而从具有显著性吸引或排斥的词位上观察相关结构的语义个性特点,后来该方法被用于比较两个以上结构之间的意义差别。最新研究已经将之拓展用于调查词位与语体(genre)或语言变体(language variation)的偏好关系,即使用该方法来确定同一结构在不同语体或不同语言变体中的不相似程度,前者如 Schönefeld(2013),后者如 Wulff, Stefanowitsch & Gries(2007)。本文使用 Gries(2007)的 R 脚本程序来计算出 795 个动词类符在四种语体中的显著值,结果以对数转换值呈现。计算结果表明共有 111 个动词类符表现出了显著的语体偏向性,表9列出了四类语体中与典型 make 类迂回致使结构搭配吸引强度最高的 10 个动词。首先,该表数据说明不同语体对不同的动词个体有偏向性喜好,参看每个动词在不同语体中的分布及显著值就可以确认这一点,例如结果动词 sound 在小说语体中的显著值表明,该动词只对该语体有极强的依赖性。其次,依据 Levin(1993)和 Levshina, Geeraerts & Speelman(2013)对表中动词表达的主体意义进行归类,小说语体中主要是表达事物和现象出现意义的动词(sound)、表达生理过程、情绪、情感的动词(shiver, gasp, shudder, smile, water, want)、表示事物状态变化的动词(turn)和运动类动词(jump);对话语体中有表达生理过程、情绪、情感的动词(laugh, sneeze)、心智类动词(wonder, know)、虚义动词(have, do)和运动类及事物状态变化(go);新闻报刊中有表示所有权变化的动词(pay)、表事物现象出现的词(look)、心智类动词(realise)、运动类动词(swing)、社交词令类动词(play),表所有权变化的动词(win);学术刊物中的结果动词主要是表事物现象的出现(seem, appear, happen)和表示存在(be, depend, live, behave)。对四类语体中结果动词的意义归类表明,不同语体对结果动词的不同意义类型也表现出了偏好

倾。如果我们将上述各类动词对应的显著值进行相加得出每类动词总的显著值,每类语体与结果动词不同意义类型的偏向关系会更加明显。例如,小说语体中表达生理过程、情绪、情感的动词的显著值总和为 24.54,口语中其总和为22.37,新闻语料中为 3.99,学术刊物语料中为 0。这明显表明,结果动词表达的该类意义主要出现在小说和口语中,在学术刊物语料中不具有典型性。同理,表示存在意义的动词在学术英语中所占比例最高,而在小说、口语和新闻语体中则不具有典型性。将上述这两种情形与典型 make 类致使结构的原型意义(如 Gilquin2006b;2010;220)进行对比,发现原型意义在不同语体中出现的机率不是均等的。这表明,同一结构所表达的原型意义会因语体的不同而有所差异。不同语体对语言结构原型意义的构建有重要影响。

表 9　搭配吸引强度最高的前 10 个结果动词及其显著值

| 序号 | W_Fict | | S_Conv | | W_News | | W_Acad | |
| --- | --- | --- | --- | --- | --- | --- | --- | --- |
| | 动词 | 显著值 | 动词 | 显著值 | 动词 | 显著值 | 动词 | 显著值 |
| 1 | sound | +8.05 | laugh | +19.69 | pay | +8.43 | seem | +14.42 |
| 2 | shiver | +6.36 | go | +9.08 | work | +7.21 | appear | +11.00 |
| 3 | feel | +5.20 | wonder | +8.42 | look | +5.85 | work | +8.21 |
| 4 | gasp | +4.73 | have | +4.27 | meet | +4.77 | happen | +6.08 |
| 5 | shudder | +3.95 | work | +3.50 | toe | +4.00 | conform | +5.93 |
| 6 | jump | +3.80 | do | +3.19 | realise | +3.99 | meet | +3.90 |
| 7 | want | +3.59 | know | +3.08 | swing | +3.13 | depend | +3.86 |
| 8 | water | +3.16 | blow | +3.02 | play | +2.98 | live | +3.17 |
| 9 | turn | +2.99 | sneeze | +2.68 | count | +2.98 | be | +2.96 |
| 10 | smile | +2.75 | stick | +2.62 | win | +2.84 | behave | +2.88 |

### 五、典型 make 类迂回致使结构和语体、原型模型的关系

在语言使用中,由于交际场合、交际目的的等诸多因素不同,人们会使用不同语言形式。Biber(1988;1995)和 Biber & Concrad(2001)对语体的研究表明,使用同一语体的讲话者是在执行相似的交际任务,语言特征基本上是相似的;而当使用者在不同的语体之间转换时,意味着他们是在不同的环境下产出语言,为不同目的使用语言。可见,语言形式的选择是受功能驱动的。一个语言结构所能表达的全部意义构成一个意义范畴,而为了实现特定功能所要表达的具体意义要在具体

的产出语境中才能被激活,语体正是提供了一种激活结构潜在语义的途径。对典型 make 类迂回致使结构来说,其在四种语体中的分布总体呈现出从典型口语的自然对话到典型书面语的学术语体之间的递减趋势(见表 1)。这说明在不同语体中该结构在"互动性/信息性生成"(involved vs. informational production)(Biber 1988:128)维度上的不同。该结构用于口语之中,侧重强调会话参与者之间的互动性,主要表现为描述人与人之间相互作用的情形。因此,在口语语体中,致使者和被致使者多表现出人类型的语义特征就不足为奇了。而在这一点上,其他三类语体表现出明显不同。如果将每类语体中所占比例最高的致使者和被致使者具体语义属性提取出来加以对比,就会发现小说、新闻和学术语体主要关注的都不是人与人之间的互动,而是抽象事物与人的关系。抽象事物的所指是无生命型的,与其对应的高比例的名词性表达形式也载有更多的信息,所以其重点在于信息性的生成。同时,该结构在不同语体中也体现出了"抽象/非抽象风格"(abstract vs. non - abstract style)(Biber 1988:152)。这一点不但如上所述体现在不同语体中致使者和被致使者的语义具体属性上,而且也体现在该结构在不同语体中出现的结果动词类型上。在表 9 中结果动词所表达的主体意义的分类中,依据人的生活体验,表存在意义动词的抽象程度要高于表生理过程、情绪、情感的动词,因为后者是人们几乎时时刻刻都能体验到的。基于上述初步分析,我们认为,语体只是给语言结构提供了一个可以激活其全部意义中部分意义的具体场所,不同语体对特定语言结构意义的表达具有选择和压制作用,即在不同语体,一个结构的槽位填充词可能只能激活该结构全部意义中的部分,所以才会出现同一语言结构及其槽位填充词对不同语体偏向效应。这也说明在研究语言结构时注意使用平衡性语料的重要性,否则基于某一种语体而得出的分析结果可能有失偏颇。这也就能解释为什么 Levshina,Geeraerts & Speelman(2013:850)强调考察不同语体的必要性了。

前文中对典型 make 类迂回致使结构三个槽位填充词语义特征在不同语体中的分析对致使结构原型的构建有积极的作用。从现有文献看,对致使结构原型进行描述和探讨的理论模型共有四种:致使结构顺序象似性模型(Gilquin 2006c)、弹子球模型(Langacker 1991:13)、直接操控模型(Lakoff 1980:54 - 55;Lakoff & Johnson 1980:69 - 76)和致使结构的理想化认知模型(熊学亮、梁晓波 2003)。第四个模型明确把单纯词汇式致使动词看作是整个致使词汇范畴的原型,所以此处不对其做讨论。有研究者提出致使结构的原型应该是迂回致使结构,如 Wolff, et al. (2005)。依据 Schmid(2000:39)"从语料库到认知的原则",一个结构在文本中出现的频次是对其在人类认知系统中固化程度的例示,一个结构的原型性与其出现频次之间是直接相关的。那么,理论上讲,作为迂回致使结构中的典型 make 类迂回致使结构在小说、对话、新闻和学术英语四种语体中的分布情况应该均支持前三种原型理论模型,并在不同语体间分布不能有显著性的差异;否则,说明不同语体确实影响该致使结构原型意义的构成。

致使结构顺序象似性模型是 Gilquin(2006c)整合了 Haiman(1980)的顺序相似性原则和 Langacker(1991:283)的动作链理论而提出的,即迂回致使结构中核心构成要素的排列顺序应该是"致使者—被使者—受事(如果有受事的话)"。本文中讨论的[X MAKE Y $V_{inf}$]结构构成要素的排列顺序完全符合该模型,只是该结构在四种不同语体间的分布有显著性差异(见表1)。但象似性模型作为一种上位范畴模型,凭借其强大的概括力也可以用来解释其它结构,如致使移动结构,从而掩盖了迂回致使结构及其构成要素与其他结构诸多不同的特征性问题,无法对致使者和被使者的具体特征做出解释。弹子球模型和直接操控模型牵涉到诸多参数特征(见 Gilquin 2010:171),其中主要就是致使者和被致使者生命度语义属性特征以及结果动词的意义类型。这里笔者采用 Givón(1986:79)对原型概念的松散型定义,即"一个原型不一定具有一个范畴的所有特征,但应具有所有特征中的大多数重要特征",来进一步探讨该结构原型与其语体分布的关系。弹子球模型主要描述致使者和被使者均为非人类型物质实体类并且相互作用的情形。要证明典型 make 类迂回致使结构在四种语体中的分布都能支持该模型,首先就得要证明各个语体中非人类型物质实体类致使者和被使者所占比例均最大,且在语体之间的分布没有统计学意义上显著性差异。但是,表3和表5中非人类型物质实体类致使者和被使者在四种语体中分布的统计结果都不支持这两点。而直接操控模型着眼于致使者和被使者均为人类型且相互作用的情况。要证明所讨论的这个结构在四种语体中的分布都能支持该模型,关键是要证明各个语体中致使者和被使者均为人类型的情形所占比例均最大,而且在语体之间的分布没有统计学意义上显著性差异。但表3和表5中人类型致使者和被使者在四种语体中分布的数据表明,只有口语语料表现出符合该模型的倾向,其他三种语体中致使者和被使者均为人类型的情形所占比例均未达到最大,并且进一步的统计分析也说明该模型在语体间分布的显著性差异是确实存在的。基于对表8和表9的讨论,如果我们再将结果动词及其表示的主体意义类型纳入弹子球模型和直接操控模型的讨论中来,那么语体对结构原型的影响将会更加明显。上述基于不同语体以典型 make 类迂回致使结构为例对致使原型模型的初步分析也支持 Gilquin

（2010：179）的推测："现有的致使原型模型或许不适用于解释迂回致使结构"。由此可见,迂回致使结构原型的建立需要更深入探讨。

## 六、结语

通过对典型 make 类迂回致使结构在四种不同语体中的总体分布进行考察,发现其显著多用于小说语体中;从口笔语两大语域上看,其多用于书面语语域中。对致使者和被使者各自的生命度特征和具体语义特征以及结构所表达的致使类型在语料中分布进行考察,发现在不考虑语体分类因素时,这些特征的总体分布与前人的研究基本相符;但在涉及四类不同语体时,这些特征表现出明显的语体偏向。对该结构中结果动词的调查更是表明,不同语体对不同意义类型的结果动词有着不同的选择偏向。这说明不同语体对同一语言结构原型意义的构建有重要的影响。

本文只是对典型 make 类迂回致使结构的致使者、被使者和结果动词三个槽位的个体语义特征在不同语体中的分布情况进行了单因素的分析,没有考虑到相关因素的交互效应。在后期的研究中,可以将更多的句法（如句子类型等）和语义（如致使者和被使者定指性等）因素考虑进来,使用聚类分析,建立该结构在四种语体中的各自原型意义,再通过对比这种原型意义,来发现该结构在四种语体中的具体语义差异。此类基于不同语体的语言研究对于丰富语言结构原型理论有着一定的意义。

## 参考文献

[1]Altenberg,B. & S. Granger. The grammatical and lexical patterning of make in native and non – native student writing [J]. Applied Linguistics,2001(22):173 – 195.

[2]Biber,D. Variation Across Speech and Writing[M]. Cambridge University Press,1988.

[3] Biber, D. Dimensions of Register Variation [ M ] . Cambridge：Cambridge University Press,1995.

[4]Biber,D. & S. Conrad. Register variation：a corpus approach [C]//D. Schiffrin,D. Tannen & H. E. Hamilton ( eds. ) . The Handbook of Discourse Analysis . Malden：Blackwell,2001：175 – 196.

[5]Comrie,B. Language Universals and Linguistics Typology：Syntax and morphology (2nd edition)[M]. Chicago：The University of Chicago Press,1989.

[6]Chatti, S. The semantic network of causative make [J]. ICAME Journal,2011 (35):5 – 17.

[7]Gilquin,G. Causing oneself to do something:the psychodynamics of causative constructions [C]// E. M. Bermudez & L. R. Miyares(eds. ). Linguistics in the Twenty First Century. Newcastle:Cambridge Scholars Press,2006:37 – 46.

[8] Gilquin, G. The verb slot in causative constructions: finding the best fit [ J/OL ] . Constructions SV1 – 3/2006 < www. constructions – online. de,urn:nbn:de:0009 – 4 – 6741,ISSN 1860 – 2010 > ,2006.

[9]Gilquin, G. The place of prototypicality in corpus linguistics:Causation in the hot seat [C]//S. T. Gries & A. Stefanowitsch. Corpora in Cognitive Linguistics:Corpus – Based Approaches to Syntax and Lexis . Berlin/New York:Mouton de Gruyter,2006:159 – 191.

[10] Gilquin, G. Causative make and faire: A case of mismatch [ C ]//M. González, J. L. Mackenzie & E. M. G. Álvarez (eds. ). Current Trends in Contrastive Linguistics:Functional and Cognitive Perspectives . Amsterdam / Philadelphia:John Benjamins Publishing Company,2008: 177 – 201.

[11]Gilquin, G. Corpus, Cognition and Causative Constructions [ M ]. Amsterdam/ Philadelphia:John Benjamins Publishing Company,2010.

[12]Gilquin, G. Lexical infelicity in causative constructions:Comparing native and learner collostructions [C]//J. Leino & R. von Waldenfels (eds. ). Analytical Causatives: from 'give' and 'come' to 'let' and 'make' . München:Lincom Europa,2012:41 – 64.

[13]Givón,T. Prototypes:Between Plato and Wittgenstain [ C ]//C. Craig( ed. ). Noun Classes and Categorization . Amsterdam/Philadelphia:John Benjamins Publishing Company, 1986:77 – 102.

[14]Givón,T. English Grammar:A Function – Based Introduction, Vol. II[ M ]. Amsterdam/ Philadelphia:John Benjamins Publishing Company,1993.

[15] Gries, S. T. Coll. analysis 3. 2a. A program for R for Windows 2. x. [ P ]. < http:// www. linguistics. ucsb. edu/faculty/stgries > ,2007.

[16]Gries,S. T. & A. Stefanowitsch. Extending collostructional analysis:A corpus – based perspective on 'alternation' [J]. International Journal of Corpus Linguistics,2004(9):97 – 129.

[17]Haiman,J. The iconicity of grammar:isomorphism and motivation [ J ]. Language,1980 (56):515 – 540.

[18]Hollmann,W. Synchrony and Diachrony of English Periphrastic Causatives:A Cognitive Perspective[D]. Unpublished Doctoral Dissertation. University of Manchester,2003.

[19]Kemmer,S. & A. Verhagen. The grammar of causatives and the conceptual structure of e-vents [J]. Cognitive Linguistics,1994(5):115 – 156.

[20]Lakoff,G. Women,Fire,and Dangerous Things. What Categories Reveal about the Mind [ M ]. Chicago:The University of Chicago Press,1980.

［21］Lakoff,G & M. Johnson. Metaphors We Live By［M］. Chicago:The University of Chicago Press,1980.

［22］Langacker, R. W. Foundations of Cognitive Grammar ( Vol. II):Descriptive Application ［M］. Standford,CA:Standford University Press,1991.

［23］Lee,D. Y. W. Genres,registers,text types,domains and styles:clarifying the concepts and navigating a path through the BNC jungle［J］. Language Learning & Technology,2001(5):37 −72.

［24］Lee, D. Y. W. BNC World Index［EB/OL］. 2002. Available at:http://davies − linguistics. byu. edu/ling485/for_class/BNC_WORLD_INDEX. XLS. ( Accessed Oct. 10,2012. )

［25］Lemmens, M. Lexical Perspectives on Transtivity and Ergativity:Causative Constructions in English［M］. Amsterdam/Philadelphia:John Benjamins Publishing Company,1998.

［26］Levin, B. English Verb Classes and Alternations［M］. Chicago:The University of Chicago Press,1993.

［27］Levshina,N. ,Geeraerts,D. & D. Speelman. Mapping constructional spaces:A contrastive analysis of English and Dutch analytic causatives ［J］. Linguistics,2013 (51):825 −854.

［28］Quirk,R. ,Greenbaum,S. ,Leech,G. and J. Svartvik. A Comprehensive Grammar of the English Language［M］. London:Longman,1985.

［29］Schmid,H. English Abstract Nouns as Conceptual Shells:From Corpus to Cognition［M］. Berlin/New York:Mouton de Gruyter,2000.

［30］Schönefeld,D. It is ⋯ quite common for theoretical predictions to go untested ( BNC_ CMH). A register − specific analysis of the English go un − V − en construction ［J］. Journal of Pragmatics,2013(52):17—33.

［31］Stefanowitsch,A. Constructing Causation:A Construction Grammar Approach to Analytic Causatives［D］. Unpublished Doctoral Dissertation. Rice University,Texas,2001.

［32］Stefanowitsch, A. & S. T. Gries. Corpora and grammar ［C］// A. Lüdeling & M. Kytö ( eds. ). Corpus Linguistics:An International Handbook, Vol. 2. Berlin & New York:Mouton de Gruyter,2009:933 −951.

［33］Verhagen,A. & S. Kemmer. Interaction and causation:Causative constructions in modern standard Dutch ［J］. Journal of Pragmatics,1997 (27):61 −82.

［34］Wolff,P. ,Klettke,B. ,Ventura,T. and S. ,Grace. Expressing causation in English and other languages ［C］// W. Ahn,et al. ( eds. ). Categorization Inside and Outside the Laboratory:Essays in Honor of Douglas L. Medin. Washington,D. C:American Psychological Association,2005:29 −48

［35］Wulff,S. ,Stefanowitsch,A. & S. T. Gries. Brutal Brits and persuasive Americans:variety − specific meaning construction in the into − causative ［C］// T. Berg,et al. ( eds. ). Constructing Meaning:From Concepts to Utterances. Amsterdam/Philadelphia:John Benjamins Publishing Company,2007:265 −281.

[36] 陶红印. 试论语体分类的语法学意义[J]. 当代语言学, 1999 (1): 15 – 24.

[37] 吴国良. 论英语中使役结构的语义用法特征[J]. 外语研究, 1999(2): 45 – 47.

[38] 熊学亮, 梁晓波. 致使结构的原型研究[J]. 江西师范大学学报, 2003(6): 106 – 110.

注:本文曾发表在《外语教学》2016 年。

# 博客环境下大学英语写作模式的设计与实践

郭晓英*

博客技术给外语写作教学带来了前所未有的机遇和挑战。为了探索博客技术与外语写作整合的契合点,对博客环境下写作能力的培养模式进行了设计与教学实践探索。其中包括写作准备阶段、写作阶段、修改与重写阶段的设计,并利用SPSS 11.0 社科统计软件包对实验组和对比组学生在写作教学实验前后的英语写作成绩进行了对比分析。结果表明,此实验设计的大学英语写作教学模式有助于大学生英语写作能力的培养和水平的提高。

写作教学是英语教学中的薄弱环节,写作能力的培养已成为大学英语教学面临的最困难的环节之一。博客作为互联网时代重要的文化现象,在大学英语写作教学中具有极大的潜力和价值。博客网络写作平台超越了以往各种网络表现形式,其最大的特点是:操作运行简单而又形式多样;它对写作教学的每个环节几乎都有相应的网络工具作为支持;它能够突破常规英语写作教学的种种局限。《大学英语课程教学要求》指出,新形势下应"推进基于计算机和网络的英语教学"。本研究借助互联网的技术与资源优势,探讨了基于博客环境下的大学英语写作教学模式,并利用SPSS 11.0 对实验结果进行了统计分析,验证了相应模式的实际效果。旨在建设一个理想的大学英语写作教学环境,提高大学生英语写作能力。

## 一、理论基础

自20 世纪90 年代以来,建构主义理论在全世界范围内导演了一场教育革命,其理论的不断完善促进了现代外语教学的发展。建构主义理论的发展先后经历了行为主义理论、认知主义理论阶段,形成了支架式教学(Scuffolding Instruc-

---

* 作者简介:郭晓英,1968 年生,女,甘肃甘谷人,天水师范学院外国语学院教授,主要从事英语写作研究。

tion)模式、抛锚式教学( Anchored Instruction )模式、随机通达教学(Random Access Instruction)模式等为代表的教学模式(钟志贤 2005),强调了教学活动中的"情景创设""协作学习"和"自主学习",认为学习是一个不断重复的建构过程,学习者自己或在他人或其他信息源的帮助下主动建构知识,学习是学习者在当前的或原有的知识体系的基础上建构新的思想的积极主动的过程(Bruner 1990),建构主义理论确立了学生在教学活动中的主体地位,让学生在师生共创的"情景"中通过与老师或同伴的"协作"和"会话"建构"意义",获取知识,学生的学习活动更具"主动性、目的性、真实性、建构性"和"合作性"(Jonassen, Pack & Wilson 1999:15)。基于建构主义理论的博客环境下的大学英语写作教学模式,强调学生是信息加工的主体,是知识意义的主动建构者,教师是意义建构的帮助者和促进者。

## 二、写作模式设计

### (一)设计背景

大学英语写作教学改革的重点是给学习者提供一种最优化的、以学生的不断练习为重点的,并且能够让学生关注自己写作能力点滴进步过程的环境,而博客是提供上述学习环境非常有利的网络工具。尤其是博客写作平台的在线表达与在线评改,能够最大限度地实施写作认知过程中有关表达与修改的研究成果。

因此,大学英语写作教学模式的设计应该以学生为主体,以学生的实际需求为主要参照,以英语写作策略训练为辅助手段,充分发挥现代教育技术带来的教学资源和手段优势,优化写作教学过程,改进写作评估机制,调动学生参与写作的积极性。

### (二)设计思路

博客网络写作教学平台是由蛛网覆盖又触角延伸的互联网节点与共享技术连接形成的,是分延又交互性共生的系统。这一系统的生成源于网络写作特点。学生以主体身份注册博客,管理博客,成为网络主人,从主动性变为自主性;网络资源和教学过程的双向开放性又改变了过去学生写作过程的封闭性。开放的写作心态表现为写作学习的个性化,学生以积极主动的态度投入写作活动中。在写前的准备过程中,博客化的多重链接可让学生以互联网为视野,精选相关的、有价值的内容,缩短由占有资料的差异所引起的写作质量差别。

写作过程的研究主要涉及计划、表达和修改等步骤。博客网络能支持从审题、选材、构思、交流、互评到定稿等各个写作环节的非线性和循环往复性。写作是一个互相渗透,互相依赖的循环往复的过程,见图 1。

图1 Diagram of Process Writing

博客的三个阶段六个功能"写—录,思—享,品—学"接近了我们的学习愿景（毛向辉2003）。因此,可利用博客架设大学英语写作教学平台,提高写作过程监控的操作性,实行"自主性学习"（autonomous learning）,使过程写作法的优势得到最大可能的发挥。见图2。

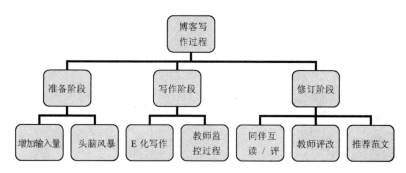

图2 博客大学英语写作教学设计

（三）设计措施

1. 写作准备阶段

学生经过审题,明确要写什么后,整理写作思路。这一阶段需生成信息、评价信息和组织信息,这里的信息指写作的内容或素材。在博客写作环境下,丰富的链接可提供大量的语言素材,利用网络的交互性实现问题的讨论,通过集体讨论来激发新的思想,进行信息的评价和取舍,最终组织信息、形成提纲,这些都是博客提供的全新的写作手段。

（1）增加输入量

教师可利用庞大的网络资源库将丰富的学习资源以链接的方式放入博客,为学生创建真实的语言环境,让学生大量接触目的语,有利于增强学生的语感,扩充知识,挖掘写作题材,确定写作内容。博客的优势在于它可照顾到学生的个体差异,学生根据自己的需要提取相应的内容。当学生有了一定的语言输入,积累了足够的写作素材,并对写作主题有了切身的感受后,"写什么"的问题迎刃而解。

(2)"头脑风暴"

学生在阅读了大量搜集的素材后,需对所搜集的材料吸收和消化。通过与教师、同学之间的讨论,有助于他对材料的评价,决定材料的取舍。英语写作通常采用"头脑风暴法",即学生明确写作主题后,迅速在头脑中搜寻有关信息,将自己的所思、所想立即写下来。博客的"即事即写"功能满足了这种要求。博客就是一个写作和记录的过程,在"头脑风暴"的过程中,学生会调动自己的判断能力和语言文字能力,按自己的方式进行表达,无形中加深了写作能力。通过博客,同学之间可以方便地进行互访,了解彼此的进展,并对他人的想法提出建议。学生在集体讨论过程中,通过集思广益、交流观点拓宽了思路,实现写作内容的"知识过滤",便可组织材料,形成写作提纲,处理好"怎样写"的问题。

2. 写作阶段

写作阶段,学生需要执行写作准备中产生的写作计划。这一阶段是构思活动的延续,学生要运用写作的基本技能写出正确的词语和句子,形成作文的初稿。博客的电子化写作方式,在写作过程中可为学生提供极大的便利。借助网络,学生可以轻松实现文稿的各种编辑,网络的在线词典又为学生选词造句提供方便。

写作阶段,教师对整个写作过程进行监控,及时纠正学生的错误,帮助学生在成稿前发现问题并予以解决。教师对学生的监控主要通过博客的 RSS 技术来实现。借助 RSS 技术,教师无须进入每个学生的博客浏览他们的进展,而是通过工具,自动获得学生最新更新的内容,并对他们做出反馈。学生收到信息后,可确认自己写作内容的合理性、语言表述的正误性,更有利于学生巩固所学知识并对其作品做出修正。学生的作品在博客中是按照时间的先后排序的,教师通过查看学生博客上写作练习的数量、质量和耗时记录,以及跟帖、回帖的情况,方便地观察学生的写作过程,对整个过程进行有效的管理和监控,确保写作顺利、有效地进行。

3. 修改和重写阶段

此阶段与写作阶段构成一个循环往复的过程,需用反复修改,甚至重写。修改是写好文章的前提,是写作能力的组成部分。博客的写作平台,修改和重写阶段是一个反馈机制下的开放性过程,通过师生的信息互动,使学生的写作逐渐完善。

（1）同伴互读、互评,鼓励"镜像学习"

利用博客技术可以便捷地将文章发布在自己的博客上,供师生一起阅读、分享。博客模糊了作者与读者的界限,自己的作品可以供其他有相同兴趣或同样学习范畴的人参考,也可与读者之间即时互动和交流。同伴之间游戏或学习活动,可以促进儿童对于相关技能的掌握,这种学习活动可表述为"镜像学习"(mirror-image learning)(杨永林、罗立胜、张文霞 2004)。同伴之间通过互读、互评,形成一种"镜像折射",有利于学生对自己的作品进行客观分析与评价,为下一步的写作制定出更加合理的计划和目标。

同伴互读(peer exchange reading)和同伴互评((peer exchange evaluating)也是一种不可或缺的"有效信息输入"的重要资源,已成为在教师指导下、同学之间自发的、制度化的学习内容。博客与纸质文本相比,更容易开展同伴间的互读、互评。他们通过批判性地阅读别人的作品,学到更多的写作知识和技巧,他们意识到有读者的存在,更有创作热情,对自己博客的写作更富责任,时刻留心语法及用词错误,在个人写作与集体活动的协作中,不仅培养了学生的自主化学习,还大大降低了教师批阅的劳动强度。

（2）教师评改

教师的评改仍然是学生避免错误,提高写作水平的重要途径。由于借助电子化写作方式的便利,基本的拼写、语法、标点和格式错误已被纠正,教师可把修改的重点放在文章的内容、结构、布局上。教师可根据学生的实际情况做出评改意见,普遍存在的问题,可在课堂上分析、讲解,加深学生的印象。个别问题可通过博客交流,既快捷又方便,在交流中,双方都可直陈观点,学生可对教师的评语发表不同看法,教师也可进一步地解释自己的意图。学习不再是教师对学生的"灌输",而是平等的、双向的交流。教师不再是语言的"裁判员",而是一个读者,一个引导者,学生的自我意识和自信心都得到了增强。

写作经过教师的修改和同伴之间的互评后,教师可提出更高的修改要求,将作文返还给学生,依此循环往复,直至双方都比较满意。这样虽然是同一篇文章,但由于反复练习,每循环一次就是一次升华和提高,能有效帮助学生写作能力的提高。学生在不断修改中,也培养了多角度思考和抽象思维的能力,并最终实现了知识建构和重建。

（3）教师推荐范文,增强写作成就感

成稿后,教师从学生的作品中挑出"代表作"发布在博客上,以习作范文的形式推荐给学生,组织学生学习和讨论。欣赏范文的过程也是交流思想、分享感受和互相学习的过程,不仅有利于语言能力的提高,也有助于保护学生写作的积极性。在博客上欣赏自己或他人的习作,发现其中的可取之处,可以激发广泛的学习兴趣,增强写作成就感。选取范文时,覆盖面要广,不仅要选优等生的习作,更要发现后进生的进步,可将他们作品中的"闪光点"发布出来让学生分享,给予鼓励和表扬。基于博客的写作不仅是展示学生写作成果的地方,更是见证学生写作进步的平台。

（四）基于博客的大学英语写作教学模式

基于博客的大学英语写作教学模式,强调学生是信息加工的主体,是知识意义的主动建构者,教师是意义建构的帮助者和促进者。因此,此模式应是以学生为主体,教师为主导的"双主交互"模式。见图3。

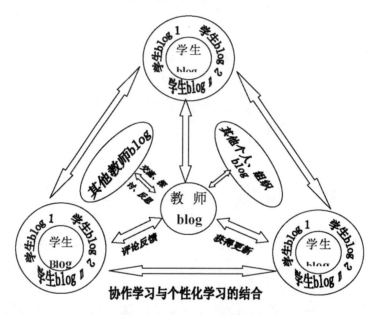

图3　基于博客的大学英语写作教学模式

### 三、教学实验研究

该研究采用实验对比的方法,以博客英语写作教学系统为平台,在实验班进行了两个学期(2007年3月—2008年1月)的英语写作教学实验。同期对比班由教师采用传统写作教学模式,即教师命题、学生一稿完成,在写作前总体介绍写作方法。之后,利用SPSS 11.0统计软件对实验组与对比组学生实验前后的写作成绩进行对比分析,并检验了实验组内部不同水平学生在英语写作成绩进步方面的差异情况。

（一）受试

实验组选取学生为我校生化学院 2006 级化学一班,二班共计 61 人,采用随机抽样的方式选取教育学院 2006 级小教一班,二班共计 59 人作为对比组。实验组内按实验前测试成绩分为高分组(排名前 10 名)和低分组(排名后 10 名)。

（二）测量工具

使用的测量工具有两个。第一个工具借鉴了曾用强(2002:26 - 31)提出的过程化的写作评估模式,并以四级作文的五大评分标准,即内容切题、句式多变、文字连贯、表达清楚、语言规范为依据,对实验组和对比组的前测与后测进行严格的测试,对学生的写作实行动态分项打分,学生写作的最终得分取决于每稿的进步情况及每稿的具体得分,然后用 SPSS 软件对数据统计分析;第二个工具为实验结束时自制的问卷调查表。

（三）测试步骤

在教学实验前,对实验组和对比组进行了第一次写作测试,即 2007 年 1 月期末考试写作题,题目为 College Friendship,时间为 30 分钟;实验结束时,对实验组和对比组进行了第二次写作测试,即 2008 年 1 月期末考试写作题,题目为 How I Learn English,时间为 30 分钟。

实验结束后,设计了问卷调查表,共 5 个问题,旨在了解学生对基于博客的英语写作的反馈情况。


**四、结果与分析**

（一） 实验组与对比组英语写作成绩变化情况从表 1 可以看出,实验组学生作文成绩均值由实验前的 7.97 分提高到实验后的 8.78 分,对比组学生由 8.03 分提高到 8.52 分。数据表明:经过两个学期的写作学习,两组学生的写作均取得了进步。对实验前后两次测试成绩差值的 T - test 检验发现,实验组学生两次作文成绩 $p = 0.01$,存在显著差异,而对比组学生两次作文成绩不存在显著差异($P > 0.05$)。相比之下,实验组学生在英语写作方面取得了更为显著的进步,证明了此次写作教学模式的探索是成功的。

表1 实验组与对比组学生前测与后侧写作成绩对比表

| 组别 | | M | SD | t | p |
|---|---|---|---|---|---|
| 实验组 | 前测成绩 | 7.97 | 1.28 | −2.12 | 0.01 |
| | 后测成绩 | 8.78 | 1.54 | | |
| 对比组 | 前测成绩 | 8.03 | 1.10 | −1.38 | 1.10 |
| | 后测成绩 | 8.52 | 1.32 | | |

(二)实验组内部不同程度学生的英语写作成绩变化比较

为考察新教学模式对不同程度学生的影响情况,对实验组内部不同水平学生的进步差异情况做了统计分析(如表2、表3所示)。

表2 高分组学生前测与后测写作成绩 t 检验

| 项目 | 前测 | 后测 | t | p |
|---|---|---|---|---|
| 内容切题 | 4.03±2.95 | 10.3±5.23 | −4.96 | 0.02 |
| 句式多变 | 9.17±3.70 | 14.43±3.58 | −6.49 | 0.01 |
| 文字连贯 | 4.23±3.15 | 10.5±5.43 | −5.26 | 0.01 |
| 表达清楚 | 7.10±2.89 | 8.27±2.44 | −1.39 | 0.17 |
| 语言规范 | 6.13±2.19 | 7.33±2.09 | −2.33 | 0.03 |

表3 低分组学生前测与后测写作成绩 t 检验

| 项目 | 前测 | 后测 | t | p |
|---|---|---|---|---|
| 内容切题 | 3.03±1.95 | 9.9±4.23 | −0.309 | 0.02 |
| 句式多变 | 8.21±3.2 | 13.47±3.65 | −5.49 | 0.02 |
| 文字连贯 | 5.67±1.87 | 9.5±4.43 | −0.542 | 0.01 |
| 表达清楚 | 7.10±2.74 | 7.60±2.77 | −0.667 | 0.51 |
| 语言规范 | 5.87±2.07 | 6.27±2.19 | −0.750 | 0.46 |

与低分组学生相比,高分组学生前后测成绩在五大方面都显示出较大的优势。具体到作文各项的进步情况,两组学生在句式多变、内容切题方面的均值差异都达到了显著水平,高分组学生这两方面的均值都达到了 P = 0.01 的显著水

平,表明新教学模式大大提高了学生的语言表达能力;在文字连贯方面,两组学生的 T 检验显著程度都达到了 P = 0.01 水平,表明新的写作教学模式使得高、低分组学生写作中的语言错误明显减少;在语言规范方面,高分组学生的前后测值 P = 0.03,达到了显著水平,但是低分组学生前后测得分不存在显著差异(P = 0.46,大于 0.05);在表达清楚方面,两组学生前后测成绩差异都没有达到显著 (P 值分别为 0.17 和 0.51,均大于 0.05)。

综上所述,在博客环境下写作教学实验中,高分组学生受益更大。就写作的具体环节而言,不同水平学生在句式多变、内容切题方面都取得了显著进步;高分组学生在语言规范方面取得了明显进步,低分组学生在此方面还存在一定的困难;而高低分组的学生在表达清楚方面都没有表现出显著的进步。

(三) 问卷调查分析

在实验结束时,我们向实验组的 61 名学生进行了问卷调查,收回的 61 份问卷全部有效。调查问题及结果分析见表 4。

### 表 4　实验组学生问卷调查统计

| 问　题 | | |
|---|---|---|
| 1. 你对基于博客的大学英语写作教学模式的评价? | 不好 | 一般 | 好 |
| | 5.40% | 11.20% | 83.40% |
| 2. 与传统的课堂教学相比,博客写作教学模式的效果如何? | 不好 | 一般 | 好 |
| | 2.50% | 13.70% | 83.80% |
| 3. 你是否赞成在线评改的方式? | 不赞成 | 一般 | 赞成 |
| | 1.20% | 6.50% | 92.30% |
| 4. 你是否乐用这种方式写作? | 不乐意 | 乐意 | 很乐意 |
| | 1.90% | 10.40% | 88.70% |
| 5. 你认为这种教学模式对你写作水平的提高有何作用? | 没作用 | 比较大 | 很大 |
| | 8.70% | 46.80% | 44.50% |

从问卷结果得出:83% 的学生对此写作教学模式持肯定态度;92.3% 的学生赞成在线评改的方式;88.7% 的学生表示很乐意采用这种写作模式;91.3% 的学生认为这种写作模式有利于提高写作水平。

利用博客开展英语写作教学以来,通过博客互动性的交流,师生接触了一种新的教学模式,都有很大收获。学生浏览教学博客的次数和人数越来越多,发表评论日趋踊跃,愿意将自己的作品展示在博客上,遇到困难也愿意通过博客向教师和同学求助,有很多学生在留言处写下了对教学的建议。博客作为一种新型的写作和交流平台,得到了大多数学生的支持,学生普遍对这种教学模式表现出较高的参与热情和兴趣。

## 五、讨论

（一）基于博客的写作模式有助于学生英语写作能力的培养

从实验的结果与分析可以看出,新的大学英语写作模式有助于学生英语写作能力的提高,有以下几方面的原因:

实验组里高低分组的学生,在句式多变、内容切题、文字连贯方面的均值差异都达到了显著水平,其中高分组学生在这三方面的均值差异显著程度都达到了 P=0.01 的显著水平,表明新教学模式有利于提高学生的语言表达能力,使高、低分组学生写作中的语言错误明显减少。其原因是集网络技术总和的博客用于写作教学,为"循环往复式的写作过程""协作互助"及"具体指导"包括评改等都提供了非常实用有效的工具。以写作教学在线系统为平台,师生、生生之间在整个写作过程中适时交流互动,尤其在修改阶段,学生可以及时向老师、同学寻求帮助,作文句式得以完善、文字更加连贯、语言错误明显减少,进一步肯定了有关同伴间互改(peer - feedback)对提高学生的整体写作水平、减少语言错误的促进作用(Muncie 2000:47 - 53)。更为重要的是,写前阶段的启发引导、师生之间围绕特定主题的讨论、大量写作参考资源的提供,对于拓宽学生思路、丰富写作内容都起到了传统课堂难以企及的效果,学生的写作更加切题,也验证了吴锦等(2000:213 - 218)提出的观点:在写前阶段,通过培养学生运用一定写作技巧挖掘题材的能力,可以解决中国学生英语写作中内容贫乏、脱离主题的问题。

动态的写作过程必须有动态的写作评估机制相互配合、相互促进,学生的写作动力才能得以维持。"一文多稿"的评改过程必须有大量参考资源做支撑。Krashen 提出的可理解性输入假说理论认为,决定二语习得的关键是接触大量可理解的、有趣而又关联的目的语。范文阅读能为写作直接提供所需的"可理解性输入"。本实验中,不同水平学生都在写作原稿的基础上有了明显进步。

（二）基于博客的写作模式存在的问题

1. 语言规范

高分组学生在语言规范方面取得了明显进步,低分组学生在此方面还存在一定的困难,由于博客网络写作教学的一大优势是网络可以为写作主题提供即时的海量信息。但海斯等人(Hayes,Schriver,Spilka & Scadamalia 1978)却发现,主题知识过于丰富也可能导致不良的写作表现。对博客写作教学来说,信息量的不足会影响写作的质量,而巨大的信息量也可能使学生丧失判断力,导致迷茫。因此教师一定要帮助学生对网络上的内容进行严格的筛选、过滤,培养学生的信息素养能力。

2. 语言表达

高低分组的学生在表达清楚方面都没有表现出明显的进步。这是由于中西方文化的差异,造成思维方式和文字表达方式上的差异:汉语中多出现概括描述,而英文描述更注重事实论证,因而学生在语言表达上存在困难。今后在教学实践中主要从措词、句法、段落语篇方面探讨英汉思维的差异,分析这些差异对学生的英语写作产生的迁移心理,有目的地克服不利因素,尽可能写出地道的英语作文。

3. 教师对教学过程的监控、管理问题

博客的开放性、很多学生缺乏自我约束力、大班教学等诸多因素都造成教学活动难于监控、管理。基于博客的大学英语写作教学是在教师指导下的自主学习,而非完全放任的自主学习。如何有效地引导学生运用博客坚持写作,也值得继续思考和探索。

## 六、结语

将博客用于大学英语写作教学的各个环节,建立起网络写作博客,基于博客建立起开放的写作空间,特别是利用博客的"触发功能",增加学生的语言输出和学生之间的相互协作学习,有选择有指导地提供写作任务和素材,并对学生的写作采用动态综合评估,大大提高了学生的写作积极性。实验证明,被试学生在句式多变、内容切题、文字连贯等方面均有了显著提高,找出了博客技术与大学英语写作教学的契合点,将基于博客的英语写作更好地与传统的常规教学加以整合,有效增强了大学英语写作教学效果,提高了大学英语写作水平。但是,利用博客学习写作还处在探索阶段,受试样本还可扩展,作文评分标准还可改进,博客环境下的英语写作教学还有很大的研究空间。

### 参考文献

[1]Bruner,j..Acts and meaning[M].Cambridge,MA:Harvard University Press,1990.

[2]Cohen,A..Feedback on Writing:The Use of Verbal Report[J].Studies in Second Language Acquisition,1991(12).

[3]Muncie J..Using written teacher feedback in EFL composition classes[J].ELT Journal,2000(1):54.

[4] Jonassen, D. Peck k & Wilson, B. Learning with Technology: A Constructivist Perspective [M]. NJ: Merrill Prentice Hall, 1999.

[5] 陈坚林. 大学英语网络化教学的理论内涵及其应用分析[J]. 外语电化教学, 2004, (6): 46-50.

[6] 陈琦. 信息时代的整合性学习模型-信息技术整合于教学的生态观诠释[J]. 北京大学教育评论, 2003, (3): 90-96.

[7] 李志雪, 李绍山. 对国内英语写作研究现状的思考[J]. 外语界, 2003(6): 55-60.

[8] 林文娟. 基于博客(blog)的大学英语写作教学的探索与实践[D]. 武汉: 华中师范大学, 2006

[9] 林阳, 祝智庭. Blog 与信息化教育范式转换[J]. 电化教育研究, 2004(3): 49-51.

[10] 刘润清, 戴曼纯. 中国高校外语教学改革现状与发展策略研究[M]. 北京: 外语教学与研究出版社, 2003.

[11] 毛向辉. Blog 将成为教育中的重要工具[J]. 中国远程教育, 2003(2): 73-75.

[12] 秦秀白. 体裁教学法述评[J]. 外语教学与研究, 2000(1): 42-46.

[13] 石洛祥. 大学英语课堂合作型写作互动研究[J]. 西安外国语学院学报, 2004(2): 81-84.

[14] 王初明, 牛瑞英, 郑小湘. 以写促学——项英语写作教学改革的试验[J]. 外语教学与研究, 2000(3): 207-212.

[15] 吴红云, 刘润清, 写作元认知结构方程模型研究[J]. 现代外语, 2004(4): 370-377.

[16] 吴锦, 张在新, 英语写作教学新探——论写前阶段的可行性[J]. 外语教学与研究, 2000(3): 213-218.

[17] 王立非. 我国英语写作实证研究: 现状与思考[J]. 中国外语, 2005(1): 50-55.

[18] 王文宇, 王立非. 二语写作研究: 十年回顾与展望[J]. 外语界, 2004(3): 51-58.

[19] 于夕真, 写作认知心理过程的研究与博客大学英语写作教学[J]. 外语电化教学, 2007(8): 74-79.

[20] 杨晓新, 章伟民. 博客在教育中的应用研究[J]. 中国远程教育, 2006(6): 47-50.

[21] 杨永林, 罗立胜, 张文霞. 一种基于数字化教学理念的写作训练系统[J]. 外语电化教学, 2004(4): 4-10.

[22] 张艳红. 网络环境下大学英语写作能力培养模式的设计与实践[J]. 外语电化教学, 2007(8): 26-31.

[23] 曾用强. 过程化的写作评估模式[J]. 福建外语, 2002(3): 26-31.

[24] 郑明英. 过程写作法在英语写作教学中的应用[J]. 北京理工大学学报(社会科学版), 2004(1): 68-70。

注: 本文曾发表在《现代外语》2009 年第 32 卷第 3 期。

# 基于建构主义理论的大学英语写作教学研究

## 郭晓英*

用建构主义理论指导大学英语写作教学,凸显了写作教学中教师的主导地位和学生的主体作用,并在博客环境下,对学生写作能力的培养模式进行了设计与教学实验。其中包括教师博客设计、学生博客设计、动态综合评估,对实验组和对比组学生写作教学实验前后的成绩进行了对比分析。实验结果表明,该实验不仅有利于学生写作过程内化、写作学习过程中的知识建构,还有利于大学生英语写作能力的培养和水平的提高。

## 一、引言

写作能力是英语学习的应用能力之一,写作本身就是一种交际手段,而写作过程是语言输出的过程,也是解决问题的过程。英语写作能力的提高与基础知识的建构、拓实、拓宽和再提高密不可分。建构主义理论强调学生是学习的主体,是信息加工的主体和知识的主动建构者。该理论对大学英语写作教学有着积极的推动作用。写作教学一方面应该与学生的真实情感、兴趣与需要联系起来;另一方面,教师应该有目的、有计划地启发学生思考,让学生掌握英语写作策略和技能,以提高其笔头交际能力。基于以上思考,笔者试图通过博客写作环境,让学生在协作中学习英语写作,从而提高学生的写作能力。

新兴的"零壁垒"技术——博客,作为一种在互联网上新的交流传播媒介,在推动协作教育和协作学习方面具有强大的功能。在大学英语写作教学模式单一和学生缺乏良好的语言输出环境的情况下,将博客应用于大学英语写作教学的各个环节,建立起网络写作博客,基于博客建立起一个开放的写作空间,有选择有指

---

\* 作者简介:郭晓英,出生于 1968 年,女,甘肃甘俗人,天水师范学院外国语学院教授,主要从事英语写作研究。

导地提供写作任务和素材,提供一个博客技术与大学英语写作教学的契合点,可以有效增强大学英语写作教学效果。《大学英语课程要求》提出:"应当充分利用多媒体、网络技术发展带来的契机,采用新的教学模式改进原来的以教师讲授为主的单一课堂教学模式。新的教学模式应以现代信息技术为支撑,特别是网络技术,使英语教学朝着个性化学习、不受时间和地点限制的、主动式学习方向发展。"本研究借助建构主义学习理论,探讨基于博客环境下的大学英语写作教学的效果。那么什么是"博客"? 它应怎样应用到大学英语写作教学中? 它对大学生的英语写作有什么样的作用? 这些问题需要进一步地探讨和研究。

### 二、博客及其特点

博客是一种简单易用的网络工具。博客一词来源于英语 blog,是 Weblog 的缩写,即航海日志的意思。而中文"博客"则是由方兴东和王俊秀 2002 年 8 月 8 日在"博客中国"网上命名而流传开来的。《网络翻译家》中对 Blog 是 这样描述的:一个 Blog 就是一个网页,它通常由简短且经常更新的 Post 构成;这些张贴的文章都按照年份和日期排列。Blog 的内容和目的有很大的不同,从对其他网站的超级链接和评论,有关公司、个人、构想的新闻到日记、照片、诗歌、散文,甚至科幻小说的发表或张贴都有。

博客具有其独特的功能和特点。第一,博客简单易学,运行成本很低,几乎不需要任何花费。只要你去提供托管博客服务的网站注册就可以了。这极大地降低了师生利用现代化信息技术教学的门槛,节省了大量的精力和时间。第二,博客具有个性化的特点,有利于因材施教。由于各个学习者的学习风格不同,博客可以按照每个学习者的学习风格,为每一个学习者提供学习日志,这样可以使学习者更有效地学习。博客可以记录学习者参与学习的过程并且将学习成果存档,自然形成学习者个性化的档案袋,有利于老师进行指导,或学习者自身进行反思。第三,博客体现协作共享的特点。博客的留言栏、评价栏、好友联系栏等功能让我们很容易建立互动的网上学习社区,使学习者之间可以相互协作、取长补短,使学习成为一个相互交流的过程。

### 三、建构主义学习理论

建构主义是认知主义的一个分支,是认知主义的进一步发展。建构主义学习法可以追溯到 18 世纪的哲学家维克(Giambattista Vico),他认为,人只能明白他自己建构的东西。自 20 世纪 90 年代以来,建构主义理论在全世界范围内导演了一场教育革命,其理论的不断完善促进了现代外语教学的发展。建构主义理论的发展先后经历了行为主义理论、认知主义理论阶段,形成了支架式教学(Scuffolding Instruction)模式、抛锚式教学(Anchored Instruction)模式、随机通达教学(Random Access Instruction)模式等为代表的教学模式(钟志贤,2005),强调了教学活动中"情景创设""协作学习"和"自主学习",认为学习是一个不断重复的建构过程,学习者自己或者在他人或其他信息源的帮助下主动建构知识,学习是学习者在当前的或原有的知识体系的基础上建构新的思想的积极主动的过程(Bruner,1990),建构主义理论确立了学生在教学活动中的主体地位,让学生在师生共创的"情景"中通过与老师或同伴的"协作"和"会话"建构"意义",获取知识,这样,学生在学习活动中就更具有"主动性、目的性、真实性、建构性"和"合作性"(Jonassen,Pack & Wilson,1999:15)。由此,建构主义的教学模式流程如图1。

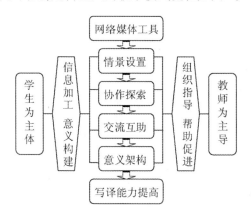

图1 建构主义的教学模式

基于以上认识,笔者认为基于博客的英语写作教学是可行的,关键是如何指导和实施。如果教师指导得法,学生的主体作用就能得以充分发挥,就能获得相应的写作策略和技能,从而提高写作能力和水平。

**四、基于建构主义理论的博客大学英语写作教学的设计**

(一)博客环境下大学英语写作教学设计

基于博客的大学英语写作教学设计,强调学生是信息加工的主体,是知识意义的主动建构者,教师是意义建构的帮助者和促进者。因此,基于博客的大学英语写作设计应是以学生为主体,以教师为主导的"双主"模式(余义兵,2007)。见图2。

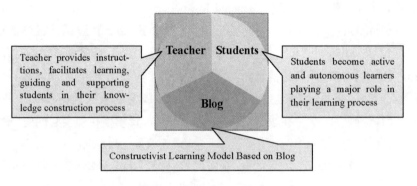

**图 2 Blog – Backed Learning Process**

(二)设计措施

基于博客的诸多优势特征,综合建构主义理论与博客的教学功能,将博客作为大学英语写作教学新工具。博客网络写作教学的核心是教师的网络环境设计和学生依托网络自主写作,依此构想出博客辅助大学英语写作教学的模式,如图3。

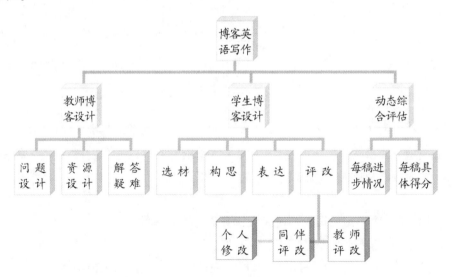

**图 3 基于博客的英语写作教学模式**

1. 教师的博客设计

(1)问题设计

教师在自己的博客上布置写作任务,使学生获得明确的学习指示。全球化网络信息为教师的作文问题设计提供了极其丰富的资源。教师精心设计出真实的或模拟的作文情境,带动学生的参与欲和表达欲。在问题设计中,要设定写作目标及对评价指标程度的要求,为学生写作提供指导。

(2)资源设计

教师提供的资源可以是直接的学习材料,也可以是相关的网站链接,还可以是其他博客群体的链接等。学生在教师的博客之中能够有效地寻找到与学习任务相关的资源或资源线索。考虑到学生的信息素养( information literate),为了防止学生"信息迷航",教师可以提供相关网站的地址或搜索引擎工具。如果考虑到水平低的写作者,教师可以提供关于主题的核心词汇、认知词汇、相关短语、句型以及范文作参考。在设计中,教师需要考虑提供从题目到成品的步骤、写作提纲,以便让学生对每一步骤进行资源搜索,弥补"空隙"。同时要求学生在班级博客中汇集这些信息资源,教师和班级博客管理员共同对这些信息资源整理、分类、编辑,使知识的转化、"空隙"的弥补更高效。

(3)解答疑难

教师根据学生的写作情况,及时在自己的博客中解答学生写作中遇到的问题与困惑,教师还可以到学生的博客中进行写法指导答疑,通过发表自己对学生写作的真实感想,帮助学生了解教师的思维方式、情感特征,这种指导更具有针对性,达到个性化教学的目的。

2. 学生的博客设计

(1)选材

网络写作教学的优势在于使信息资源与写作真正实现了一体化。学生首先分析写作"问题"及写作目标评估要求,确定"关键词";然后选择适当网址,下载有效信息;最后要求学生以组为单位筛选材料,包括相关词语表达发到班级博客网站,供全班共享。

(2)构思

写作构思指的是学生根据写作题目确定目标和产出想法的过程,包括诸如分析题目、酝酿内容等活动( Grave & Murray,1980)。Berkenkotter( 1983)发现,与其他活动相比,计划需要更多的时间,最多高达总写作时间的65% ~85%。因此写作者可借助"信息资源设计"列出写作提纲。

(3)表达

利用博客网络写作环境将自由式写作策略与引导式写作策略结合起来,既能激发学生的创造力,巩固以往的知识,又能查缺补漏、提高写作水平。在系统的训练后,再自由发挥,使写作水平在自由与引导的循环往复中不断提高。

（4）评改

评改的过程其实是对所写内容进行评价和更改的过程,它可以发生于写作过程的任何时段。在线评改有以下步骤:个人修改、同伴评改、教师评改。

文章写完后,大都要经过数次修改。个人修改还可以把文稿输入计算机作文自动评价系统软件,根据提出的修改意见进行修改;同伴评价能发展写作能力,一方面,在线交流的间接性避免面对面提意见的尴尬,缓解学生的焦虑情绪,减轻心理压力,使学生有时间和空间集中精力对输出的评价语言进行反复推敲,在评改过程中对作文的标准、要求更熟悉,因而也促使写作技巧和能力的提高;另一方面,学生利用在线讨论方式交流时,在话语安排管理方面表现出极大的积极性（Chun,1994）;教师在线评改首先根据评改标准引导学生自改和互改。众多学生间的反馈与回反馈能激发灵感,碰撞火花。老师的评改重点就是寻找这些灵感和火花。给一篇文章找几处优点比精批细改要省时省力得多,而效果却是让学生越来越自信。

3. 动态综合评估

该项研究借鉴了曾用强（2002）提出的过程化的写作评估模式,同时考虑到非专业英语学生的学习时间和特点,对学生的写作实行动态分项打分,学生一篇文章的最终得分取决于每稿的具体得分及每稿的进步情况。

**五、研究方法**

该项研究借鉴了张艳红（2007）的实验对比的方法,在实验班进行了两个学期的英语写作教学实验。两个班由同一位教师任教,分别采用博客自主写作模式和传统的课堂写作教学模式安排教学活动。实验班和对比班使用相同的教材（《（体验版）大学英语综合教程》,高等教育出版社）,教学时数和教学进度相同。实验班和对比班在学期末参加学校统一组织的期末考试。实验后,利用 SPSS 统计软件将实验组与对比组学生在实验前后的写作成绩进行了对比分析。

（一）受试

实验组选取对象为我校 2006 级经管学院思想政治一班 45 人,教育学院应用心理学一班 43 人,男女比例接近。他们教育背景基本相同,在学习和认知能力上大致相当。实验组（45 人）和对比组（43 人）的写作前测成绩没有显著性差异（见表 1）,因此,实验组和对照组在教学实验前基本是同质的。

（二）测量工具

使用的测量工具有两个。第一个工具借鉴了曾用强（2002）提出的过程化的写作评估模式为依据,对实验组和对比组的前测与后测进行严格的测试,对学生的写作实行动态分项打分,学生写作的最终得分取决于每稿的进步情况及每稿的具体得分,然后用 SPSS 软件对数据统计分析;第二个工具为实验结束时自制的问卷调查表。

(三)测试步骤

为确保实验的准确性,实验前随机抽取了我校大学英语 I 试题库的一套试题,对两组学生进行一次前测(pre - test),测试时间为 120 分钟,试卷总分为 100分,其中写作占 15 分。评卷采用密封后统一阅卷的形式;实验结束时,对实验组和对比组进行了第二次写作测试(后测),测试时间为 120 分钟,试卷总分为 100分,其中写作占 15 分。评卷同样采用密封后统一阅卷的形式。

实验结束后,设计了问卷调查表,共 5 个问题,旨在了解学生对基于博客的英语写作的反馈情况。

## 六、实验结果分析

(一)实验组与对比组学生英语写作成绩变化情况(见表 1)

表 1    实验组与对照组学生英语写作成绩显著性统计分析

| | | 人数(N) | Mean(均值) | Mean Difference(均差) | Std. Deviation(标准差) | T 检验 | |
| --- | --- | --- | --- | --- | --- | --- | --- |
| | | | | | | T - value | P(2 - tailed) |
| 前测 | 实验组 | 45 | 9.20 | 0.04 | 5.70 | 0.240 | 0.76 |
| | 对比组 | 43 | 9.24 | | 5.68 | | |
| 后测 | 实验组 | 45 | 12.62 | 2.05 | 4.49 | 2.673 | 0.003 |
| | 对比组 | 43 | 10.57 | | 5.80 | | |

分析表 1:实验前实验组和对比组学生的作文成绩均值分别为 9.20 和 9.24。通过对两组学生成绩平均值的 T 检验发现,二者不存在显著差异($T = 0.240$,$P = 0.76 > 0.05$)。经过两个学期的写作教学实验,两组学生的作文成绩平均值都有了提高,分别提高至 12.62 和 10.57。实验组的标准差由实验前的 5.70 下降到实验后的 4.49,对比组的标准差由实验前的 5.68 上升到实验后的 5.80,表明经过两个学期的学习,实验组的学生通过建立互动的网上学习社区,学习者之间相互协作、取长补短,内部差异在缩小,而对比组的学生内部差异在增大;通过 T 检验发现,两组学生的作文成绩在 $P = 0.003$ 的水平上存在显著差异。这表明与对比组学生相比,实验组学生在写作方面取得了明显进步。以上数据表明,与对比组相

比,实验组的写作成绩具有显著的进步,学生内部的差距也在逐渐缩小,可以得出基于博客的大学英语写作的有效性。

(二)问卷调查统计分析

笔者设计了一个调查表,分别在实验前和实验后发给实验组学生作答,并进行比较。调查表内共设 5 个项目,每个项目为一个句子(5 表示完全赞同,1 表示完全不赞同,4、3、2 表示不同程度的赞同。分值 3 为分界线,低于 3 说明学生持否定态度,高于 3 说明学生持肯定态度),重点调查学生对写作的兴趣、赞同倾向、写作水平、写作信心、在线评改方面的态度。下面是对实验组学生进行的问卷调查统计。

(1)基于博客的英语写作是否有助于增强学习英语的主动性、积极性和兴趣

(2)你是否赞同基于博客的英语写作?

(3)基于博客的英语写作方式是否有助于提高英语写作技能?

(4)基于博客的英语写作是否有助于提高你的写作信心?

(5)你是否赞成在线评改的方式?

**表 2　实验组学生问卷调查统计**

|  | 写作兴趣 | 赞同倾向 | 写作水平 | 写作信心 | 在线评改 |
|---|---|---|---|---|---|
| 实验前 | 3.11 | 2.61 | 3.59 | 2.64 | 3.60 |
| 实验后 | 3.41 | 3.19 | 3.77 | 3.54 | 4.09 |

分析表 2:学生对网络英语写作的兴趣,实验前和实验后的均值分别为 3.11 和 3.41,有显著意义的区别。这表明:实验后,学生感觉自己写作的兴趣比实验初有显著提高;对网络写作是否持赞同的态度? 学生实验前持比较否定的看法(分值为 2.61),实验后转为肯定(分值为 3.19),经过两个学期的实验,学生对网络写作的态度由否定转为肯定,认可网络写作的好处;基于网络的英语写作方式是否有助于提高写作水平? 实验前和实验后的均值分别为 3.59 和 3.77,分值表明:此写作模式有助于提高英语写作水平;基于网络的英语写作是否有助于提高写作信心? 实验前和实验后的均值分别为 2.64 和 3.54,有显著意义的区别,这表明:学生在实验前基本不赞成这样的写作方法,但实验后却明显予以接受,自信心发生了非常显著的变化;是否赞成在线评改的方式? 实验前和实验后的均值分别为 3.60 和 4.09,有显著意义的区别。这意味着:学生在实验前就已明显倾向赞同在线评改,到实验后,赞同的程度进一步显著提升。

## 七、结语

建构主义强调学习环境在学习中的作用,认为"情景""合作""会话"和"意义建构"是学习环境的四大因素。教师的作用不应局限于提供任务和促进学习者之间的互动,更应通过他们之间的语言,为学习者创造良好的学习氛围,一种可以激励学生学习和使学习变得轻松的环境。而建构主义学习理论指导下的博客写作环境正顺应了这种学习环境,充分体现了"学为主体,教为主导"的新思想、新理念,促使教师积极推行写作教学改革,探索务实有效的写作教学模式,同时调动了学生的写作积极性,增进学生的参与度,使他们更多地担负起主动参与、自主写作的责任,从而促进自主学习。在写作学习过程中学生通过讨论、实践、与人合作、加工信息等方式发现和学习写作知识与技巧,并在真实情境下进行写作练习,逐步理解和掌握这些知识和技巧,从而最终提高写作能力和水平。尽管利用博客学习写作还处在探索阶段,但它具有互动强、效率高的特点,符合英语写作教学的实际需要,应通过实践予以推广。

### 参考文献

［1］Bruner,j. Acts and meaning［M］. Cambridge,MA:Harvard University Press,1990.

［2］Jonassen D. Peck k & Wilson, B. Learning with Technology:A Constructivist Perspective［M］. NJ:Merrill Prentice Hall,1999.

［3］陈坚林. 大学英语网络化教学的理论内涵及其应用分析［J］. 外语电化教学,2004（6）:46－50.

［4］林阳,祝智庭. Blog与信息化教育范式转换［J］. 电化教育研究,2004（3）:49－51.

［5］刘润清,戴曼纯. 中国高校外语教学改革现状与发展策略研究［M］. 北京:外语教学与研究出版社,2003.

［6］毛向辉. Blog将成为教育中的重要工具［J］. 中国远程教育,2003（2）:73－75.

［7］王初明,牛瑞英,郑小湘. 以写促学———一项英语写作教学改革的试验［J］. 外语教学研究,2000（3）:207－212.

［8］王立非. 我国英语写作实证研究:现状与思考［J］. 中国外语,2005（1）:50－55.

［9］邢富坤.博客与现代外语教学［J］. 现代教育技术,2007（1）:46－47.

［10］熊慧敏. 以博客为写作平台的大学英语写作模式探讨［J］. 三峡大学学报,2007（2）:196－198.

［11］于夕真. 写作认知心理过程的研究与博客大学英语写作教学［J］. 外语电化教学,2007(8)74－79.

[12] 余义兵. 博客在英语写作教学中的应用[D]. 上海:华东师范大学,2007.

[13] 杨晓新,章伟民. 博客在教育中的应用研究[J]. 中国远程教育,2006 (6):47 - 50.

[14] 杨学云. 建构主义学习理论对外语课堂教学的影响[J]. 四川外语学院学报,2008 (5):132 - 136.

[15] 张艳红,程东元. 网络环境下大学英语写作能力培养模式的设计与实践[J]. 外语电化教学, 2007(8): 26 - 31.

[16] 曾用强. 过程化的写作评估模式[J]. 福建外语, 2002,(3): 26 - 31.

[17] 钟志贤,论建构主义教学设计范型[J]. 外国教育研究, 2005 (1):54 - 59.

本文曾发表在《中国外语》2009 年第 30 卷第 4 期。

# 从外在驱动到内在自觉

## ——指向学生需求的外语教师学习研究

柳淑瑛 *

伴随着政策性的各种教育机构和培训机构组织的教师培训结束后,教师的学习势必会走向一种发自教师内心的成长渴望、寻求一种内在自觉地适切自己工作环境的学习方式。通过对 4 名中学教师的观察、访谈、阅读教学日记,发现,指向学生需求的外语教师学习是推动教师内在自觉学习的直接动力源泉,这种学习能激发外语教师学习的内在自觉性,具有自主性、反思性和持续性的特点。

教师的学习是教师生存和发展的必然趋势。伴随着政策性的各种教育机构和培训机构组织的教师培训结束后,教师的学习势必会走向一种发自教师内心的成长渴望、寻求一种内在自觉地适切自己工作环境的学习方式。根据生态学观点,一个生物的生态位不仅依赖于它在哪里生活,而且还包括它的各种环境需求的总和。[1]在教师生活的环境中,最为直接的关系就是学生,教师是以成就学生的生命成长为自我价值实现的,这是教师职业的独特性所在。与此同时,后喻文化时代的到来使得学生获取知识的渠道加宽,对教师的要求更高。教师不能保证时时刻刻都给学生以正确的指导,这就要求教师持续不断地学习。这种学习已是一种内在驱动的、自觉的、利他性的学习方式,因为从职业定位而言,教师的角色决定了教师必须为专业的使命负责,教师学习应服从和服务于学生发展。[2]因此,将外语教师的学习和发展置于"指向学习者需求"这个最主要的活动对象进行考量,才能揭示从外在驱动到内在自觉的教师学习的本质。

### 一、教师学习趋势所向——从外在驱动到内在自觉

以"教师学习"和"外语教师学习"为关键词,在 CNKI 教育类权威期刊查阅,

---

* 作者简介:柳淑瑛,出生于 1963 年,女,甘肃庄浪人,天水师范学院外国语学院教授,主要从事英语教学法、教师教育发展研究。

发现关于外语教师的学习和其他教师的学习一样,通常都是从"由外到内"和"由内而外"两个视角来进行探讨。由外而内主要指的是教师所接受的培训,其学习内容与形式等由教育部门或培训机构掌控。培训者给教师提供教育教学的基础知识,教师成为知识的接受者。[3]这种教育培训对英语教师了解语言教学基本概念、教学策略和教学方法具有积极的指导意义,对教师学科知识转化为教学能力也有一定的导向作用,但让外语教师用这种公共知识指导其个人化的教育实践活动显然行不通。[4]因为这种外在的培训"没有考虑影响教师教学效果的情境性因素"。[5]

　　面对这种"外在客体式"的教师研修体系的不足,学者们开始由内而外关注"内在主体式"的教师研修体系[6]侧重于教师的日常学习、自主学习、自我反思、教师学习实践共同体(同伴互助、教师合作)和教师的 PCK(实践性知识与情境知识等),强调以实践为导向的教师发展模式,[7]强调教师应该是知识的主动建构者,提倡"从业者依靠行动中的知识(knowledge – in – action)来解决实践问题。[8]最近,以肖正德教授为主的学者们呼吁一种生态取向的教师学习方式,关注教师在一定的条件下或活动环境中发展、成长的情况或状态。这种生态取向的教师学习方式既是源于教师生命发展的内在需求,也是后喻文化推动下学生主体发展的深切呼唤。[9]王凯也指出教师的学习是以成就学生的生命成长为自我价值实现的,指出教师学习具有服务学生的利他性特征,并强调教师的学习方式将对学生,尤其是身心还处在发展阶段的中小学生产生潜移默化的影响。[10]

　　由于外语教材的跨学科性、思想性、人文性和工具性等特点,外语教师的学习和发展一直是一个备受关注的话题。鉴于此,本研究选取了 4 位中学英语教师作为研究对象,首先从教师的角度来探究学生的客观需求,进而探究外语教师在应对学生需求的过程中,是否发生了内在自觉的学习? 外语教师学习会学到什么?外语教师这种内在自觉的学习的实质和特点。

## 二、理论依据与研究方法

　　根据教师的专业特性,如在场性、不确定性和价值性等特征,[11]教师学习更适合于以建构主义的方式进行。建构主义教师学习是教师主动发现、探究的过程;是在其与环境互动中建构的,教师所处的环境决定教师能够学到什么;教师与他人之间的互动则是影响教师如何学习的决定性因素。[12]课堂教学是外语教师最主要的活动,活动主体是教师和学生,而"课堂"则是教师学习、获取个人实践知识的主要场所。其中,学生不仅为教师学习起着刺激和鼓励的作用,也决定着外语教师学习的内容和方式。

本研究选取的 4 位中学英语教师来自同一地区的两所不同学校,其中高中教师 2 名,初中教师 2 名。高中教师刘老师有 20 年的教龄,经验丰富;另一名高中教师王老师有着 12 年的教龄。李老师是初中英语教师,有着 5 年的工作经历;张老师有着 15 年的工作经历。之所以选择不同年龄段的教师,主要是想考察各个年龄段的教师在日常教学过程中学习的需求和方式。

### 三、研究发现与讨论

（一）基础英语教学中学生的客观需求

本次研究对于学生的需求,主要是在对 4 位教师的访谈中获得的,以下是和 4 位教师针对学习者的客观需求进行的结果梳理。

1. 跨学科性特征的英语教材需要教师补充一定量的背景知识

现行英语教材跨学科性非常强。以人教版 2006 版高中教材必修模块教材（学生用书）为例,本套书共有 25 个单元,但涉猎多个学科:历史、语文、地理、生物、音乐、体育与健康、信息技术、名族学、天文学、医学等。这些内容涉及许多非语言因素,如西方社会的文学、宗教信仰、风俗习惯、新闻媒介及家庭生活等领域。学生所拥有的只有教材和配套的语言技能习题练习,面对这么庞杂的内容,英语教师必须要进行内在自觉的学习。

这一点,几乎接受到采访的教师都有亲身体会,其中,担任高中课程的刘老师和王老师感受最深。

> 英语学科内容的庞杂性对英语教师的知识结构提出了很高的要求,不说上通天文,下通地理吧,至少你要对每方面知道一些。如,古罗马竞技场上的基督徒和狮子、斗士以及其他惨无人道的竞技活动的历史渊源;高中教材必修六第 1 单元 Art 讲了中世纪（5—15 世纪）中以敬拜上帝为主的油画,提到了 Giotto di Bondone ）;文艺复兴时代（Renissances 的画家（15—16 世纪）Masaccio;印象派（Impressionism）（late 19th to early 20th century）,抽象派画家（Impressionists）;现代艺术（20th – today）等,教材及教参都只是一提而过,但学生要完全理解这些教材内容,教师必须要提供大量的背景知识做铺垫。
>
> （高中英语王老师）

与此同时,有着丰富教学经验的刘老师也说出了自己的压力:

> 现在我们在备课、查资料上花费的时间非常多。以前大学所提供给我们的主要是英语语言知识,对于像人文等其他综合类的知识,主要靠我们自己学习。

事实上,外语教师具备广博的知识是一个亟待解决的问题。正如张后尘所言,"只就语言研究语言,是很难突破的。要从相关学科吸收新知识""将狭义的语言文学研究领域扩展到广义的文化研究领域,或谓之跨文化研究领域"[13]。这要求外语学人不能只固守自己的小天地,要扩大人文社会科学知识。

2. 学生需要外语教师的学科知识具有实践性和工具性

教师的学科知识是影响其向学生传递学习表现期望(the performance expectation)的一个重要因素。受访教师承认学生对外语教师的学科知识的需求充满了实践性和工具性。对此,担任初中英语的李老师这样说:

> 初中英语教材介绍了很多西方的食物名称,如 Hamburger,Pisa,Hot dog 等,但对于中国食材的介绍几乎没有。学生以为教师什么都知道,她们经常问一些当地的食物用英语怎么表达。说实话,我们也真的不知道怎么翻译,只能尴尬地笑笑,说:Sorry,I don't know。好多时候就加一个 Chinese,匆匆完事。但我们也深知,这样的解释非常不负责任,但也没有办法。

这也应验了美国教育家华特科勒涅斯一句流传甚广的名言"语文学习的外延与生活的外延相等"。外语教师要具备符合新课程需要的教学理念、扎实的学科专业知识、良好的文学素养以及对文化的敏感性和鉴别能力。

3. 学生对外语教师学科教学知识的需求——创设语境,搭建脚手架

现在的教材集纸质教材、电子教材和演示教材为一体,教材不只是一本书,而是由课本、光盘、录像、网上资源等构成的教材包。学习者不像以前那样依赖外语教师讲语言知识,教师的介入就是要提供专业技能和社会心理两个方面的支持。对此,接受访谈的初中教师张老师讲了她在现实课堂教学中遇到的情况:

> 现在的教材编排虽然是以话题-情境为线索,以单元编排为单位,但只提供了一个大的框架。以初中冀教版英语教材为例,一个单元含有 7 个 lesson。但有些 lesson 之间缺乏情节上的衔接,教师如果机械地按部就班,学生的学习就会很被动,教师上课也很费事。所以,英语教师必须要学会梳理教材内容,找出教材内容之间的逻辑性和相关性,做必要的删减或内容顺序上的调整。教师的职责就是给,给学生搭建一个脚手架,让学生顺梯而上这就涉及教师需要提供给学习者的是一种搭建脚手架的帮助,这种帮助需要教师首先了解学生,在学生现有水平和潜力水平之间,通过整合教材内容等方式提供帮助;随着学生的参与度、理解水平的提高,自然这种帮助就会慢慢撤

去,实现"教是为了不教"的理想状态。

(二)指向学生需求的外语教师学习

任何学习的过程都是一个识知的过程,"学"蕴涵着"知"的发生与发展。但明确"知什么"更能促进"学"的发生。从上述教师对学生需求的了解和认识,我们不妨看到,学生的需求不仅对外语教师的学习起着刺激和鼓励的作用,同时也决定着外语教师学习的内容和方式。而且,从下述对教师的访谈、观察和阅读教师日志更进一步地看到,基于学生需求的教师学习内容的特点决定了它与教师的教学行动和日常生活密不可分,使教师的学习与其职业活动融为一体。具体表现为,教师对学习资源探测的灵敏性、对学习方式的选择性和对学习内容的警觉性。指向学生需求的外语教师学习具有明确的目的性和延伸性;指向学生需求的教师学习促进教师自觉地进行自我反思

1. 指向学生需求的教师学习方式表现为对学习资源探测的灵敏性

从对教师的访谈、观察,我们感到,教师清楚地认识到学生的学习需求后,随时随地就对可能性学习资源给予积极的关注,并能够灵敏地捕获有益的学习资源。能够自主选择学习内容,能够主动地对学习过程做出更多的关注、反思和调适,能够对学习结果做出积极的自我评价。如,担任高中英语教学的刘老师,富有多年的教学经验,经常被邀请出外做评委。她这样说道:

> 实际上,语言的教授和学习方式是异曲同工。语文课和英语课在词汇的记忆、阅读策略以及其他学习策略非常相似,因此我除了听英语课外,还去听语文课,经常和语文教师交流。在课堂教学中,借鉴了很多语文课的教学方法,如,分散识字法等。学生也倍感熟悉,自然教学效果也比较好。

由此可见,指向学生需求的教师学习已成了教师内在自觉性的一种日常学习方式,她们对学习资源探测具有非常的灵敏性。因为教师清楚地认识到自己的学习需求,随时随地对可能性学习资源给予积极的关注,能够灵敏地捕获有益的学习资源。

2. 指向学生需求的外语教师学习具有明确的目的性和延伸性

"指向学生需求"使外语教师的学习具有非常明确的目的,而且对将来的学习具有一定的延伸性。例如,初中英语教师李老师针对教材内容零碎、缺乏连续性和延伸性等问题,勇于在教学实践中去进行探索。她在反思日记中写道:

　　面对教学中存在的内容零碎、语言输出量不足等现象,我努力尝试进行教材重组与整合,但心里没有底,到底这样做,学校是否许可。于是,我就去找"义务教育英语课程标准",在最后一部分使用教材的建议中,我发现有这样一句话:在单元目标的框架下教师可以对教材单元内容进行适当的增删或调换;也可将相关知识点按其内在的特征重新组合成一个新的单元……后来,我又去图书馆,翻看了近几年的《课程教材教法》《中小学英语教学与研究》等资料,发现好多一线的教师都在自己的教学中进行了尝试。

　　其他教师也有同感,对学习者的需求的关注,需要他们有目的地查阅一些参考书,进行全面的、客观的分析,总结出学生在学习相似内容时所需要的知识或教学技能,并对未来的教学提出设想。这种反思和课后的学习经过课堂上的"瞬间思考"变为更理性、更深刻的认识,是教师学习的内化过程(Vygotsky,1978),[14] 由此形成的实践性知识也对未来的教学有了更强的解释了和指导力。Dewey(1916)指出,实践的连续性可以使当下情境中的经验传递到未来,并作用于未来的情境,因此经验具有"连续性"和"交互性"特征。[15]

　　3. 指向学生需求的教师学习促进教师自觉地进行自我反思

　　指向学生需求的外语教师学习大多是针对学生在学习中出现的具体问题和需求。这些具体的问题和需求是促使教师思考、决策的重要因素,也是教师学习再发生的根本动因。而且,在发现问题、解决问题的过程中发生的瞬间学习,是情境性很强的学习。由于课堂时间有限,教学任务重,容不得教师做深入的思考,因此,课后学习和反思就变得非常重要。

　　前面提到初中英语李老师面对教材内容之间缺乏内在的连续性和逻辑性问题时(她教的是冀教版初中教材),她在自己的教学日志中是这样写道:

　　　　面对教材部分单元中由于 lesson 之间缺乏连续性,内容出现跳跃感,致使学生的学习出现理解上的混乱现象,我遵照英语教材的编排理念,以主题－任务为中心,进行单元内容间的整合,通过几个单元的教学实践,发现学生的学习比较轻松,而且经过调整后的 lesson 顺序更符合学生的学习策略,我感觉我整合教材的思路是正确的。于是,我在日常翻阅资料时,更加关注教材整合的课例,也积极去探索一些具体的教学方法。

　　学生在学习中遇到的困难促使刘老师思考并主动查考资料,并采取解决措施。这一过程不仅促使了教师学习的发生,而且也体现了她的学习结果的两个主题:教学观和教学知识。可见,回应学习者的需求使教师产生了自我驱动的学习动机,他们的学习目的更加明确。在反思中,老师对自己课堂教学的评价也是围绕着是否满足了学生的学习需求来进行的,并针对这种需求提出了今后教学的设想。

### 四、结束语

本研究通过对4名初高中英语教师的观察、访谈和阅读教学日志,进一步肯定了指向学生需求的外语教师学习的有效性和实践性。指向学生需求使外语教师产生了自我驱动的内在学习动机,她们对学习资源的探测更加主动和灵敏,她们的日常学习具有明确的目的性和延伸性;而且乐于对自己的教学进行反思。尽管教师学习的方式很多,但最终还是要回归到自己的教学实践,回归到自己的教学对象。从教师的职业属性而言,教师的学习就是为了学生的成长。此研究也进一步证明了Eliza提出的"教师实践性知识是来自实践、关于实践的知识"的观点,学生的学习情况和学习需求是影响外语老师思考和决策的主要因素。

还有一个新的发现:我们观察到这4位英语教师通过有意识关注学习者的需求,明显感到学生对他们的信赖度和尊敬程度日渐增加,课堂参与度也提高了;与此同时,她们不同程度加强了对自己教学的要求,备课、授课更加有目的性。而且,通过一段时间的学习和积累,她们已经建立了自己的学科资源库,为将来有效教学奠定了一定的基础。在后期深度访谈中,当被问及促使自己教学能力提高的原因时,有教师谈道:

> 其实每一位教师都想提高自己的教学,这不但涉及我们生存的问题,而且也涉及到教师的尊严问题。当学生的需求得到满足后,我们自己也很高兴,因为你能给予学生一个满意的答复,特别是一些文学常识和历史背景;同时,当学生得到满意答复后,他们会更加尊重我们,对英语学习的兴趣自然就提高了。

由此可见,指向学生需求的教师学习是外语教师基于专业成长需求,主动的、建构的学习,是一个双赢的过程。一方面,学习者的需求得到了满足。另一方面,教师在回应学习者需求的过程中,自己也在学习、思考,反过来就会提高和促进课堂教学能力的提高。从对职场的主观需要和价值取向的内在动机出发,教师主动关心自己的专业发展,成为学习活动的主体。外语教师对自己专业发展的理解和信念,不是从外部获得的,而是从自己的成长需要、学习者需求来建构的。

## 参考文献

[1] Eugene P. Odum & Gary W. Barrett. 生态学基础[M]. 北京:高等教育出版,2009:281－282.

[2]孙德芳. 教师学习的生态现状及变革走向[J]. 教育研究,2011(10).

[3][8]刘学惠. 外语教师教育研究综述[J],外语教学与研究,2005(3):211－217.

[4]王玉萍. 论外语教师 PCK 发展路径[J]. 外语界,2013(2):69－75.

[5] Atay D. Teacher researcher for professional development[J]. ELT Journal, 2008(2):139－147.

[6]彭伟强,朱晓燕,钟美华. 外语教师教育与发展研究:现状、思考与展望[J]. 外语界,2008(5):38－44.

[7]杨继利. 论教师的形式成长与实质成长——教育公正的视角[J]. 中国教育学刊,2014(1):93,97.

[8]毛齐明.教师学习－从日常话语到研究领域[J]. 华东师范大学学报(教育科学版),2010(3):21－27.

[9]肖正德. 生态取向教师学习方式变革:时代境遇与实践路向[J]. 全球教育展望,2010(11).

[10]王凯. 教师学习的生态转向及其特征[J]. 教育研究,2010(11).

[11]陈向明. 理论在教师专业发展中的作用[J]. 北京大学教育评论,2008(1):39－49.

[12]赵明仁. 建构主义视野中教师学习解析[J]. 教育研究,2011(2):85 (83－86).

[13]张后尘. 准备、创新与开疆拓域—外语学术研究的几个问题[J]. 中国外语,2012(3):96－99.

[14] Vygotsky, L. S. Interaction between learning and development. In M. Cole, V. John－Stenner, S. Scribner, & E. Souberan (Eds.) Mind in society. The development of higher psychological processes. Cambridge, MA:Harvard University Press. 1978:86－91, 57.

[15] Dewey, J. Democracy and Education[M]. New York:Macmillan,1916.

注:本文曾发表在 2015 年总第 344 期第 3 期《中小学教师培训》上,被人民大学复印资料中心全文转载在《中学外语教与学》2015 年第 8 期

# 大学英语听力策略训练模式与效果研究

杨香玲*

本研究以 O'Malley & Chamot 的学习策略理论为指导,采用定量和定性分析的方法,探讨大学英语听力策略训练模式及其效果。研究结果表明:听力策略训练模式能提升学生策略使用频率;听力策略训练模式对高分组听者和低分组听者均有积极影响,对低分组学生的影响大于高分组;听力策略训练模式能提高学生听力水平。研究结果对听力教学和策略训练有一定的指导意义。

## 一、引言

听力在二语习得过程中被认为是取得语言知识的基本途径,是保证语言规范化和加强语言实践的重要手段,是提高语言交际能力的中心环节[1],是一切其他语言技能发展的基础。听力在大学英语教学中也占有极其重要的地位。然而,它却一直是大学英语教学的薄弱环节,学生听力水平普遍低下,四、六级考试中听力成绩很差。追溯其根源,国内欠发达地区长期以来,听力不纳入中考、高考范畴,听力教学被忽视,学生听力基础很差;进入大学后,听力课时有限,听力教学仍采用传统的教学模式,缺乏有效的听力策略指导,大多数学生面对听力任务感到无所适从。尽管师生竭尽全力,但收效并不显著。如何真正提高英语听力水平已成为师生亟待解决的问题。黄子东认为策略训练有助于提高学生的听力水平[2],王宇认为加强策略训练是帮助学生提高听力水平的有效途径[3]。本研究探讨听力策略训练的模式及其效果,旨在通过听力策略的训练,加强学生的听力策略意识,

* 作者简介:杨香玲,出生于 1965 年,女,甘肃甘谷人,天水师范学院外国语学院教授,硕导,从事英语教学教学法和英语测试研究。

基金项目:本文系 2014—2017 中国基础教育英语教学研究资助金项目"英语课堂教学的有效性研究"(NBET14 – 1701)和 2012 – 2013 全国基础教育外语教学研究项目"英语听力学习策略的训练与运用(JJWYYB2012034)的后续研究成果。

使学生掌握并熟练应用听力策略,以提高学生英语听力理解水平。

## 二、文献综述

### (一)听力策略的定义和分类

听力策略是学习策略研究的重要分支。听力策略研究是以学习策略研究为理论依据的[4]。听力策略是指学习者在英语听力过程中所采取的技巧方法。O'Malley,Chamot & Keupper 认为听力策略是听者在依赖各种策略资源以符合任务要求的同时,通过运用从上下文和现有知识中所获取的线索来构建意义[5];Cohen认为听力策略是学习者有意识选择完成学习计划时的心理活动或心理过程[6]。

多数学者认为听力策略的分类等同于语言学习策略分类。O'Malley & Chamot 把学习策略分为三大类:元认知策略,认知策略和社会/情感策略[7],每一类策略亦包含数种具体的策略。元认知策略是一种高级的执行性技巧,它涉及语言学习者为促进某一学习活动的顺利完成而采取的计划、监察、评估等行动;认知策略涉及对输入信息的处理,它包括再现/重述、总结、推理、借题发挥等策略;社会/情感策略涉及语言学习者为促成某一学习任务的完成而跟别人进行交流,或自己控制情绪,消除不安或疑虑。本研究以 O'Malley & Chamot 的分类为依据展开研究。

### (二)国内外相关研究回顾

国外二语听力理解策略的研究始于 20 世纪 80 年代,并以学习策略为理论框架。O'Malley 和 Chamot 对一组中学生进行了有关听力学习策略的训练,结果发现:教策略组的成绩优于不教策略组的成绩。Rubin 以高中生为对象,对教授不同听力策略所产生的效果做了调查,发现听力策略的使用能够帮助学生听懂难度更高一些的听力材料[8]。Farinaz&Hamidah 进行了策略培训的研究,发现策略培训对于学习者听力能力的提高很有帮助并对每种策略的训练提出建议[9]。Thompson & Rubin 对大学生实施了听力策略训练,结果表明策略训练促进了学生听力水平的提高[10]。

国内听力学习策略的研究始于 20 世纪 90 年代。学者们倾向于认为听力策略的运用对听力理解有积极的影响,并从理论上和实验上予以论证、证实。王初明等对听力策略的个案研究,强调学习者是否从听力策略中受益取决于自身的语言水平[11];蒋祖康研究了学生的英语听力策略运用情况,认为不同听力水平的学生使用不同的听力策略,恰当使用策略可以提高学生的听力理解能力[12]和周启加的研究证实了合理运用学习策略确实对听力成绩有明显影响[13]。一些研究者对不同水平的学习者进行了听力策略训练与听力水平之间的关系研究,诸如吕长竑,杨坚定,苏远连对外语职业中学的一年级学生,楼荷英对非英语专业研究生,陈玉珍对五年制师范一年级学生(相当于高一学生),分别进行了该研究,结果证实了策略训练有助于提高学生听力水平[14-18]。

综上所述,国内外听力策略训练涉及了不同层次、不同水平和不同文化背景的学习者,且国内研究中不乏对本科非英语专业大学生的研究,但大多针对发达地区受过听力训练的大学生而言,至于对欠发达地区中学大学听力断层,基础太差的非英语专业大学生来说,目前涉及极少。本文以此为研究对象,探讨听力策略训练模式及其产生的效果。

### 三、研究设计

(一)研究问题

(1)听力策略训练模式能否提高学生策略使用频率?

(2)听力策略训练模式是否对高分组和低分组学生产生不同影响?

(3)听力策略训练模式能否提高学生英语听力理解水平?

(4)学生对听力策略训练效果的总体评价如何?

(二)研究对象

研究对象是师范学院经管学院思政班同学,共计 44 人,作为实验组,同时采用随机抽样的方式选取经管学院法学班共计 42 人作为对比组。两班英语课由同一位教师承担,教学大纲、教材和教学进度相同。我们选择新生是因为新生虽然在学习中可能会无意识地采取某种策略,但是他们没有经过学习策略的训练。本研究的目的在于让他们有意识地采用某种策略,从而提高听力理解水平。实验组内按实验前测试(pre-test)成绩分为高分组(排名前 11 名)中分组和低分组(排名后 12 名)。

(三)研究工具

本研究由前后测、问卷调查、听力策略教学及访谈等部分组成。听力水平测试题选自 2016 年 6 月和 12 月的大学英语四级考试的听力真题,总分为 35 分。本问卷以 Oxford 和程晓堂设计的学习策略调查表为基础,结合英语听力的特点,改编而形成。问卷包括元认知策略、认知策略和社会/情感策略,共有 28 个问题,均为五个等级的李克特五级量表形式(Likert-scale)选择题,要求学生选择和自己情况相符合的选项。听力策略教学培训为期 16 周,在每周一节的听力课中进行。在问卷调查、测试和策略培训结束后,对一名高水平听者和一名低水平听者分别进行访谈。

(四)数据收集与分析

培训前,我们对学生进行听力前测,前测试卷共 35 分,对话 15 分、短文 10 分和听写 10 分。问卷调查包括两部分,一部分是对听力学习的认识、听力差的原因分析;另一部分是听力策略的使用情况,问卷共 28 项,其中 9 项为元认知策略,15 项为认知策略,4 项为情感策略。训练后对学生进行了后测和问卷调查,分值和问卷数统实验前相同。

整个研究过程中测量工具测得的结果(前后测成绩、两次调查问卷)运用社会科学统计软件(SPSS 18.0)对数据进行描述性统计和样本 t 检验以验证受试培训前后在听力理解水平和使用听力策略方面的变化情况,其中,按照 Oxford 的分类,每种策略的平均值大小代表了这个策略的使用频率。平均值在 1.0—1.4 表示"从不使用该策略";平均值在 1.5—2.4 表示"很少使用该策略";平均值在 2.5—3.4 表示"有时使用该策略";平均值在 3.5—4.4 表示"经常使用该策略";平均值在 4.5—5.0 表示"总是使用该策略"。

(五) 研究过程

根据前测结果及调查情况,我们有针对性地进行为期 16 周的听力策略训练。实验班采取基于策略训练的教学模式,对照班采用常规教学模式。

1. 训练模式

此实验以《全新版大学英语听说教程》第一册教材为载体,以 Oxford,Chamot & O'Malley 和文秋芳学习策略训练模式为依据,根据本院学生运用听力策略的实际情况,笔者设计了一个基于大学英语学习者的听力策略训练模式,以使其更有针对性和可操作性。该模式分 6 个环节进行,各环节循环往复,不断修正,形成了策略训练的整个过程。如图 1。

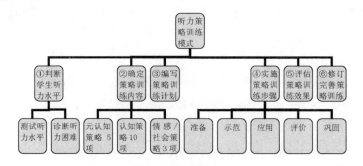

**图1 听力策略训练模式**

2. 训练过程

（1）了解学生听力水平。在实验班和对照班进行实验前听力测试和听力学习现状问卷调查,并进行数据统计分析,以了解学生的听力水平及听力中存在的困难。结果发现两个班的学生听力水平都十分低下,对照班平均成绩为 7.48 分（总分 35）,实验班平均成绩为 7.34 分;学生在听力过程中遇到的主要困难有:不理解词意、句意,听力材料语速太快,记不住所听的内容,不熟悉听力材料的话题,不熟悉语音语调,记笔记的能力欠缺等。

（2）确定策略训练内容。实验前在实验班进行听力策略使用情况的问卷调查。通过对问卷的统计,分析学生听力策略的使用情况,依此判断学生的策略需求,从而确定要进行训练的 18 项策略,其中包括元认知策略 5 项、认知策略 10 项和情感/社会策略 3 项;见表 1 所示。

**表 1　听力策略培训内容**

| | | |
|---|---|---|
| 元认知策略 | 计划制定 | 根据听力中的薄弱环节,确定听的目的,制定训练计划,选择最佳策略 |
| | 自我管理 | 管理好自己,确保听力任务的完成 |
| | 自我监控 | 监控自己计划的完成情况、策略的应用情况,听力内容的理解情况 |
| | 选择注意 | 选择性地领会关键词句、关键语言标记以及某些特定信息 |
| | 自我评价 | 评价是否已达到听力理解目标以及评价所使用策略的有效性,并作相应的调整 |
| 认知策略 | 记笔记 | 用缩写、图表或数字的形式记录一些关键词语或概念 |
| | 预测 | 借助图例、标题或选择项,对文章谈论的主要话题、下文作出预测 |
| | 推理 | 利用已有的信息猜测词义、句意、文章的主旨意图等 |
| | 联想 | 联系背景知识、常识和所听到的信息领会词义、句意、文章的主旨意图 |
| | 转化 | 利用以前学习的知识或掌握的技能帮助听力理解 |
| | 利用关键词 | 在听力过程中善于捕捉关键词 |
| | 听觉再现 | 在大脑中回忆、再现单词/短语或更长的语片的声音/读音 |
| | 重组 | 把听到的词语重新组成句子和段落或更长的语篇 |
| | 总结 | 总结所获取的信息,把主题信息与支撑信息,事实与意见分类 |
| | 使用参考资料 | 使用目的语参考资料,比如词典 |

| 社会/情感策略 | 相互合作 | 与同学合作,共同解决问题,完成听力任务 |
|---|---|---|
| | 问题澄清 | 寻求解释或澄清疑问 |
| | 自我调节 | 自我克服听力过程中的畏惧心理,自我激励,控制情绪 |

（3）制定策略训练计划.根据学生使用的听力材料(大学英语听说教程第1册),针对学生英语听力中存在的困难和听力策略训练的最终目标,编写策略训练计划,计划分两个阶段,1—7周为第一阶段,集中进行策略理论讲解和培训,其中元认知策略于1—2周进行,认知策略于3—6周进行,社交/情感策略于第7周进行。8—16周为第二阶段,将已培训的策略结合每单元听力特点融于课本听力材料中,进行实践应用。

（4）实施策略培训步骤。每次新策略的训练分5个步骤。准备——根据策略训练计划,结合每节课听力材料的特点,确定本节课要训练的新策略;示范——介绍新策略,解释其用法及重要性并进行示范;应用——学生在教师的指导下把所学策略不仅应用到本节课的听力学习任务中,而且也迁移到课外听力练习中,使学生能够熟练应用所学策略;评价——评价新策略的使用情况;巩固:运用包括新策略在内的多种策略完成事先设计好的多项听力任务,使学生达到内化新策略的目的。

（5）评估策略训练效果。

通过测试、问卷和访谈,对实验班学生一学期策略培训的效果从学生的听力成绩、听力策略使用频率等方面进行客观分析,给予合理的评价。

（6）修订完善训练策略。

培训结束后,查漏补缺,总结培训得失,及时注意学生反馈,进一步完善策略培训。

## 四、结果与讨论

（一）实验组听力策略运用的变化情况比较

从表2分析来看,实验组学生元认知策略使用均值由培训前2.70提高到培训后3.32,认知策略由2.76提高到3.31,社交/情感策略由2.63提高到3.22,三种策略提高幅度依次为.62、55、59。数据显示,经过一学期的听力策略训练,实验组学生策略使用频率均值都有了提高,其中元认知策略提高幅度最大,认知策略最小;实验组的标准差相应降低,表明实验组学生内部差异缩小。通过T检验发现,三大策略的使用频率都有了显著提高(p = 0.000,p = 0.001,p = 0.000),证明了听力策略训练能提高学生策略使用频率。

表 2 实验组培训前后听力策略运用比较

| 听力策略类型 | N | 问题 | Mean 均值 | 提高幅度 | Std. Deviation | T – test | |
|---|---|---|---|---|---|---|---|
| | 人数 | 数 | 培训前/培训后 | | 标准差培训前/培训后 | T – value | P(2 – tailed) |
| 元认知策略 | 44 | 9 | 2.70 / 3.32 | 0.62 | 0.52 /.43 | 3.26 | 0.000 |
| 认知策略 | 44 | 15 | 2.76 / 3.31 | 0.55 | 0.60 /.51 | 2.31 | 0.001 |
| 社交/情感策略 | 44 | 4 | 2.63 / 3.22 | 0.59 | 0.62 /.56 | 2.73 | 0.000 |

(二)听力策略训练对不同水平学生的影响

为了了解不同水平的学生使用策略的变化情况,先根据前测成绩的平均分,把学生分成高分组(15 分以上)、中间组(14 – 8 分)和低分组(7 分以下),再根据策略问卷选项对各组均值逐对进行了差异比较和统计分析,见表 3。总体上看,三组学生的策略使用均值都有不同程度的提高;低分组学生总体策略使用均值由培训前 2.46 提高到培训后 3.14,提高幅为 0.68,中间组由 2.67 提高到 3.26,提高幅度为 0.59,高分组由 2.96 提高到 3.47,提高幅度为 0.51。数据显示,策略训练对低分组学生影响最大,对中间组学生影响相对较大,对高分组学生影响较小,可见,低水平学习者比中、高水平学习者更需要学习策略。

表 3 培训前后不同水平学生听力策略运用比较

| 策略类别 | 组别 | 培训前/培训后平均值 | 提高幅度 |
|---|---|---|---|
| 元认知策略 | 1. 高分组 | 3.09 / 3.62 | 0.53 |
| | 2. 中间组 | 2.67 / 3.27 | 0.60 |
| | 3. 低分组 | 2.35/ 3.08 | 0.73 |
| 认知策略 | 1. 高分组 | 2.99/ 3.50 | 0.51 |
| | 2. 中间组 | 2.69 / 3.24 | 0.55 |
| | 3. 低分组 | 2.60 / 3.20 | 0.60 |

续表

| 策略类别 | 组别 | 培训前/培训后平均值 | 提高幅度 |
|---|---|---|---|
| 社交/情感策略 | 1. 高分组 | 2.81/ 3.25 | 0.44 |
| | 2. 中间组 | 2.65 / 3.28 | 0.63 |
| | 3. 低分组 | 2.44 / 3.13 | 0.69 |
| 总策略 | 1. 高分组 | 2.96 / 3.47 | 0.51 |
| | 2. 中间组 | 2.67/ 3.26 | 0.59 |
| | 3. 低分组 | 2.46 / 3.1 | 0.68 |

(三)实验组与对比组学生英语听力成绩的变化情况

从表4(见下表)数据分析中,我们发现两班在实验前英语听力水平相当,没有显著差异。但在实验后,实验组学生听力成绩均值由实验前的7.34分提高到实验后的10.76分,实验组的标准差由实验前的1.24下降到实验后的1.01,对比组学生由7.48分提高到8.71分;对比组的标准差由实验前的1.12上升到实验后的1.21。数据表明,经过一学期的听力学习,两组学生的听力成绩均有了提高;实验组的学生收益于听力策略训练,内部差异缩小,而对比组的学生内部差异增大。通过实验前后两次测试成绩差值的T检验发现,实验组学生两次听力成绩$p = 0.000$存在显著差异,而对比组学生两次听力成绩$p = 0.826 > 0.05$不存在显著差异。相比可知,实验组学生的听力理解成绩有了显著提高,验证了听力策略训练能提高学生的听力理解水平。

表4 实验组与对比组学生前测和后测听力成绩对比表

| | | N 人数 | Mean 均值 | Mean Difference 均差 | Std. Deviation 标准差 | T – test T – value P(2 – tailed) | |
|---|---|---|---|---|---|---|---|
| 对照组 | 前测成绩 | 42 | 7.48 | 0.23 | 1.21 | 1.650 | 0.826 |
| | 后测成绩 | 42 | 8.71 | | 1.12 | | |
| 实验组 | 前测成绩 | 44 | 7.34 | 3.24 | 1.24 | 3.214 | 0.000 |
| | 后测成绩 | 44 | 10.76 | | 1.01 | | |

(四)学生对听力策略训练效果的评价

在实验结束后,我们就听力策略训练的效果对实验组的44名学生进行了问卷调查,调查问题及结果分析见表5,之后,对一名高水平听者和一名低水平听者分别进行面谈。

**表5 听力策略训练的总体评价**

| 问题 | 结果及百分比 | | |
|---|---|---|---|
| 1. 你认为听力策略训练对你的听力学习有帮助吗? | 无帮助 | 有帮助 | 帮助很大 |
| | 3.21% | 16.17% | 80.62% |
| 2. 听力策略训练对提高你使用策略的能力有作用吗? | 没作用 | 有作用 | 作用很大 |
| | 1.23% | 11.95% | 86.82% |
| 3. 你是否赞成听力策略训练? | 不赞成 | 一般 | 赞成 |
| | 2.39% | 9.52% | 88.09% |
| 4. 你认为听力策略训练模式是否可行? | 不可行 | 一般 | 可行 |
| | 6.21% | 13.78% | 80.01% |
| 5. 你认为听力策略训练方法是否得当? | 不得当 | 一般 | 得当 |
| | 7.85.% | 9.09% | 83.06% |
| 6. 认知策略的培训能否使你学到新的技巧与方法? | 不能 | 一般 | 能 |
| | 8.06% | 12.99% | 78.95 |
| 7. 元认知策略训练可以提高你自主学习的能力吗? | 不可以 | 一般 | 可以 |
| | 7.08% | 13.73% | 80.19% |
| 8. 情感策略的培训能否增强你的听力信心并缓解听力焦虑吗? | 不能 | 一般 | 能 |
| | 10.90% | 14.01% | 75.09% |
| 9. 在课外进行听力练习时,你能熟练应用所学策略吗? | 不能 | 一般 | 能 |
| | 11.73% | 20.06% | 68.21% |

从表5可以看出,有80.62%的学生认为听力策略训练有助于提高学生的听力水平,86.8%的学生认为听力策略训练有助于提高学生使用策略的能力,80.1%的学生认为听力策略训练模式是可行的,88.09%的学生赞成听力训练策略,78.96%的学生认为认知策略的培训能学到新的技巧与方法,80.19%的学生认为元认知策略训练可以促进学生自主学习的能力,75.09%的学生认为情感策略的培训能增强学生的听力信心,68.21%的学生认为在课外进行听力练习时能熟练应用所学策略。此后,我们对一名高水平听者和一名低水平听者分别进行面谈,

两位学生一致认为听力策略训练使他们受益匪浅。训练使他们走出了听力学习的误区,掌握了听力学习的方法与技巧,听力学习开始从盲目随听变得富有计划,从紧张焦虑变得从容淡定,得心应手,听力学习进步很大。以上问卷调查和面谈结果再次验证了听力策略训练效果良好,普遍受到了学生的认可和欢迎。

## 五、结论

通过定量和定性研究,得出以下结论:听力策略训练能有效提升学生策略使用频率;听力策略训练对高分组听者和低分组听者均有积极影响,对低分组学生的影响大于高分组;听力策略训练能有效提高学生听力水平。本研究支持和验证了策略训练的价值,说明听力策略训练是有效可行的,是提高学生听力水平的有效途径。

### 参考文献

[1] 何培芬. 解码理论在大学英语听力中的应用[J]. 外语电化教学,2003(6):20-24.

[2] 黄子东. 西方二语、外语听力理解策略研究述评[J]. 外语界,1998(2): 42-46.

[3] 王宇. 策略训练与听力理解[J]. 外语与外语教学,2000(8):61-63.

[4][10] 文秋芳. 英语学习策略论[M]. 上海:上海外语教育出版社,1996.

[5] O' Malley, M., Chamots, A. U. & Keupper, L.. Listening Comprehension. Strategies in Second Language Acquisition[M], Cambridge:Cambridge University Press,1989.

[6][11] Cohen, A. D. Strategies in Learning and Using a Second Language[M]. London:Longman,1998.

[7] O' Malley, J. M. & A. U. Chamot. Learning Strategies in Second Language Acquisition[M]. Cambridge:Cambridge University Press,1990.

[8] Rubin, J. A Review of Second Language Listening Comprehension Research[J]. Modern Language Journal,1994. 78 (2):199-221.

[9] Farinaz, S. B. &Y. Hamidah. The relationship between listening strategies used by Iranian EFL freshman university students and their listening proficiency levels[J]. English Language Teaching,2011,4( 1):26-32.

[10] Thompson & Rubin, J. Can Strategy Instruction Improve Listening Comprehension?[J]. Foreign Language Annuals,1996(3):331-342.

[11] 王初明,亓鲁霞. 外语听力策略个案研究[M]//桂诗春. 中国学生英语学习心理. 长沙:湖南教育出版社,1992:102-121.

[12] 蒋祖康. 学习策略与听力的关系—中国英语本科学生素质调查报告之一[J]. 外语教学与研究,1994(1):51-58.

[13] 周启加. 英语听力学习策略对听力的影响[J].解放军外国语学院学报,2000(3):

62 - 65.

　　［14］吕长竑. 听力理解学习策略训练［J］. 外语教学,2001(3):89 - 92.

　　［15］杨坚定. 听力教学中的元认知策略培训［J］. 外语教学,2003(4):65 - 68.

　　［16］苏远连. 论听力学习策略的可教性——一项基于中国外语初学者的实验研究［J］. 现代外语,2003(1):48 - 58.

　　［17］楼荷英. 听力策略教学与正常课堂教学的整合研究［J］. 外语研究,2004(6):43 - 49.

　　［18］陈玉珍. 英语听力策略训练的实验研究［J］. 中小学英语教学与研究,2005 (9):45 - 49.

注:本文曾发表在《吉首大学学报》2018 年 12 日

# 近十年来国内英语听力理解研究述评

杨香玲*

通过对过去十年(2001—2010)刊登在国内 8 种主要外语类核心期刊上有关英语听力研究的文章进行检索统计,分析了近十年来英语听力研究的总体趋势、研究内容和研究特点,指出了当前研究中存在着内容重复、方法单一、对象失衡、课题不均等问题,并认为研究内容进一步拓宽、研究成果应用于教学实践、研究重心转向学习者主体、研究方法更注重材料分析等是英语听力研究未来发展的方向和趋势。

听力理解是一个复杂的心理认知过程和创造性的思维过程,近年来国内学者对英语听力的重视有所加强,由此,研究领域得到了拓宽,研究的广度和深度得到了提高。然而在本文所统计的 160 篇论文中,英语听力述评的文章却较少,只李冬梅[1]一篇。本文对过去十年中我国外语类主要核心期刊上刊载的听力论文做了文献检索和统计,拟从研究趋势、研究方法、研究内容、研究特点、研究中存在的主要问题以及未来研究的发展方向等层面进行述评,旨在给今后的研究者提供一些借鉴和参考。

本文从《中国期刊全文数据库》检索了 2001 年至 2010 年间国内外语教学 8 种核心期刊有关英语听力研究的文章共 160 篇,统计结果见表 1 和图 1。

---

* 作者简介:杨香玲,出生于 1965 年,女,甘肃甘谷人,天水师范学院外国语学院教授,硕导,从事应用语言学和外语教学研究。

基金项目:甘肃省教育科学"十一五"规划课题(GSBG[2009]GXG072);天水师范学院科研资助项目(编号:TSA0946)。

表1　2001—2010 年国内 8 种外语类核心期刊刊载听力研究论文情况

| | 2001 | 2002 | 2003 | 2004 | 2005 | 2006 | 2007 | 2008 | 2009 | 2010 | 总数 | 所占百分比% |
|---|---|---|---|---|---|---|---|---|---|---|---|---|
| 《外语教学与研究》1 | 1 | | | | | | 1 | 1 | | | 4 | 3 |
| 《外语与外语教学》2 | 1 | 1 | 1 | | | 2 | 1 | 2 | 1 | | 11 | 7 |
| 《现代外语》 | | 1 | 1 | | | | 1 | 1 | 2 | | 6 | 4 |
| 《外语界》 | 1 | 12 | 1 | 2 | 5 | 4 | 2 | 2 | 4 | 2 | 35 | 22 |
| 《外语学刊》 | | | | | 1 | | 1 | | 2 | | 4 | 3 |
| 《外语教学》 | 1 | | 1 | 2 | 2 | | 2 | | | 3 | 9 | 6 |
| 《解放军外国语学院》 | | | 1 | | | | 1 | 1 | 1 | | 4 | 3 |
| 《外语电教学》 | 7 | 14 | 8 | 17 | 10 | 9 | 6 | 7 | 5 | 4 | 87 | 54 |
| 总计 | 12 | 28 | 12 | 22 | 18 | 13 | 12 | 14 | 16 | 13 | 160 | |
| 所占百分比% | 8 | 18 | 8 | 14 | 11 | 8 | 8 | | 10 | 8 | | |

## 一、近十年来国内听力理解研究状况

过去十年间,国内有关英语听力研究方面的论文数量总体持平。2001—2005年,8 种刊物刊载了 92 篇相关文章,占总数的 58%,而 2006—2010 年 8 种刊物登载了 68 篇相关文章,占了 42%。从变化趋势来看,2002 年八种期刊累计 28 篇,出

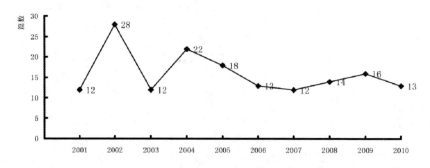

**图1　过去十年英语听力研究论文数量发展趋势**

现了论文的高峰,2003年有所下降,2004年有所回升,2005—2007年连续下降,直到2008—2009年再次回升。从期刊登载的论文数量来看,数量最多的是《外语电化教学》,共87篇,占54%。数量最少的是4篇,仅占3%。而《现代外语》和《外语教学》则在数量上有增长趋势,其他期刊变化不大。

（一）研究方法

随着外语教学研究的不断深入,国内越来越多的专家学者诸如束定芳,高一虹,王立非开始关注外语教学的研究方法[2-4]。本文借鉴高一虹等有关研究方法分类的标准,将研究方法分为材料性研究和非材料性研究两大类,并在此基础上,对160篇英语听力研究文章进行了整理归类(见表2和图2)。

**表2　过去十年英语听力研究方法情况**

| 年份 | 材料性研究 | | 非材料性研究 | |
|---|---|---|---|---|
| | 文章/篇 | 占比/% | 文章/篇 | 占比/% |
| 2001 | 2 | 16.7 | 10 | 83.3 |
| 2002 | 5 | 17.9 | 23 | 82.1 |
| 2003 | 3 | 25.0 | 9 | 75.0 |
| 2004 | 7 | 33.3 | 14 | 66.7 |
| 2005 | 7 | 36.8 | 12 | 63.2 |

续表

| 年份 | 材料性研究 | | 非材料性研究 | |
|------|------|------|------|------|
| | 文章/篇 | 占比/% | 文章/篇 | 占比/% |
| 2006 | 5 | 38.5 | 8 | 61.5 |
| 2007 | 7 | 58.3 | 5 | 41.7 |
| 2008 | 10 | 71.4 | 4 | 28.6 |
| 2009 | 10 | 62.5 | 6 | 37.5 |
| 2010 | 9 | 69.2 | 4 | 30.8 |
| 总计 | 65 | 40.6 | 95 | 59.4 |

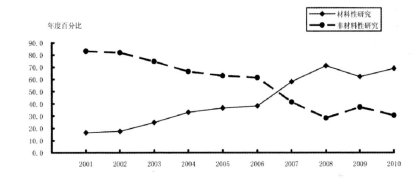

**图 2　过去十年英语听力研究方法使用趋势**

　　材料性研究以系统的、有计划的材料采集和分析为特点,包括定量研究、定性研究以及定性定量相结合的研究。而非材料性/非实证性研究指不以系统采集的材料为基础的研究,包括个人感想、操作描述(对大纲、教学方法、测试方法等具体操作性描述和评价)及理论反思等。

　　表 2 和图 2 显示,在过去十年中,国内对英语听力的研究以非材料性方法为主(95 篇,占 59.4% ),以材料性研究为辅(65 篇,占 40.6% )。但是,听力研究方法发生了明显的变化 (表 2),其基本发展趋势是:材料性研究直线上升,增长幅度大,年度百分比从 2001 年的 16.7% 连年增长到 2008 年 71.4% ,达到最高峰,2009年下降到 62.5% ,2010 年回升到 69.2% 。

　　(二)分类情况

　　为了便于理解和研究,我们将这 160 篇英语听力文章根据研究的内容,大致分为 7 大类(见表 3)。

表3　听力理解研究论文内容的分类情况

| 主要特征 | 篇数 | 所占比例/% |
| --- | --- | --- |
| 听力教学法研究 | 48 | 30.0 |
| 听力与相关学科关系研究 | 32 | 20.0 |
| 影响听力因素研究 | 16 | 10.0 |
| 听力策略研究 | 24 | 15.0 |
| 听力评估体系研究 | 15 | 9.4 |
| 多媒体听力教学研究 | 18 | 11.8 |
| 其他 | 7 | 4.4 |

表3清楚地显示出各类听力研究论文所占的比例,其中第一类(以听力教学法研究为主题的文章)名列第一,论文最多,占30%。

(三)研究内容

1. 听力教学法研究

听力教学法研究内容主要包括听力教学方法、教材处理、教学经验总结等。

(1)听力教学方法的研究。朱忠焰探究了大学英语听力教学模式与方法[5],苏振利介绍了当今流行于美国的"控制学习"与"合作学习"两大教学法[6],史玮璇等探究了英语听力自主学习方法[7],王守元提出要注意听力教学的阶段性[8],郭鸿雁的英语听说能力封闭式培养模式不失为一种教改尝试[9]。

(2)听力教材的研究。徐锦芬等从语言理论、语言点、微技能、题材、体裁、内容编排等方面,对《大学英语》听力教材教学内容进行了全面评估[10];卢莉、吕艳萍等分析了视听材料对听力理解的影响以及材料的设计[11-12],张殿玉等阐述了英语系列教材的编写构想[13]。

(3)教学经验总结。杨茜等对英语听力教学进行了探索和实践,总结了教学经验,提出了提高英语听力需要注意的几个问题[14]。

该领域的研究越来越接近教与学的实际情况,有利于提高听力教学质量。

2. 听力与相关学科关系的研究

听力理解是一个复杂的心理过程,对这一过程的研究一直是语用学家、心理语言学家、认知科学家的核心课题,缘此,听力与心理语言学、认知学及语用学的关系研究也便成为极为普遍的方式。

(1)从心理语言学的角度来研究。认知心理语言学倾向于把言语理解的过程看作一个信息处理的过程,李开荣从生理学和心理学的角度分析了影响听的效果的相关心理机制和生理机能[15];商艳芝认为听力理解是一个复杂的心理语言过程和创造性的思维过程,强调对学生进行思维训练,以提高学生的听觉思维能力,并提出提高联想能力,加强听力记忆,从而提高听力水平[16];何培芬认为听力是一个接受、理解声音信息的过程,是听者对说者所传来的编码信息进行解码的过程[17];王瑞昀等认为听力理解是一个复杂的对意义进行构建的心理过程,是听话人积极地对声学信号进行分辨、筛选、组合、记忆、释义、储存、预测的过程[18];姜维焕根据 Anderson 语言理解三段式理论和语言处理的心理机制分析了认知加工中造成听力问题的不同原因和阶段[19];朱放成探讨了听力理解过程中的信息加工活动的两种模式:代码模式和推理模式[20]。在心理语言学中,记忆是影响听力的关键因素。郑厚尧、陈吉棠,对听力理解与短时记忆之间的关系以及注意倾向与英语听力理解的关系进行了深入的讨论[21-22];杨小虎对指向性遗忘与英语听力理解的关系进行了研究,结果表明指向性遗忘与英语听力水平并没有直接联系,但指向性记忆却与英语听力水平密切相关[23]。以上研究所得出的结论具有较大的实际指导意义,避免了学生盲目从听现象。

(2)从认知学的角度来研究。从认知学领域的一个研究热点是图式理论。把图式理论应用到听力理解中,就是强调背景知识的作用。听者对所听材料具有的背景知识越多,就越能正确理解信息。周相利主张通过激活已有的图式和帮助建立新图式来提高听力理解[24]。史旭升认为要提高学生的听力水平,必须激活学生已有的图式,并帮助学生建立新的图式。听者大脑的图式越多,对材料的理解就越正确、透彻[25]。黄建玲认为,听力理解是一个复杂的心理认知过程,不仅要对语音、词汇、语法等语言知识进行表层加工,还要调动大脑中的已有图式,进行深层语义的分析[26]。罗钱军认为应用图式理论,可弥合听力理解中的信息差。李晓媛等探索了背景信息对听力理解作用的心理机制,证实背景信息可通过减轻工作记忆的负荷对听力理解起作用[27]。以上研究重复现象严重,过多强调通过激活已有图式和建立新图式来提高听力,至于如何激活和建立图式则缺乏创新研究。

(3)从语用学的角度来研究。语用学研究在特定情景中的特定话语,特别是研究在不同的语言交际环境下如何理解语言和使用语言。语用推理是语用学研究的一个核心课题。语用推理是根据语境假设,依靠人们在交际中相互遵循的诸如真实、充分、关联、清楚等所谓合作原则来进行的。谌莉文从认知语用的视角,以关联理论为理论框架,研究了以认知语境为基础进行语用推理的心理模式,分析了语用推理和英语听力理解的关系;认为听力教学中引导学生寻找话语关联,结合具体语境,通过认知推理,有助于帮助学生正确理解交际话语,提高外语听力理解能力[28]。胡觉明认为听力理解是言语交际行为,言语交际涉及语符解码和思想意图推理。要解决外语听力理解中似懂非懂的现象,提高学生意图推理能力是关键[29]。倪秀英认为听力理解是一个推理过程。在听力训练中培养学生会话隐涵推理能力,可提高对英语会话的理解[30];张立新等从语义预设和语用预设的区分出发,把含义分为语义蕴含和语用蕴含,并从定量定性两方面分析了含义理解的难易度,从而给会话含义的显隐性程度做出分级[31]。以上研究把语用学理论引入听力理解过程的各环节是提高听力水平的有益尝试。该领域的研究,相对贫乏,可作为将来重点研究对象。

上述研究从不同角度入手,探讨英语听力理解的实质,即听力理解过程不是一种简单的语言信息解码过程,而是一种解码过程与意义重构的有机结合;是听者已有图式和新输入信息的相互作用过程;是对听者的语言水平、背景知识、记忆能力等诸要素寻找关联,结合语境,进行认知和推理而得出结论的过程。同时引出了多种理论,但每种理论都只能解释一些问题,还没有哪种理论能够对听力理解做出全面解释,因此,对听力理解理论尚需进一步研究。

3. 影响听力的因素研究

关于影响听力理解过程的因素,从宏观和微观两个层面进行研究。

(1)从宏观层面上,一些学者如符雪清认为影响英语听力的因素包括语言因素和非语言因素[32];吴建强对认为导致听力障碍的因素有语言基础知识,文化背景知识,心理因素[33];李开荣认为相关的心理机制和生理机影响听的效果[34];邓媛认为动机、学习策略、语言知识、文化背景知识是构成影响听力理解的最重要的四大听者因素[35];党争胜认为影响听力理解的因素主要有心理因素、处理模型、经验图式和词汇的双重形式[36]。

(2)从微观层面上,研究者从不同的角度入手,根据各自认为的不同的听力理解机制得出了不同的结论。如记忆、语境因素、话题熟悉程度和问题类型对听力理解的影响;可视材料提供了丰富的画面、物品、实景等大量的信息输入,可以提高听力效果;不同听力风格的学生在理解短文的全局性和细节性问题方面存在显著性差异;句法简化能促进中国英语专业学生的听力理解,特别是对文章细节的理解;学生的结构图式知识和语调辨识能力对听力理解产生的影响;学习者因素对二语听力的影响;语义联想对理解整个语篇的重要作用。上述研究从客观和主观两方面展开,其中宏观层面中好些论文研究内容相同,重复现象严重。

4. 听力策略的研究

听力策略的研究从听力策略与听力理解的关系和听力训练的技能技巧两方面展开论述。

（1）听力策略与听力理解的关系。在此关系上,学者们倾向于认为听力策略的运用对听力理解有积极地影响,并从理论和实验上予以证实、论证。我国学者如,苏远连、常乐、王宇、季佩英等对学习者听力策略与听力水平之间的关系进行实证研究[37-40],许多研究者开始建议或尝试将听力策略融入课堂教学中,如周启加[41]等。这些材料性研究表明,对学生进行听力策略的培训,教会学生如何练习听力,确实可以提高听力教学效果和学生的听力水平,培养了学生自主学习的能力。但材料性研究也存在弊端,在设计上或缺乏随机抽样或缺乏实验前测试成绩,其可信性受到质疑,而且由于样本小,实验结果普遍受到影响。

（2）听力训练的技能技巧。听力训练的技能技巧属于听力策略的一部分。中国学者在听力教学实践中总结出的训练技能技巧有:正音正调,注重微技能训练;培养记忆技能;培养学生的预测技能、联想技能和逻辑推理技能;培养简要记录技能、培养语感技能、培训元认知策略技能等。该研究大多以非材料性研究为主,今后希望向材料性研究转换。

5. 听力理解评估与测试的研究

对听力理解评估与测试的研究涵盖了以下四个主要方面。

（1）测试的信度、效度。吴一安认为题型与听力测试的效度有关,多项选择题题型对考题的内容结构效度构成威胁[42];何勇斌强调要使听力测试具有效度,必须要确保听力测试材料的真实性和听力测试任务的真实性[43];党争胜认为多项选择题的高信度之中也是含有"水分",建议适当降低多项选择题所占的比例[44]。

（2）对英语各种等级考试的研究。李旭奎对 TEM4 听力理解各部分材料进行了难易程度分析[45];牟百冶对 TEM4 新闻听力提出了"读、听结合"以及"新闻词汇听写、听力训练"的对策[46];孔燕平等探讨了 CET 中复合式听写对教学的反拨作用——测试服务于教学,教学理应重视测试这个"听诊器""指挥棒"[47];邹申从TEM8 考试中听力材料语篇特点、听力命题方式以及听力测试形式三个方面探讨听力测试交互性的可行性[48];陈吉棠分析了 1996—2001 年以来英语专业八级考试试题中听力部分的结构变化,有针对性地探讨了教学的模式与方法[49]。

（3）英语听力机考尝试。邓杰等提出了在线辅助决策机制[50];邱东林等指出机考的利与弊[51]。

（4）交际能力测试。潘之欣对如何设计交际性听力理解考试任务进行了研究[52]。

上述研究主要关注各级各类考试的信度、效度以及考试手段的变革。对各种等级考试的研究,会对教学起反拨作用,有利于听力教学质量的提高;现有听力机考系统并不完善,需更进一步地加强,否则会给其应用造成更加复杂的局面。

6. 基于网络多媒体的听力教学研究

（1）对网络多媒体教学材料的研究。贾薇薇等分别对听力光盘的设计进行了论述[53]，李萌涛等介绍多媒体听说教学光盘的应用[54]，李锋等，阐述了多媒体听力电子教案的制作[55]，朱晓申研究了网络课件工具的开发[56]。

（2）对新技术（网络多媒体技术）与听力教学的整合研究。一些学者如文合平[57]，娜敏[58]等尝试将计算机辅助多媒体技术应用到听力教学中，并探讨了新教学模式下教师角色定位及角色转换。研究表明，多媒体方式总体效果上优于传统方式，能够促进学习策略的使用。

（3）对多媒体教学与传统课堂教学的整合研究。一些研究者指出，多媒体教学应该与传统课堂教学相整合，才能实现优势互补。

（4）关于"英语视听说"合作学习的研究。有些学者对基于网络的"英语视听说"合作学习进行了研究。

（5）新闻听力教学研究。也有些学者对新闻听力教学进行了探讨。

该领域中网络教学与传统教学的整合研究以及视听说结合研究都有利于提高听力水平；网络多媒体教学材料的研究只局限于光盘、电子教案类，缺乏新的突破。

## 二、国内听力理解研究的特点及存在的问题

根据交际方式的不同，听力理解可分为交互式听力理解和传达式听力理解。中国的听力理解研究多以学外语（尤其是学英语）的学生为对象，以中国学生在听力课上听外国人谈话的录音为内容，故属于传达式的外语听力理解研究。

从研究的内容来看，无论是听力教学法、听力策略、听力评估体系、影响听力的因素、网络多媒体教学等，尽管切入点不同，侧重点各异，但最后都毫无疑问地回归于英语听力教学，并用来指导听力教学。

从研究的角度来看，呈多元化，各种各样的研究都有一席之地。学者们从认知学、心理语言学、语用学、跨文化交际学、语音学等领域进行了研究，试图从各个不同学科、不同层面来阐释听力现象，有利于听力理解理论体系的不断完善。这些多样化的研究标志着听力这一领域的研究已开始逐步走向成熟。

从研究方法来看，材料性研究有明显的提高。

近十年来，我国学者在听力理解研究方面取得了十分显著的成果，但仍然存在一些不足之处。

（一）研究内容重复

许多研究者墨守成规，照搬照抄，缺乏创新。比如对影响听力因素及训练策

略的研究,重复现象严重,理论高度不够。对教学法的研究切人点极其相似,研究内容、方法与结果大同小异,多为教学经验总结,少有新的突破。

（二）研究方法单一

非材料性研究多,材料性研究少。好多研究者深感材料性研究难度较大,不易驾驭,采用非材料性研究;有些学者即使采用了材料性研究方法,但文章缺乏科学的数据分析及论证,缺乏准确性,带有浓厚的个人经验色彩,信度和效度较差。

共时研究多,历时研究少。历时研究时间长,跨度大,操作难度大。可是只有通过历时研究,我们才能了解教学方法、策略、因素等所产生的远期效果。

（三）研究课题不均

尽管研究者从不同的角度对英语听力理解进行了探讨,但仍存在课题分布不均的现象。从统计的结果来看,语言研究者对听力教学、听力与相关学科、和听力策略等问题探讨较多,而从听力教材、网络听力资料、听力测试与评估等视角进行的探讨较为缺乏。

（四）研究对象失衡

研究对象失衡体现在研究受试者方面。我国的听力研究对象以大学本科生为主,可以说忽视了大学本科生以外的研究群体(如中小学生、高职生、研究生),就无法全面了解我国英语听力的现状,也很难为不同层次的外语听力教学在教材编写、大纲制定等方面提供参考。

### 三、未来研究的方向和趋势

（一）研究内容将进一步拓宽

英语听力教学研究和其他学科的研究成果相结合的趋势将越来越显著。英语听力教学研究已与认知心理学、心理语言学、语用学等社会学科进行交叉融合,今后将与神经科学和脑科学等自然科学融合,其研究的视角和思路将得到进一步拓展;听力教学法的研究将会百花齐放,百家争鸣,狭窄型听力教学、学术听力教学和互动听力教学将会日渐成熟;现代信息技术与听力教学整合的模式、策略、绩效研究将更加丰富;测试手段也日益现代化,关于机考的有效性研究将会逐渐增多。

（二）研究成果应用于教学实践

英语听力教学研究的理论成果对听力教学的指导作用将明确化和具体化。英语听力教学的研究正逐步从20世纪90年代侧重理论性和经验性的探讨转移到目前的注重教学实践的指导意义和实证分析,通过基于统计数据的描述性和实证性研究来考察不同理论对听力教学的借鉴性和参考价值。

（三）研究方法更注重材料分析

材料性研究将倍受关注,成为主流研究范式,而非材料性研究由于缺乏数据支持将会逐渐下降。

（四）研究重心转向学习者主体

学习主体的研究将日渐重视,学习者才是研究的重心和最终目的。正如王立非所言:"研究的重心从语言本体、教材与教法转向学习者主体,特别是影响学习者的复杂的内部与外部因素、学习者的心理过程和认知系统。"[59]

### 参考文献

[1]李冬梅.近十年来国内英语听力理解研究述评[J],外语界,2002(2):30 – 34.

[2]束定芳.当代外语教学理论研究中的几个重要趋势[J],解放军外国语学院学报,1995(3):60 – 65.

[3]高一虹,李莉春,吕王君,等.中、西应用语言学研究方法发展趋势[J],外语教学与研究,1999(2):8 – 16.

[4]王立非.新世纪外语教学研究的方法论展望[J],外语研究,2000 (3):8 – 9.

[5]朱忠焰.大学英语听力教学模式与方法初探[J],外语界,2000(2):45 – 49.

[6]苏振利."控制学习"与"合作学习"在英语听力教学中的运用[J],外语电化教学,2000(3):36 –40.

[7]史玮璇,李彩春.英语听力自主学习方法探究[J],外语学刊,2007(6):4:1 – 146.

[8]王守元,苗兴伟.英语听力教学的理论与方法[J],外语电化教学,2003(8):1 –5.

[9]郭鸿雁.非英语专业大学生英语听说能力封闭式培养模式探索[J],外语界,2004(2): 51 – 55.

[10]徐锦芬,肖婵.《大学英语》听力教材教学内容的评估[J],外语界,2001(2): 52 –55.

[11]卢莉.理查兹论英语听力教学材料的设计[J],外语与外语教学,2000(5):38 –41.

[12]吕艳萍,史旭升.理查兹论英语听力教学材料的设计[J],外语电化教学,2004(2):1 –4.

[13]张殿玉.着眼大学英语课程培养目标,力求听说并举——谈《大学英语》(全新版)听说教程在听说活动设计上的特点[J],外语界,2005(3).

[14]杨茜.大学英语听力教学探索和实践[J],外语界2002(2):58 –60.

[15]李开荣.听力的语言心理认知与训练[J],外语界2002(2):35 – 39.

[16]商艳芝.在听力教学中培养学生的思维能力[J],外语电化教学,2001(12):7 –11.

[17]何培芬.解码理论在大学英语听力中的应用[J],外语电化教学,2003(12):20

- 24.

[18] 王瑞昀,梅德明.听力理解的认知与听力课教学[J],外语电化教学,2004(2):18-20.

[19] 姜维焕.从认知角度探讨听力问题[J],外语电化教学,2006(10):60-64.

[20] 朱放成.听力思维的时效性与听力理解[J],外语电化教学,2003(8):13-16.

[21] 郑厚尧,李祖明.听力理解与短时记忆[J],外语界,2002(3):32-35.

[22] 陈吉棠.三论记忆与听力理解[J],外语界,2005(2):38-44.

[23] 杨小虎.指向性遗忘与英语听力理解[J],现代外语,2008(1):67-75.

[24] 周相利.图式理论在英语听力教学中的应用[J],外语与外语教学,2002(10):24-26.

[25] 史旭升,吕艳萍.图式理论在英语听力教学中的应用[J],外语电化教学,2004(8):49-52.

[26] 黄建玲.听力理解中信息加工理论及其实践描述[J],外语电化教学,2004(8):31-35.

[27] 李晓媛,俞理明.关键图示对二语听力理解中工作记忆负荷削减作用的研究[J],现代外语,2009(2):149-157.

[28] 谌莉文.英语听力理解中的语用推理[J],外语教学,2005(1):68-71.

[29] 胡觉明.听力理解中的意图推理[J],外语与外语教学,2004(4):22-31.

[30] 倪秀英.听力训练中培养推理能力的实验研究[J],外语教学,2008(4):55-58.

[31] 张立新,张权.会话含义显隐性分级——大学英语听力测试的语用分析[J],外语电化教学,2003(12):25-29.

[32] 符雪清.对影响英语听力提高的因素之探讨[J].外语电化教学,2001(6):6-10.

[33] 吴建强.英语听力障碍的成因分析及对策探讨[J].外语电化教学,2005(4):53-55.

[34] 李开荣.听力的语言认知与训练[J],外语界,2002(2):35-39.

[35] 邓媛,阳志清.听者因素在二语听力理解中的作用[J].外语电化教学,2004(2):9-13.

[36] 党争胜.认知心理视角下的听力教学策略[J],外语学刊,2009(5):179-182.

[37] 苏远连.论听力学习策略的可教性——项基于中国外语初学者的实验研究[J],现代外语,2003(1):48-58.

[38] 常乐,李家冲.元认知策略、听力理解和附带词汇习得的相关性研究[J].外语界,2009(6):50-57,90.

[39] 王宇.策略训练与听力理解[J],外语与外语教学,2000(8):61-63.

[40] 季佩英,贺梦依.大学英语师生听力策略研究[J],外语界,2004(5):40-46.

[41] 周启加.英语听力学习策略对听力的影响——英语听力学习策略问卷调查及结

果分析[J],解放军外国语学院学报,2000(3):62－64,95.

[42] 吴一安.题型与听力测试的有效性[J].外语教学与研究,2001(2):127－135.

[43] 何勇斌.听力测试的构想效度及其实现[J],外语教学,2005(3):72－75.

[44] 党争胜.TEM考试听力试题分析与建议[J].外语电化教学,2004(2):58－62.

[45] 李旭奎,左金梅TEM4听力理解各部分难易程度分析及其对听力教学的启示[J].外语电化教学,2005(4):62－66.

[46] 牟百冶.3英语专业四级新闻听力对策[J],外语界,2002(3):41－46.

[47] 孔燕平,聂建中。CET中复合式听写及其对教学的反拨作用[J],外语界,2002(2):51－57.

[48] 邹申.听力测试中的交互性探究——兼谈TEM8考试听力项目的修订[J].外语电化教学,2004(12):33－50.

[49] 陈吉棠.英语专业八级听力教学训练探索[J].外语电化教学,2003(8):6－9.

[50] 邓杰,朱小舟.英语听力学习在线质量评估与辅助决策研究———英语视听说国家精品课程建设例析[J],外语与外语教学,2007(9):41－46.

[51] 邱东林,等.大学英语听说机考尝试[J],外语界,2005(4):76－79.

[52] 潘之欣.交际性听力理解考试任务设计研究[J],外语界,2007(1):84－96.

[53] 贾薇薇.吴敏,等.大学英语听说光盘课件的教学设计[J].外语界,2008(1):72－75.

[54] 李萌涛,等.利用多媒体技术促进大学英语听说教学——《大学英语·听说教程》(全新版)多媒体教学光盘简介[J],外语界,2002(5):2－9.

[55] 李锋,孟立.如何制作英语听力多媒体电子教案[J].外语电化教学,2000(6):23－25.

[56] 朱晓申.基于WebCT大学英语听力课主题教学研究[J].外语电化教学,2006(10):65－68.

[57] 文合平.利用多媒体辅助英语听力教学[J].外语电化教学,2000(3):48－50.

[58] 娜敏.多媒体计算机技术与外语课程的整合研究[J],外语界,2008(1):52－63.

[59] 王立非.外语教育:新世纪展望 新世纪外语教学 研究的方法论展望[J],外语研究,2000(3):8－9.

注:本文曾发表在《兰州大学学报》2012年7月

# 论人际关系对大学生人格健康发展的影响

赵红英 *

人际关系是影响大学生人格健康发展的主要因素,人际关系对大学生人格特质、自我评价、情绪健康、学习适应人格方面具有广泛的影响。建立大学生良好人际关系的有效策略是:积极实践,掌握建立良好人际关系的技术;加强自我教育,塑造良好的个性品质;学会赞扬他人,克服社会偏差;管理好自己的情绪;发挥团体优势,促进对学生人格健康发展。

随着社会的发展和文明的进步,社会对个体人格的要求越来越高。塑造健康人格已成为学校教育的重要责任和核心的任务之一。

人际关系是影响个体人格健康发展的主要因素。所谓人际关系是"是群体成员在共同活动的基础上,通过各种不同方式的交往发生的关系。是受个体人格特点调节的并与满意和不满意状态相伴随的心理关系"[1]。

人际关系的好坏是一个人社会适应能力和健康人格的综合体现。健康的人格总是与健康的人际关系相伴随的。心理学家马斯洛、奥尔波特、罗杰斯都把建立适宜、良好的人际关系作为人格健康者应具备的能力。新精神分析学理论也认为,心理病态主要是由于人际关系失调而来的。因此,和谐的人际关系既是人格水平的反映,同时又影响和制约着健康人格的形成和发展。具有健康人格的人,能积极的与他人交往,建立起良好的、建设性的人际关系;人格有障碍和缺陷者,往往缺乏稳定的、良好的人际关系。

大学生进入大学以后,面临着新的环境,新的群体,人际交往日益频繁和复杂,需要整合各种关系,处理好与交往对象的关系成为他们新的生活内容。但是,由于他们来自不同地域、不同的家庭,以各自的生活方式、思维方式和行为方式与

---

* 作者简介:赵红英,出生于 1962 年,女,山东临沂人,天水师范学院教师教育学院教授、主要从事学校教育研究。

同学们朝夕相处,造成人际冲突经常发生并成为发生心理问题的主要因素。李全彩[2]通过心理咨询和书面调查的方式,对大学生心理疾病的形成原因进行了探讨,发现大学生人际关系问题在所困扰因素中处于十分突出的位置,是大学生校园生活的第一大问题。赵冰洁、陈幼贞的研究也证明,大学生在咨询的各种心理问题中,人际关系问题排在前列[3]。河北大学就大学生人际关系问题对12所高校1200多名学生进行了调查,调查显示,人际关系是大学生面临的最苦恼、最难适应的问题之一,主要表现是人际失调、交往嫉妒、交往自卑、社交恐惧等。在心理健康教育实践中我们也发现,大多数学生的心理问题与缺乏正常的人际交往和良好的人际关系有关。那些生活在没有形成友好、合作、融洽的人际关系的大学生,表现出压抑、敏感、自我防卫、难以合作等特点。和谐的人际关系既是大学生人格健康不可缺少的条件,也是大学生获得心理健康的主要途径。

## 一、人际关系对大学生人格健康发展影响的具体表现

（一）影响大学生的人格特质

不同的人际关系会使大学生形成不同的人格特质。一般来说,具有良好人际关系的大学生能迅速适应大学的生活,精神愉快,充满信心。与人相处时,以诚恳、公平、谦虚、宽容的态度待人,保持开朗的性格,积极的人生态度,具有善良、助人、富有同情心、社会责任感、正义感等良好的人格特质。人际关系不良的大学生则表现出多疑、敏感、心胸狭隘、目光短浅、自我中心、清高自傲等不良的人格特质[4]。给自己造成心理上、精神上的巨大压力,严重的还会导致病态心理。

（二）影响大学生正确的自我评价

人际关系状态影响大学生的自我评价。自我评价体现了个体自我意识的发展水平,是人格健全的心理基础。正确的自我评价是在与他人的交往过程中,通过相互学习和相互帮助逐步发展和成熟起来的。大学生对自己的正确评价是在与同学的相互交往中、在处理各种人际关系中发展起来并实现调整和纠正自己的。具有良好人际关系的大学生能恰如其分的评价自己,时时感受到自己为他人所喜欢、所接受、所承认,满足了自己的归属和安全的心理需要,有良好的自尊感,相信自己的价值,悦纳自己,促进了人格的健康发展。缺乏良好人际关系的大学生或表现出自卑和自我委琐,不相信自己的能力,否定自己的价值,只看到自己的不足,处处低人一等,压抑自己能量的释放,自我冲突、自我矛盾,甚至产生厌恶自己的自卑情结;或表现出孤傲、自命不凡,"居高临下""目中无人",不能处理好人际关系,对人格的健康发展产生了消极影响。

（三）影响大学生的情绪健康

我国著名心理学家孟昭兰认为："情绪在心理变态中起着核心的作用。情绪异常往往是精神疾病的先兆。"人与人之间良好的情绪与情感不仅是社会交往的"黏合剂"，人际互动的"润滑油"，而且是影响人格健康发展的重要因素。大学生情绪情感丰富，情感交流的需要强烈，希望能向他人诉说自己的喜怒哀乐，因此不同的人际关系导致他们不同的心理感受和体验。具有良好人际关系的大学生，情绪的满意度高，心境平和、宁静、愉快，对他人和集体有亲密感和依恋之情，遇事比较冷静，能适度的表达自己的喜怒哀乐，对不良情绪有良好的控制和宣泄，调节和控制情绪的能力较强，能促进人格的健康发展。人际关系不良的大学生不能适当地表达和调控自己的情绪，极易产生焦虑、紧张、恐惧、愤怒等不良情绪，对他人和集体有敌对、不满情绪，经常处于各种不良情绪的体验中。

（四）影响大学生的学习适应

人际关系影响大学生入校以后的学习适应。冯廷勇[5]的研究认为，影响大学生学习适应的主要因素有学习能力、环境因素、教学模式、社交活动等。其中，在大学生的学习中，社交因素对大学生学习适应的作用明显加大。

## 二、大学生建立良好人际关系的策略

个体的成长与发展依赖于人际关系。大学生如果能生活在团结友爱、和谐的人际关系氛围中，可以使大学生具有安全感、归属感和幸福感，并能正确的认识、对待各种现实问题，化解学习和生活中的各种矛盾。长期以来，我们的学校教育不但缺乏对学生有关知识的传授，更缺乏对学生建立良好人际关系能力的培养。学生处理人际关系的能力大多是自然而然形成和发展的，造成学生交往能力和处理人际关系能力较差，使学生不知如何与他人相处、沟通和交流。因此，提高大学生人际交往能力，掌握建立良好人际关系的有效策略，对促进其人格健康发展，有着重要的现实意义。

（一）积极实践，掌握建立良好人际关系的技术

建立良好的人际关系既是一种能力，也是一种技术。大学生若想具有稳定的、良好的、建设性的人际关系，需要掌握建立良好人际关系的技术。第一，积极、主动交往。交往过程中，应克服交往中各种不良心理，如恐惧心理、怕羞心理、自卑心理、自傲心理、猜疑心理等，积极主动交往，优化人际关系。第二，注重社交礼节，正确把握交往语言，善于运用非语言技巧。在交往中，一方面把握好自己的角色，培养幽默风趣的语言，学会倾听别人的讲话；另一方面还应利用目光、体态、声调、距离技巧，达到建立良好人际关系的目的。第三，注重个人仪表魅力。仪表魅

力也是增进人际吸引的因素之一。置身于美的环境中会使人心情愉快,赏心悦目。因此,大学生应该注意提高自己的审美情趣,将高尚的心灵与美好的外部形体结合起来,形成不俗的气质和高雅的风度,使个人充满魅力。

(二)加强自我教育,塑造良好个性品质

不同的个性品质影响人际关系的建立与发展。某些个性品质容易导致人际吸引,有利于良好人际关系的建立、维系和发展。如:举止大方、坦然自若会使别人感到轻松、自在,激发交往动机;助人为乐、坦诚无私,富有主见、充满自信会博得别人的信任。有些个性品质则容易阻碍人际吸引,如:道德败坏、自私自利、虚伪狡诈、愤怒、恐惧、嫉妒、狂妄自傲、怪癖孤独、过度自卑等。大学生应积极、主动加强自我教育,注意自我良好个性品质的培养,从身边的小事做起,"千里之行,始于脚下""不积小流,难以成江海",良好的个性品质都是一点一滴积累而成,并逐渐积淀成为良好的人格习惯。只有这样,才能有利于良好人际关系的建立。

(三)学会欣赏他人,克服社会偏差

欣赏他人是建立良好人际关系的重要策略。大学生应该善于发现他人的价值,学会欣赏他人,善于克服第一印象、刻板印象、晕轮效应等社会偏差的不良影响,不苛求他人,真诚待人,宽容待人,尊重他人的人格、权利,主动营造宽松的人际交往环境,达到心理相容,为人格的健康发展创造有利的环境。

(四)管理好自己的情绪

情绪健康是心理健康的体现,同时也标志着人格的成熟程度。"具有体验丰富的情绪并控制情绪表现的人,通常是有能力满足自身基本需要的人,是拥有稳定可靠的人际关系的人"。[6]因此,良好人际关系的建立,一定要注意人的感情因素,使之成为增进人际关系的积极因素。具体策略是:第一,学会理智调节。当发生人际冲突时,应学会换位思考,站在对方的角度去看问题,只有这样,才能被他人欢迎和接纳。第二,合理疏泄。消极情绪堆积太多,会对身心健康造成极大的伤害。当我们因人际关系而产生伤心、愤怒、自责、内疚、郁闷、焦虑等各种负性情绪时,就要采取合理疏泄的方式将其释放出去。合理的疏泄方式主要有以下几种:倾诉法,如对亲近和信任的人倾诉衷肠,给自己写信或写日记;转移法,如体育运动、放声歌唱、尽情舞蹈等。总之,只有学会科学地调节才可以化消极被动情绪为积极主动的建设性行动,促进良好人际关系的建立。

(五)发挥团体咨询优势,促进大学生人格的健康发展

团体心理咨询将不同背景,不同人格,不同经验的大学生组合在一起,为每个参与的大学生提供了从多角度观察、分析他人的观念及情感反应的机会,使大学生能更清楚地认识自己和他人,并形成积极的自我概念,调整改善与他人的关系。

因此咨询能有效地提高大学生建立良好人际关系能力[7][8],帮助大学生建立新的自我认同模式和对他人的接纳的态度,最终达到建立起相互理解、相互信任的良好的人际关系,促进其人格的健康发展。

**参考文献**

[1]周晓虹.现代社会心理学—多维视野中的社会行为研究[M].上海:上海人民出版社,1997:348.

[2]李全彩.大学生人际关系的现状与对策[J].中国学校卫生,2000(1):47.

[3]赵冰洁,陈幼珍.大学生心理咨询问题分析[J].健康心理学杂志,2004(4):13－14.

[4]许燕.当代大学生核心人格结构的研究[J].心理学探新,2002(4):24－28.

[5]冯廷勇,李红.当代大学生学习适应的初步研究[J].心理学探新,2002(1):44－48.

[6]董广杰.大学生心理健康教育与应用[M].北京:中国纺织出版社,2004:336.

[7]蓝琼丽,等.团体咨询对医专学生社交焦虑的干预研究[J].中国学校卫生,2005(2):102－103.

[8]陈华.团体心理辅导促进大学生心理素质提高的实践研究[J].中国健康心理学杂志,2004(6):455－457.

注:本文曾发表在《教育探索》2006(11)期

# 谈高师普通话教学

汪天平*

　　形象直观地教好普通话语音知识,用语音理论指导发音实践是指导高师学生学习普通话行之有效的办法。语音训练要按照语音习得的心理规律,形成教法的良性心理循环模式,把简单重复的语音练习变为有趣味创造性的练习。要注重科学发声,提高学生声音美的表现力,让学生说出优美动听的普通话;要注意培养学生良好的心理素质及良好的口语学习习惯。

　　1994 年 10 月由国家语言文字工作委员会、国家教育委员会、广播电影电视部联合发出《关于开展普通话水平测试工作的决定》使推广普通话工作迈上了一个新台阶。《决定》指出:"普通话是汉语文授课的各级各类学校的教学语言……现阶段的主要测试对象和他们应达到的普通话等级要求是:中小学教师、师范院校的教师和毕业生应达到一级或二级水平……"为此师范院校普遍开设了《普通话》或《教师口语》课程。而学生的现状呢? 他们多数长期生活在单一方言环境之中,在他们的中、小学阶段受"应试教育"的影响,学校无形之间忽视了对学生的语文素质教育。面对这样的现实,普通话教学任务是不轻的。首先要启发学生从思想上认识到提高语文素质的重要性;其次在教学上必须探索形成一套适合高师学生学习普通话的教学方法。本人就多年普通话语音教学体会,简述于下,以供大家讨论、参考。

## 一、形象直观地教好普通话语音知识,用语言理论指导发音实践

大家都知道最佳学习语言的时期是儿童时期,儿童学习语音是依靠模仿获得

---

　　* 作者简介:汪天平,出生于 1954 年,男,教师教育学院副教授,从事语言教学研究。

的,是直觉学习。一旦过了儿童时期,人们形成了自己牢固的发音习惯,再要学习新的语音,仅靠简单模仿是很难奏效的。这是因为原有的发音习惯在起作用,要冲破已经形成的习惯,就必须依靠语音理论的指导,使学习者自觉意识到如何发音、辨音,学会按要求操纵自己的发音器官,了解自己的方言语音与普通话语音的区别与联系,形成一套新的动力定型。高师学生年龄较大,对于理论学习,接受能力较强,针对这一优势,应把普通话语音理论的教学作为先导。例如:普通话声母教学,以往学生接受的只是呼读音教学,是模仿发音,对于普通话声母的发音部位及发音方法没有根本性的认识。现在给学生进行本音原理的教学,是一个质的飞跃,对于学生自觉提高声的发音质量,克服习惯性方音语音影响,是非常必要的。可是本音原理的教学,仅凭文字语言的叙述,让学生理解是困难的,必须要以图示配合形成直观性。

辅音 n、l、η 的教学,这是普通话语音教学中的一个难点问题,在笔者学校所在的甘肃省天水地区,这几个音在方音中是分不清的,是自由变读。我在教学生区分 n、l 时,指出它们的发音部位相同,关键是发音方法不同,n 是鼻孔出气,l 是舌头两边出气;同时出示它们的静态发音图解,使学生一目了然。在讲到 n 与 η 的区分时,先指出它们的应用范围,n 可以作声母,也可在鼻韵母里作韵尾,而田在普通话里只用作韵尾,同时指出在某些方音里,也可作声母;它们的发音方法相同,区别在于发音部位不同,也就是着力点不同,n 是"舌尖阻"鼻音,η 是"舌根阻"鼻音,同时对照图解示范发音,使这个困扰学生们的前后鼻音问题迎刃而解。

在单韵母教学中,充分利用舌面元音图,讲清唇形的圆展,舌位的高低、前后是发好单韵母的关键。在讲述央低元音 a 时,指出由于舌高点的前移、后退,形成前[a]央[A]后[a],虽然它们没有区别意义的作用,但对于说好一口纯正的普通话,掌握 a 的不同的音位变体是必须的。例如[a]出现在复元音韵母 ai、ia 和前鼻音韵母 an 里,受前元音 i 和前鼻音韵尾 n 的影响,舌位靠前,如开[k'ai]、家[ji'a]、滩[t'an]等,[A]出现在零声母音节和单元音韵母中,如啊[A]、妈[mA]等,[a]出现在复元音韵母 ao 里和后鼻音韵母 ang 里,受后元音 O 和后鼻音韵尾 ng 的影响,舌位靠后,如桃[t'ao]、夯[xaη]等。

在复韵母教学中,抓住复韵母发音时,舌位、唇形有变化,即有动程这个特点,面出复韵母发音动程图,让学生理解复韵母发音时,由一个元音的舌位到另一个元音舌位的变化,中间有一串过渡音,是直线滑动,不是跳动,舌位、唇形的变化是渐变,是自然连贯形成一个整体。指出各元音的音长和音强是不相等的,其中只有一个听起来最为响亮清晰,韵头是复韵母发音的起点是介音,韵腹,是主要元音,而韵尾是一个韵母的结尾,其音值含混而不固定,只表示舌位的滑动方向。

通过以上教学,使学生形成明确的语音概念,掌握普通话语音的系统知识,为进一步语音练习,打下良好的基础。

## 二、语音训练要按照语音习得的心理规律形成教法的良性心理循环模式

课堂语音训练是学习普通话的一个重要环节,语音训练离不开反复操练,但在语音练习中,我们常常遇到,为了纠正方音长期形成的某一习惯,即使是口干舌燥,可是效果并不理想。看来怎样练,这是教师必须认真思考解决的问题。我发觉有些同学发音发不清时,首先是听不清,别人按照普通话语音发一遍让他重复,结果还是方音语音。这是什么原因呢? 原来语言心理学研究证明人的语音知觉是范畴性的,是一种非连续的,具有离散特点的知觉,也就是说:语音知觉可以将语音刺激识别为相对小量的范畴,在这个范畴之内难以作出更精细的识别,范畴性知觉只有"质"的变化而无量的变化。听不清的原因之一就是听者已获得的语言经验对语音的范畴性知觉产生了一定的影响。换句话说,在一种语音中以范畴性形式知觉的语音,在另一种语音中就不一定按范畴形式来识别,所以生活在单一方言环境中的人能够识别其所处语言环境中的语音范畴,但对普通话语音中较易识别的语音范畴却不能识别。语言心理学实验又告诉我们语音知觉的范畴性并不是一成不变的,经过适当练习,可以利用语音范畴内的一些声学特性,发现语音的细微变化。在日常生活中,听者不是听不到语音范畴内的一些声学特性,而是忽略了它,因而形成了范畴性的语音知觉。鉴于此,语音训练应从听音、辨音人手,并作为语音训练的突破口。听力训练不仅要使学生听辨出普通话语音内部的微小变化,还要听辨出介于普通话与方言语音中间过渡音的变化。在训练方法上形成良性心理循环模式,把简单重复的语音练习,变为有趣味、创造性的练习,如在音节训练中,可采用夸张放大的方法。所谓夸张放大,就是先按照自然状态发音,然后再把一个音节按照吐字归韵的规律均衡地扩大,使音节的音高、音强、音长都起了变化,(就象一个字,用放大镜放大数倍的感觉),从而增强听觉的语音刺激,使学生听力、分辨能力得到强化,在这个基础上,再让学生重复发音,在发音过程中学生就能够比较有意识区分普通话语音与方言语音的差异,形成方言语音向普通话语音的靠拢、过渡,最终形成规范发音。其次,再把这些音节带入到语言材料之中朗读,如散文、诗歌、消息、故事等。从而使学生的语言感知和表达能力进一步得到提高。再次,针对青年学生喜欢音乐的特点,把一些语音材料带入歌唱之中,从而扩大语音训练的美学效果,避免了单调的重复及盲目的瞎练,提高了学生的学习积极性。如:在前、后鼻尾音音节的训练中,笔者采用《七律·长征》《英雄赞歌》等诗歌材料,对军、云、难、暖、腾、风、滚、英、青、猛、星等音节,按照以上方

法,从字音的夸张放大,到带入具体语言环境朗读,再带入音乐歌唱,学生们兴趣盎然,收到了较好的练习效果。当然这种练习方法对教师的语言综合表现力要求是较高的。学生需要高水平的教师,教师只有不断地提高自己的语言理论水平及语言运用能力,按照语言习得的心理规律,创造性地完善自己的教学方法,这样才能较好地完成教学任务。

另外,朗读欣赏也是语音训练的一个重要组成部分,对全面提高学生的语言感知能力和口语表达能力,巩固所学的普通话语音是必不可少的。范读可由教师做,也可以由学生中口语基础较好的同学做,也可选放一些录音磁带。材料可以是绕口令、人物对白、演说、经典民歌等,总之采用多种语言形式,形成一种互动、快乐的学习氛围,使学生轻松愉快地接受所学的东西。

### 三、普通话语音训练要注重科学发声,要提高学生声音美的表现力

著名语音学家徐世荣先生曾经说过:"有声语言要比书面语言丰富得多,丰富的是什么? 就是语音……应接过第三接力棒(相对语法、修辞来说)——语音,在表达上多下功夫。"师范生是未来的教师,语音是教师向学生传递信息的主要渠道,要让学生听得清、听得美、听得乐,就必须在声音、口齿等方面下功夫。我们经常听到学生说某老师讲课太费力,很自然学生在听老师授课时,不光是接受知识的过程,同时也是审美过程。大家都有这样的体会,当我们聆听一位学者或领导讲话时,如果他说话音色、发声状态不佳,不注意节奏,尽管他讲的问题很重要,但在听众方面,实际上已和讲话人拉大距离。所以普通话教学不光要教会学生说普通话,而且要训练学生的发声、口齿能力,让学生说出优美动听的普通话。因为和谐优美的语音形式,使人产生愉快的感觉。从审美的心理角度采说,听觉所感受的音响,虽然随着时间的流动而消逝,显得空灵虚幻,距离人的生活经验较远,但与人的情感反应联系紧密,因而能迅速激发美感共鸣,另外人的脑电波运动、肠胃蠕动、心脏搏动以及自律神经的活动,都有一定的节奏,当语音的节奏与人体内部的节奏相合拍时,人的整个身心就会产生愉悦的感觉。从汉语本身来说,汉语语音结构在音乐形式美方面有巨大的潜力,它是那样和谐,那样富有节奏感、韵律感。汉语语音结构的突出特征是它的乐音占绝对优势,而且由于有声调的差别,高低起伏,抑扬顿挫。容易造成音乐般的旋律,这样就使汉语语音成为最富于音乐美感的语音。正因为如此,教师在授课过程中,要让学生自觉体会普通话语音的美感,要把发声、口齿训练,贯穿到教学的始终。要随时纠正学生不良的发声习惯,如:懒得张嘴,气息过浅,嗓音明显挤卡等。要让学生掌握科学的发声,不断提高语音审美能力及表现力,使声音向圆润饱满、明亮集中靠拢。在语言表达中,注

意轻重缓急、抑扬顿挫,养成亲切、朴实的口语风格。只有在普通话语音训练中,注重了发声技能等方面的训练,学生普通话的学习才能进入一个新的高度,从而从根本上提高学生的语音表现力,为将来做教师打下良好的口语基础。

### 四、普通话教学中注意培养学生良好的心理素质及良好的口语习惯

教学中常常发现有些同学学习普通话进步较快,有些同学进步较慢。究其原因,有的同学课后敢于张嘴,但有些同学由于性格内向,普通话基础较差,怕别的同学笑话,越是这样越不敢张嘴,形成恶性循环。所以鼓起勇气,树立自信心,是克服说话者胆怯心理的关键,是提高说话能力的第一步。课堂练习中,要有意识叫一些口语基础差的同学开口,并多加鼓励肯定,让他们养成敢于开口的习惯。让他们明白,人人皆具有善言的潜在素能,关键在于努力挖掘,同时也要让他们感受到说话潜力挖掘,不是一蹴而就的事,而是一个过程。俗话说"冰冻三尺,非一日之寒",要量力而行,循序渐进。要让学生记住这一辩证规律。平时说话练习应量力而"说",不可性急。要让学生懂得,通向善于说话的通路是把微小的言语活动的材料堆积起来,最后就成了可观的东西。要让学生明白一个人要想挖掘自己的说话潜能的方法可能是多样的,但是抓住要点,明确目的则是其中的重要一环。可以帮助他们设计一个"自我反思录",时时鞭策、鼓励自己。其内容大致如下:

1. 平时是不是注意别人说话的优缺点?
2. 有没有把自己说不好普通话归因于生理遗传、性格等。
3. 能不能在学习繁忙、身体较累的情况下,坚持每天的训练?
4. 是不是经常和同学一起交流学习普通话的体会?

以上可以视为达到善于说话目标的要点。如果学生们能经常对照反思,则一定会使学习普通话变为自觉的行动。什么是明确目的? 就是在课堂学习的基础上,建立一套课外自学计划,而且每一阶段目的明确。这样循序渐进,日积月累,必然会取得显著的学习效果,把学说普通话落实到日常学习生活中去。

注本文曾发表在《天水师范学院学报》2003 年 2 月 22 日第 23 卷第 1 期。

# 论自我效能感对大学生心理健康的影响及对策

赵红英　黄鹤龄*

自我效能感是社会认知理论中的重要概念,具有重要的健康功能。本文依据目前已有的调查研究,从自我效能感对大学生心理健康影响的角度,探讨了自我效能感对大学生的自尊和自信、人际关系、应对方式、情绪健康、学习适应等方面的影响,提出了提高大学生自我效能感的相应对策。

自我效能感是"个体对从事某项工作所具备的能力的一种自我评估",是美国心理学家班杜拉社会认知理论中的重要概念。班杜拉认为,自我效能感决定了人们如何感受、如何思维、如何自我激励以及如何行动,并具有重要的健康功能。大学生是一个特殊的群体,其心理健康水平不仅影响到自我的发展,还关系到中华民族的兴衰荣辱。多项调查研究表明,自我效能感影响大学生的心理健康,影响大学生在校的学习、生活、人际交往、情绪健康,影响大学生的择业、求职以及未来的职业成就,还影响到大学生对自我人格的构建。

## 一、自我效能感对大学生心理健康的具体影响

### (一)自尊和自信

自尊和自信是个体人格中的重要成分之一。不同的自尊水平和自信心对个体的认知、动机、情绪情感和社会行为具有不同的影响,对心理健康有不同的作用。自我效能感高的大学生,自尊水平高,自信心强,表现为乐观、坦诚,认真对待生活,有开放的思想观念,敢于面对竞争和挑战,坚信自己有掌握和控制自我的能力和权利,有较强的独立性、乐群性,将困难的任务视作挑战,在失败面前会更加努力,持之以恒;在职业选择以及决策时,倾向于选择适合自己能力水平又具有挑

---

* 作者简介:赵红英,出生于 1962 年,女,山东临沂人,天水师范学院教师教育学院教授、主要从事学校教育研究。

战性的任务。自我效能感低的大学生,自卑心理严重,适应能力差,害怕竞争和挑战,不相信自己具有掌控自我的能力,在面临困难时,念念不忘自己的不足,最终被困难压倒或放弃努力;在职业选择以及决策时不敢承担通过努力可以胜任的职业,放弃了成功的机会。

(二)人际关系

具有良好的人际关系、能够获得的社会支持是现代社会对个体人格提出的要求,也是一个人社会适应能力和心理健康的综合体现。心理学家马斯洛、奥尔波特、罗杰斯都把建立适宜、良好的人际关系作为心理健康者应具备的能力。自我效能感影响大学生的人际关系。自我效能感较高的大学生容易被他人接纳和认可,具有比较良好的人际关系,当他们面临问题时,更能够利用周围的社会资源,获得社会支持,借助他人的帮助有效地解决问题,社交焦虑水平低,领悟性社会支持度高。自我效能感低的大学生,不容易被他人接纳和认可,社交焦虑水平高,领悟性社会支持低。一项对大学生的社交效能感研究证实,社交效能感可以预测其上网成瘾倾向,社交效能感水平较高的大学生成瘾倾向低,社交效能感水平低的大学生成瘾倾向高。

(三)应对方式

应对方式是指个体面临压力时为减轻其负面影响而做出认知和行为努力的过程,是保持心理平衡的一种手段。积极的、成熟型应对方式有助于缓解心理的压力,帮助个体成功地解决问题,维护心理健康,降低心理问题的发生率。调查研究表明,自我效能感影响大学生的应对方式。自我效能感高的大学生面临压力和挫折时,更多地采用成熟型应对方式,反之则更多地采用不成熟型应对方式。消极的、不成熟的应对方式,会降低大学生对困难情境的适应性与应对能力,而且容易导致大学生由于害怕失败、低估自身能力而倾向于回避那些超过自己能力水平的任务和情境,强化自卑感等消极心理,对心理健康产生不利的影响。

(四)情绪健康

对不良情绪具有良好的控制能力是心理健康者的重要特征。自我效能感影响大学生的情绪健康,决定大学生的应激状态、焦虑和抑郁等情绪的反应。自我效能感高的大学生,相信自己能够对困难施以有效的控制,从而能更好地调整自己的心境和行为,减少了躯体化倾向、神经症性、精神病性反应,表现出低状态焦虑、低抑郁。自我效能感低的大学生,则因更多的强调自身能力的不足产生压抑感,容易沮丧、悲观,出现高焦虑状态和高抑郁。

(五)学习适应

自我效能感影响大学生的学习适应。自我效能感对大学生的学习适应影响主要是通过学习目标定向、归因方式、学习动机、自我调控等方面间接实现的。具有较强自我效能感的大学生能够更好地适应乃至胜任大学阶段的学习,他们将自己的注意集中在如何掌知识和认知技能上,能认清自己在学习上的利弊,积极调整认知结构,改进学习方法和选择有效的学习策略。在应对考试时,知觉到的考试压力较小,较少有破坏性思维,有利于考试成绩的提高。自我效能感较低的大学生,存在着学习适应性障碍,他们不是将注意力集中在如何掌握知识和认知技能上,而是夸大学习任务的艰巨性和自身的不足,反复思考过去的失败,担心失败的结果。在应对考试时,知觉到的考试压力较大,容易引发考试焦虑,最终不利于学业成绩的提高。

## 二、提高大学生自我效能感的对策

(一)构建提高大学生自我效能信念的有效环境

构建有效的家庭环境。在影响大学生的自我效能感的因素中,家庭的影响最早、最多,也最深刻。父母的养育方式、家庭的经济状况及居住地都会影响大学生的自我效能感。一项对贫困大学生自我效能感的研究证明,贫困大学生与非贫困大学生相比,其自我效能感低于非贫困大学生;居住地在大城市的大学生比居住地在小城镇、农村的大学生求职效能感强。采取平等的、民主的、关怀信任的家庭教养方式,改善大学生家庭经济条件,提高不同居住地大学生之间的沟通、交流、相互学习有助于大学生自我效能感的提高。

构建有效的学校环境。大学的师生关系、专业结构等影响大学生的自我效能感。宽松、和谐、平等的师生关系会使大学生感到自己被承认、信任、理解,具有心理的安全感。学校专业结构、教师的教学方法会影响到大学生的自我效能感。优化专业结构,改革教学方法、帮助大学生构建能够促进个人能力和学业成就的方式,让大学生积极参与到教育和教学活动中去,在与教师相互尊重、合作、信任中获得成就感和价值体验,可以使大学生学有所长,学有所用,提高自我效能感。

(二)指导大学生正确归因

依据美国心理学家韦纳的归因理论,大学生如果将自己做事或完成某种活动的成功归因为内部的、稳定的因素(能力)时,就会产生较高的自我效能感;将失败归因于内部的,稳定的因素(能力)时,则会产生较低的自我效能感。对男女大学生自我效能感的研究发现,不同的归因方式导致男女大学生不同的自我效能感,男大学生的自我效能感显著高于女大学生。归因方式在大学生自我效能感的产生、增强或削弱、消失中起着重要的作用,因此,指导大学生正确归因,首先,家长和教师要对正确归因的意义有足够的认识,要善于抓住教育中适宜的机会,引导大学生找出成功或失败的真正原因,既要防止对学生自我辩护式的防御性归因(将成功归因为自己的内在因素,将失败归因为外在的因素),也要对学生正确归因加以肯定、强化。其次,通过团体心理辅导训练,消除对学生对失败的恐惧,逐步形成将成败归因为因个人的主观努力,从而达到培养和提高大学生自我效能感的目的。

班杜拉指出,成败经验对个体的自我效能感具有重要的影响,成功经验会提高自我效能感,反复的失败会降低自我效能感。因此,以往的成败经验是影响大学生自我效能感的重要原因。提高大学生的自我效能感,学校应该建立多元评价体系,在评价大学生学习能力、研究能力的同时,对大学生的交往能力、情感调节能力、创新能力、各种才艺等方面进行评价,通过不同的评价标准及方式帮助大学生认识自己的特点和优势,形成积极的自我概念。同时应鼓励大学生积极参与各种社会活动,使他们在完成活动中发现自己的潜能,在活动中体验成功,以达到提高自我效能感的目的。

(三)积极关注,有效劝说

人本主义心理学家罗杰斯认为,每个人都有正向关怀的需要。现实生活中,每个人都比较在乎他人和社会对自己的评价,都期待着别人或社会对自己的肯定、赞扬。只有这样,才能感受到自己存在的价值,感受到他人对我们的尊重,才会使我们更加自信,并有利于促进自我实现。心理学家罗森塔尔在1968年所作的实验证明,教师对学生积极期待并被学生所接受时,学生会更自尊、自信、自爱、自强,会使学生产生一种内在的动力,促使潜能的充分发挥。社会劝说是指他人的言语或社会评价,比如他人或社会的关注、指导、建议及鼓励。心理学研究证明,人们所形成的对自己的效能信念,既可以从自己的行为经验中获得,也可以从环境中他人对自己的评价中获得。家长、老师、朋友、同学等"重要他人"的劝说对大学生的自我效能感影响颇大。积极关注、有效劝说对提高大学生自我效能感具有特殊的作用。

总之,通过多种途径提高大学生的自我效能感,对优化大学生的人格结构,减少心理问题,提高心理健康水平,促进其人格健康发展,将产生积极的影响。

**参考文献**

[1]黄希庭.人格心理学[M].杭州:浙江教育出版社,2004.

[2]李妲,王亮,等.大学生自我效能感与自尊的相关研究[J].中国健康心理学杂志,2008(4).

[3]康廷虎,王晓庄.大学生的择业价值取向与求职自我效能感[J].中国心理卫生杂

志,2008(4).

　　[4]孙淑晶,赵富才.大学生一般自我效能感、应对方式与社交焦虑的关系研究[J].中国心理健康杂志,2008(3).

　　[5]梁九清.大学生领悟社会支持和自我效能感之间的关系[J].中国学校卫生,2008(4).

　　[6]李淑媛,翟成蹊,范士清.大学生社交效能感与网络成瘾倾向的关系初探[J].中国临床心理学杂志,2008(1).

注:本文曾发表在《中国成人教育》2010年第5期

# 后 记

六十年风雨历程,六十年求索奋进。编辑出版《天水师范学院60周年校庆文库》(以下简称《文库》),是校庆系列活动之"学术华章"的精彩之笔。《文库》的出版,对传承大学之道,弘扬学术精神,展示学校学科建设和科学研究取得的成就,彰显学术传统,砥砺后学奋进等都具有重要意义。

春风化雨育桃李,弦歌不辍谱华章。天水师范学院在60年办学历程中,涌现出了一大批默默无闻、淡泊名利、潜心教学科研的教师,他们奋战在教学科研一线,为社会培养了近10万计的人才,公开发表学术论文10000多篇(其中,SCI、EI、CSSCI源刊论文1000多篇),出版专著600多部,其中不乏经得起历史检验和学术史考量的成果。为此,搭乘60周年校庆的东风,科研管理处根据学校校庆的总体规划,策划出版了这套校庆《文库》。

最初,我们打算策划出版校庆《文库》,主要是面向校内学术成果丰硕、在甘肃省内外乃至国内外有较大影响的学者,将其代表性学术成果以专著的形式呈现。经讨论,我们也初步拟选了10位教师,请其撰写书稿。后因时间紧迫,入选学者也感到在短时期内很难拿出文稿。因此,我们调整了《文库》的编纂思路,由原来出版知名学者论著,改为征集校内教师具有学科代表性和学术影响力的论文分卷结集出版。《文库》之所以仅选定教授或具有博士学位副教授且已发表在SCI、EI或CSSCI源刊的论文(已退休教授入选论文未作发表期刊级别的限制),主要是基于出版篇幅的考虑。如果征集全校教师的论文,可能卷帙浩繁,短时间内难以出版。在此，请论文未被《文库》收录的老师谅解。

原定《文库》的分卷书名为"文学卷""史地卷""政法卷""商学卷""教育卷""体艺卷""生物卷""化学卷""数理卷""工程卷"，后出版社建议，总名称用"天水师范学院60周年校庆文库"，各分卷用反映收录论文内容的卷名。经编委会会议协商论证，分卷分别定为《现代性视域下的中国语言文学研究》《"一带一路"视域下的西北史地研究》《"一带一路"视域下的政治经济研究》《"一带一路"视域下的教师教育研究》《"一带一路"视域下的体育艺术研究》《生态文明视域下的生物学研究》《分子科学视域下的化学前沿问题研究》《现代科学思维视域下的数理问题研究》《新工科视域下的工程基础与应用研究》。由于收录论文来自不同学科领域、不同研究方向、不同作者，这些卷名不一定能准确反映所有论文的核心要义。但为出版策略计，还请相关论文作者体谅。

鉴于作者提交的论文质量较高，我们没有对内容做任何改动。但由于每本文集都有既定篇幅限制，我们对没有以学校为第一署名单位的论文和同一作者提交的多篇论文，在收录数量上做了限制。希望这些论文作者理解。

这套《文库》的出版得到了论文作者的积极响应，得到了学校领导的极大关怀，同时也得到了光明日报出版社的大力支持。在此，我们表示深切的感谢。《文库》论文征集、编校过程中，王弋博、王军、焦成瑾、贾来生、丁恒飞、杨红平、袁焜、刘晓斌、贾迎亮、付乔等老师做了大量的审校工作，以及刘勋、汪玉峰、赵玉祥、施海燕、杨婷、包文娟、吕婉灵等老师付出了大量心血，对他们的辛勤劳动和默默无闻的奉献致以崇高的敬意。

《天水师范学院60周年校庆文库》编委会

2019年8月